THOMAS HOBBES

Norberto BOBBIO

ホッブズの哲学体系

「生命の安全」と「平和主義」

ノルベルト・ボッビオ［著］

田中 浩・中村勝己・千葉伸明［訳］

未來社

ホッブズの哲学体系——「生命の安全」と「平和主義」★目次

序　文……11
著者の注記……21
第一章　自然法理論の概念モデル……24
第一節　モデルの諸原理　24
第二節　さまざまなテーマ　26
第三節　もうひとつのモデル　29
第四節　もうひとつのモデルの諸要素　33
第五節　自然法理論の概念モデルとブルジョア社会　35
第六節　家族と自然状態　39
第七節　自然法理論の概念モデルにおける家族　42
第八節　ブルジョア家族　46
第九節　〔自然法理論〕への反対論　49
第一〇節　自然法の概念モデルの終焉　52
第二章　ホッブズの政治理論……57
一　諸著作　57
二　主要思想　62
三　方法論　66

四　人工的人間　71
五　自然状態　76
六　万人の万人にたいする戦争　79
七　正しい理性の指示　83
八　統一のための信約　88
九　主権は改変できない　92
一〇　主権は絶対的である　97
一一　市民法　102
一二　主権は分割できない　107
一三　教会と国家　111
一四　ホッブズとその批判者たち　115
一五　ホッブズ解釈　119
第三章　『市民論』入門……126
補論　『哲学者と法学徒との対話――イングランドのコモン・ローをめぐる――』入門　171
第四章　ホッブズの政治哲学における自然法と市民法……181
第五章　ホッブズと自然法論……232

第六章　ホッブズと部分社会　263
第七章　終りにあたって　298
補論『ある博学なひとへの手紙という形をとって本人が書いた、マームズベリのトマス・ホッブズの評判、忠誠心、行状、宗教にかんする考察』　302
ホッブズ研究小史　309
一　ホッブズについての批判的研究史の起源と初期の頃の研究の発展　309
二　この三〇年間におけるホッブズをめぐる論争の諸テーマ　314
ホッブズについての三冊の本　319
解説　ボッビオのホッブズ論　331
訳者あとがき　347

ホッブズの哲学体系

――「生命の安全」と「平和主義」

装幀――岸顯樹郎

凡　例

一、本書は、Norberto Bobbio, *Thomas Hobbes,* Giulio Einaudi editore, 1989. の全訳である。英訳版 *Thomas Hobbes and natural law tradition,* translated by Daniela Gobetti, The University of Chicago Press, 1993. を適宜参照して訂正した。

一、本書のホッブズ『リヴァイアサン』からの引用には、マイケル・オークショットが編集したエディションのページ数を記した。Thomas Hobbes, *Leviathan or the matter, forme and power of a commonwealth ecclesiasticall and civil,* edited with an Introduction by Michael Oakeshott, Basil Blackwell, 1960. 翻訳における『リヴァイアサン』からの引用文には、オークショット版の原書ページ数のみを記し、訳文は新たに訳出した。

一、ホッブズ『市民論』からの引用は、一般の読者にはラテン語版著作集を参照することが容易ではないと思われるので、より新しい版であるハワード・ウォーリンダーが編集したラテン語版エディションのページ数を記した。Thomas Hobbes, *De Cive,* the Latin version entitled in the first edition Elementorum philosophia+e sectio tertia de cive, and in later editions Elementa philosophica de cive, a critical edition by Howard Warrender, Oxford: Clarendon Press, 1981.
訳出には同編英語版『市民論』を参照した。Thomas Hobbes, *De cive,* English version: the English version entitled, in the first edition, Philosophical rudiments concerning government and society, A critical ed. by Howard Warrender, Oxford University Press, 1982.『市民論』からの引用の訳文は新たに訳出した。

一、『法の原理』からの引用は、フェルディナンド・テニエスが編集したものからなされており、引用文のあとにはこのテニエス版のページ数を記した。
Thomas Hobbes, *The Elements Of Law, natural and politic,* edited with a preface and critical notes by Ferdinand Tönnies, 2nd ed.; with a new introduction by M. M. Goldsmith, London: Cass, 1969.

一、その他のホッブズの著書（『哲学者と法学との対話』、『物体論』、『自由と必然性について』など）の引用は、すべてモールズワース版『英語版著作集』および『ラテン語著作集』の巻数とページ数を引用文のあとに記し、訳文は新たに訳出した。
一、訳者が挿入した字句は〔　〕で示した。
一、原書でａｂｃと羅列されている項目は、邦訳ではア、イ、ウと表記した。
一、原注は☆で、訳注は★で示し、傍注として掲出した。

序文

ルイージ・フィルポが、ウーテットゥ出版社の『政治学古典叢書』を計画したさいに、わたくしにホッブズの巻を担当して欲しいと依頼してきた。そのとき『リヴァイアサン』はすでにイタリア語に訳されていたので、わたくしは部分訳しかでていなかった『市民論』〔本田裕志訳『市民論』、京都大学出版会、二〇〇八年〕の翻訳を編修し、また必要な研究資料を準備することにした。[☆1] イタリア解放後の最初の二年間、[☆2] わたくしはパドヴァ大学で近代自然法理論史にかんする二つの講義を担当し、そのさいわたくしは、それらの講義のなかのひとつにホッブズの政治哲学を当てた。[☆3] ホッブズにかんしてわたくしが最初に書いたものは、一九三九年の『哲学雑誌』上の書評「カール・シュミット『トマス・ホッ

☆1　T・ホッブズ『市民論』、P・ダッビエーロ訳・解説、カラッバ出版社、ランチァーノ、一九三五年。前半の二部のみ訳され、宗教にかんする第三部は省略されている。

☆2　邦訳者注　イタリア解放とは、一九四三年九月から始まったナチス・ドイツとその傀儡政権（イタリア社会共和国）による北イタリア占領を、国民解放委員会が武装レジスタンスによって解放した一九四五年四月二五日のことを指す。そのため、イタリアではこんにちでも四月二五日は国民解放の日として祝日になっている。「解放後の最初の二年間」とは、戦後日本でいわゆる「戦後」と言うのと同じ意味で、レジスタンス闘争もふくめた戦争が（解放により）終わってからの二年間のことである。

ブズの国家論におけるリヴァイアサン』、一九三八年〔長尾龍一訳『リヴァイアサン　近代国家の生成と挫折』、福村出版、一九七二年〕である。この本ではホッブズの機械論的国家観が強調されていたが、それを読んでわたくしは国家を機械論的国家と人格論的国家の両面から考察する示唆をえた。そしてそのことが、一九四六年度のパドヴァ大学における「人格と国家」と題するわたくしの開講講義のテーマとなった。[☆4]

クレリア・グリエルミネッティ博士が訳し、わたくしが校訂し、序文――本書第三章に収録――を付した『市民論』の翻訳は、一九四八年に刊行した。一九五九年には、イタリア語訳『市民論』の第二版が、ホッブズ著『哲学者と法学徒との対話』〔田中浩、重森臣広、新井明訳『哲学者と法学徒との対話――イングランドのコモン・ローをめぐる』、岩波書店、二〇〇二年〕の最初のイタリア語訳とともに、『トマス・ホッブズ政治著作集』第一巻（ただし第二巻以降は続刊されなかった）というタイトルで刊行された。(T. Hobbes, *Opere politiche*, vol. 1, Utet, Torino 1959)

それ以後わたくしは、この偉大な卓越した近代国家についての最初の理論的定礎者の著書をくりかえし読んだ。ホッブズをはじめて読んだときから、わたくしはその魅力にとりつかれた。そしてその後ホッブズ研究をすすめるうちに、かれの複雑な思想――こんにちせっかちな批判者たちは、しばしばホッブズの思想は一貫性がないと誤って述べ、またかれの思想には明快さがかけていることを自覚していないとしているが――についてもしだいに明らかになった。そして〔ホッブズ思想を〕継続的に掘り下げて分析したのが、本書の最終章〔第六章〕である。そのなかでわたくしは当時無視されていた「ホッブズと部分社会」[☆5]というテーマを研究し、一九八二年に、『哲学』誌上に発表した。

本書に収録した最初と最後の論文は、それぞれ、一九四八年と一九八二年に執筆されたものである。本書は、このふたつの論文のあいだに、短い補論と、一九五四年と一九六二年に発表したホッブズと自然法にかんするふたつの論文、および一九八〇年に刊行されたルイージ・フィルポ監修の『政治経済社会思想史』（ウーテットゥ出版社）のために執筆した、ホッブズ政治哲学にかんするやや長めの論文を収録した。本書の巻頭には総論的性格をもつ論文「自然法理論のモデル」（一九七三年発表）をおさめた。そのなかでわたくしは、ふたつの対立する方法を用いて、政治権力の起源と基礎についての問題点をえがき、このふたつの方法をアリストテレス・モデルと自然法モデルとよんだ。後者の自然法モデルは、主としてホッブズの諸著作についての省察から引きだされたものである。

この四〇年間に、政治学の著者としてもまた哲学者としてもホッブズの評価は急上昇した。ホッブズにかんする文献目録も年々ふえている。[☆6] わたくしがホッブズ研究をはじめたころは、哲学史や政治

☆3 『近世自然法理論の諸起源と一七世紀におけるその発展』、タリアピエトラ印刷、パドヴァ、一九四六年。『一八世紀における自然法』、ジャッピケッリ出版社、トリノ、一九四七年。

☆4 これは『一九四六年—四七年度パドヴァ大学年報』、スッチエッソーリ・ペナーダ印刷、パドヴァ、一九四八年刊に掲載された。

☆5 英訳者注 よりふさわしい訳語がなかったので、「部分的（parziali）」というイタリア語を直訳した。「部分的（parziali）」という言葉で、ボッビオは「完全な」社会（すなわち、定義すれば国家のこと）の明確なふたつの特徴を欠いている——国内的にも、国際的にも——さまざまな社会を言い表わそうとしていたのである。明確なふたつの特徴とは、いかなる上級権力や絶対的なるものから独立していること、すなわち、国家法秩序の絶対的な至高性のことである。

思想史のなかに占めるホッブズの位置は、はなはだ低かった。少なくともイタリアではそうであった。これはひとつの偶然かもしれないが、わたくしの恩師ジョエーレ・ソラーリが十七世紀および十八世紀の偉大な政治哲学者のうちで唯一研究対象としなかった人物が、『リヴァイアサン』の著者〔ホッブズ〕であった。実際にはなんの根拠もなかったのだが、当時ホッブズは、全体主義国家の先駆者という目で見られていた。かれの政治思想についてのもっとも重要な研究書のひとつは、前述したカール・シュミットのもの〔『トマス・ホッブズの国家論におけるリヴァイアサン』一九三八年〕だが[☆7]、このシュミットは政治的には〔ファシストではないかという〕疑いがかけられていた。一九三六年には、レオ・シュトラウスの研究書《モノグラフ》『ホッブズの政治学』、一九三六年、〔添谷育志・谷喬夫・飯島昇藏訳『ホッブズの政治学』、みすず書房、一九九〇年〕が出版されたが、当時のイタリアでは無視されたままであった。ホッブズが、わが国における哲学研究に必要な科目のひとつとされなかったのは、当時の支配的な哲学であった理想主義的観念論がかれの思想を無視したからである。クローチェ〔ベネデット・クローチェ（一八六六―一九五二）、二十世紀前半のイタリアを代表する哲学者〕は、その簡単な――というより不十分な――政治哲学史においてホッブズについてまったくふれてさえいない[☆8]。ちなみに、ヘーゲルも、その『哲学史講義』のなかでホッブズについてほとんどページ数を割いていなかったことはよく知られている。そこでは、ホッブズの思想は、まったく哲学的ではなく、その見解は皮相で経験的なものであるとされている。ホッブズについての主要なイタリア語文献は、はるか以前の一九〇三年に、ロドルフォ・モンドルフォ〔ユダヤ系イタリア人哲学者（一八七七―一九七六）、マルクス研究で知られる〕によって発表されてはいる[☆9]。ホッブズについてのもっともまとまった研究書は、一九二九年に刊行されたアドルフォ・レーヴィのものである

が、かれはホッブズの政治思想についてはとくに研究していない。☆10

しかし、この四〇年間に研究状況は大きく変わった。わたくしが監修した〔イタリア語訳〕『市民論』は、一九八八年には第四版がでた。『市民論』の新訳も、ティート・マーグリの編集で、一九七九年にエディトーリ・リウニーティ出版社から刊行された。クローチェとジェンティーレ〔ジョヴァンニ・ジェンティーレ（一八七五―一九四四）、クローチェとならび二十世紀前半のイタリアを代表する哲学者。ファシズム体制に積極的に加担したためにのちにクローチェとたもとをわかった〕によってはじめられたラテルツァ出版社の、人気のある近

☆6　以下のものを参照せよ。D・フェリーチェの「文献目録、イタリアにおけるトマス・ホッブズ（一八八〇―一九八一）」（雑誌《*Rivista di Filosofia*》第七三号（一九八三年）所収）。A・L・スキーノ「ここ二五年間の英語圏のホッブズ研究文献の諸傾向」（雑誌《*Materiali per una storia della cultura giuridica*》第一七号（一九八七年）所収）。F・ヴィオーラ「モダンとポスト・モダンのあいだのホッブズ、ホッブズ研究の五〇年間」（雑誌《*Materiali per una storia della cultura giuridica*》第一九号（一九八九年）所収）。近年のホッブズ論争をG・ソルジの側からくわしく分析したものが最近出版された。G・ソルジ『どれがホッブズなのか？恐怖から代議制まで』アンジェリ出版、ミラノ、一九八九年刊。

☆7　英訳者注　カール・シュミットは、ナチの同調者であった。

☆8　B・クローチェ「政治哲学史のために――覚え書――」（雑誌《*La critica*》第二二号（一九二四年刊）所収、その後『政治学要綱』、ラテルツァ出版社、バーリ、一九二五年刊）〔上村忠男編訳・解説『クローチェ政治哲学論集』（法政大学出版局）〕。

☆9　R・モンドルフォ『功利主義道徳史論集』第一巻『T・ホッブズの道徳』、ドゥリュッカー兄弟出版社、ヴェローナ―パドヴァ、一九〇三年刊。

☆10　A・レーヴィ『トマス・ホッブズの哲学』、ダンテ・アリギェーリ出版社、ミラノ、一九二九年刊。

代哲学古典叢書の一冊としてマリオ・ヴィンチグェッラによる『リヴァイアサン』の訳がでたが、その後、二冊の新訳が、すなわち一九五五年にウーテットゥ出版社から刊行されたロベルト・ジャンマンコの新訳、一九七六年にラ・ヌオーヴァ・イタリア出版社から刊行されたジャンニ・ミケーリの翻訳がつづいてだされた。そして一九六八年には、ホッブズの最初の政治学書『法の原理』の翻訳も、いまは亡きアッリーゴ・パッキの編集でラ・ヌオーヴァ・イタリア出版社から刊行されている。

こうしてイタリアにおいても、ホッブズの政治思想は、現代的かつ〔事態解明のための〕的確な研究テーマとしてますますとりあげられつつある。生誕四〇〇年（一九八八年）には、ホッブズは、日刊紙にまで登場した。そこには、わたくしのものもふくめて、好意的なさまざまな意見が述べられていた。[☆11]

ホッブズについての現存する膨大な研究文献のなかで、わたくしの著作がどのような位置を占めているかは、わたくしが言うべきことではない。かれの政治学的著作は、そのすみずみまで探求されてきた。そして諸著作間のちがいが――それらは重要ではあるが、わたくしに言わせれば、ホッブズ理論の独創的な核心にとってはさして重要ではない――強調され、またますますさまざまな異なる解釈が主張されている。ホッブズの著作は、はじめて読んだときには、一見して魅惑的な明快さが感じられるにもかかわらず、これまでさまざまに言われてきたように、あいまいで矛盾をふくんだ言説がないわけではない。これらの言説は、知的にすぐれた解釈者たちですらその考査が困難になり、またときにはかれらをいらだたせ、非本質的なものを本質的なものと、主題の変化を主題の急激な変動とまちがえさせてしまうほどである。[☆12]

哲学思想の古典を研究するさいには、相互に相対立する分析的方法と歴史的方法がある。前者は、テクストで述べられている概念の意味を再検討することをめざし、また同一著者のテクスト間の比較を目的としている。後者は、ある著作の起源と影響を説明するために、当時のさまざまな論争の文脈のなかでテクストを位置づけることを目的としている。しかし実際には、このふたつの方法は矛盾するものではなく、両者は相互にうまく補完し合えるのである。最近の分析的方法と歴史的方法の擁護者たちとのあいだでの論争は、私見によればみのりのないものであった。[☆13]とはいえ、注意して欲しいが、本書の中核部分を占めるホッブズと自然法についてのふたつの論文は、分析的方法を意識的に用いたものである。ホッブズの著作はとりわけこの種の方法によく適合しているが、この方法は歴史主

☆11　N・ボッビオ「平和のホッブズ」（日刊紙《*La Stampa*》、一九八八年五月三一日号）、本書第七章「終わりにあたって」として所収。その他の書評は、S・ヴェーカ「無政府状態の発明者ホッブズ」（日刊紙《*Corriere della Sera*》一九八八年四月三日号）。日刊紙《*Manifesto*》（一九八八年一月二一日号）の別刷りはM・デーラモによるわたくしのインタビューをもふくむ。

☆12　ホッブズの著作の解釈者たちの多くは、ますます攻撃的になってホッブズの著作の一貫性のなさ、曖昧さ、諸矛盾の分析を強調しているが、〔☆6で〕すでに言及したソルジの著作〔『どれがホッブズなのか？』〕もそのひとつである。この研究書は結局ホッブズを、「多くの魂をもつ」思想家とみなしている（ソルジの本の一四七ページなど）。

☆13　ジョン・A・ポーコックとクェンティン・スキナーが歴史的方法の信奉者たちにむけておこなった批判についてわたくしは述べているのである。この論争については、M・ヴィローリ「政治思想史における修正派と正統派」（雑誌《*Rivista di Filosofia*》第七八号（一九八七年）所収）を参照。わたくしはこの問題について、ある論文でもっとくわしく論じた。L・フィルポ追悼記念論集に掲載予定の「政治哲学の諸根拠」である。

義の祖国イタリアではあまりなじみのあるものではない。しかしながら、これ以外のわたくしの諸論文も、いわゆる歴史的文脈によって再検討することをめざすよりも、諸概念を分析し、ホッブズ体系を再検討することを目的としている。またホッブズは自然法理論と法実証主義のいずれに重点をおいているかという点では、法実証主義のほうである、とわたくしは見ている。ホッブズは全体主義国家の先駆者かあるいは自由主義国家の先駆者かという両極端な解釈があるが、わたくしはそのどちらの解釈もとらない。ホッブズの政治思想における中心テーマは国家の統一にあり、市民自由の主張でも全体主義国家の主張でもないのである。

　わたくしは最近の諸解釈のうち、ホッブズ政治思想における宗教面をとくに強調しようと主張する解釈にも疑問をもつ。著作ごとの内容に変化があっても、かれの政治理論の本質的な部分は、国家の起源と、世俗世界におけるその使命を合理的に正当化することにある。このくわだては、政治の世俗化過程をすすめるうえで重大な契機を演じるものである。すなわちこれによって国家は罪を救済することをやめ、〔人間たちの〕情念を規律する、最強でもっとも確実な機関となるのである。ホッブズの解釈を宗教論にまでひろげることは、ホッブズ思想をより深く理解するうえで重要な寄与となる事実は否定できない。しかしながら、こうしたさまざまに異なる解釈は、結局は、かれの理論の核心部分を読者が理解することを困難にし、ホッブズがまさに、その全生涯をつうじてひとつの理念を追求した思想家であるという事実をおおいかくしてしまうのである。もしもその中心的な主題を、執拗にまた頑固なまでに表明した著作があるとすれば、それは、ホッブズの政治学的著作の三部作をまとめた『リヴァイアサン』である。ホッブズがその生涯をつうじて追求した理念とは、人間自身の本性から帰結する自然的無政府状態から脱する唯一の方法、また第一の自然法が命じる平和確立のための唯一の方法は、全員が共同に参加して作った権力〔共通権力〕すなわち国家の人工的設立ということであった。

ある思想家をその生きた時代において捉えることは、つねにやっかいな問題である。ある思想家をかれが生きた時代に沿って判断しようとするときには、人は、著者の思想をどのように解釈するか、また著者自身の生きた時代の社会的事実が何であったかにもとづいて判断をくだす。著者の思想と解釈者の時代の双方についてありうるさまざまな解釈によって、著者がその著作を通じて当時何を明らかにしようとしていたかがわかる。ホッブズ思想の核心は、無政府状態から脱却して安定した平和を確立するために人びとが、権力の形成に参加してひとつの制度を作るよう訴えたものだと考える。このように考えるとこの問題は、こんにちの国際秩序形成〔国際連合〕にかかわる問題であることに気づくであろう。もっとも国際連合という諸国家の恒久的連合体があると言っても、こんにちの国際秩序は、いまなお不安定な均衡の体系のままである。しかし国際秩序は（つい昨日《きのう》まで）「恐怖の不信」とよばれていた「恐怖の均衡」という関係にもとづいていたのである。そして「相互不信」とはホッブズによれば、平和がふたつの戦争のあいだにはさまれたひとつの休戦状態にすぎないような自然状態を意味するものである。人民〔populus〕を構成する場合に、個人個人が織り成す群衆〔multitudo〕というものが考えられる。また、諸権力の人民とならなくてはならない諸国家の群衆というものがある。この両者には明らかに類似性が認められる。真に統一的《グローバル》なコモンウェルスの誕生を考えるにあたっては、このことを考えなくてはならない。国内的段階から国際的段階へのこの移行が実現可能かどうかはけっして明らかではない。しかしながら、この移行を可能にする唯一の方法が、国際社会のメンバーのあいだでの統一への信約であることには疑問の余地はない。合意によって、各メンバーと、あらゆる政治共同体のメンバーによる授権という行為をつうじて、すなわちホッブズの用語法では合意による統一のための権威を獲得しなければならない。恒久平和の追求は、おそらくは未完成のままであるかもしれない長い道のりであろう。この道程はホッブズが『リヴァイアサン』の有名な冒頭で述べているあの命令――神が人間を創造しようとする命令――のことではない。そこではかれは政治体の誕生を、創造の契約になぞらえて語っているのである。しかしながら、そのことは恒久平和へ向かわせる力としての「ホッブズ・モデル」の理想に妥当する価値をけっして減じるものではない。

ホッブズにかんするわたくしの主要な研究を一冊にまとめるという考えは、わたくしのものではなく、ルイージ・ボナナーテとミケランジェロ・ボヴェーロ、ピエル・パオロ・ポルティナーロに負うものである。それが実現したのは、エイナウディ出版社のグイード・ダヴィーコ・ボニーノの熱心な支えのおかげである。以上のすべての人たちに、心から感謝する。

ノルベルト・ボッビオ

トリノ、一九八九年七月

著者の注記

本書にふくまれているのは次の論文である。

「自然法の概念モデル」、《*Rivista internazionale di filosofia del diritto*〔国際法哲学雑誌〕》第五〇号（一九七三年）所収。六〇三―六二二ページ。

「ホッブズの政治理論」、ルイージ・フィルポ監修『政治経済社会思想史』第四巻、『近世篇』第一分冊、ウーテットゥ出版社、トリノ（一九八〇年刊）所収。二七〇―三一七ページ。

「『市民論』入門」、N・ボッビオ監修ホッブズ『市民論』、ウーテットゥ出版社、トリノ（一九四八年刊）所収。九―四〇ページ。補論の「『法学者と哲学徒との対話』入門」は、最初にN・ボッビオ監修ホッブズ『市民論』第二版、すなわちトマス・ホッブズ『政治学著作集』第一巻、ウーテットゥ出版社、トリノ（一九五九年刊）所収。三六―四一ページ。

「ホッブズの政治哲学における自然法と市民法」、『ジョエーレ・ソラーリ教授追悼記念論集』、エディツィオーニ・ラメッラ出版社、トリノ（一九五四年刊）所収。六一―一〇一ページ。その後、N・ボッビオ『ホッブズからマルクスまで』、モラーノ出版社、ナポリ（一九六五年刊）に再録。

「ホッブズと自然法理論」、《*Rivista critica di storia della filosofia*〔哲学史批判雑誌〕》、第一七号、（一九六

二年）掲載、四七〇―八五ページ。その後『ホッブズからマルクスまで』に再録。五一―七四ページ。

「ホッブズと部分社会」、《Filosofia〔哲学〕》、第三三号（一九八二年刊）掲載。三七五―九四ページ。

「終わりにあたって」、日刊紙《Stampa》、一九八八年五月三十一日、「平和のホッブズ」のタイトルで生誕四〇〇年を記念して発表。

補論

「評判、忠誠心、行動、宗教にかんする考察」、《Rivista di filosofia〔哲学雑誌〕》、第四二号（一九五一年刊）掲載。三九九―四二三ページ。ホッブズの同書の翻訳についての解説。

「ホッブズ研究小史」（以後、『ホッブズ研究』として引用）、V・マティウ編『哲学的歴史叙述の諸問題、その諸起源から十九世紀まで』、ラ・スクォーラ出版社、ブレッシャ（一九七四年刊）所収。三二四―二八ページ。書評「C・シュミット『トマス・ホッブズの国家学におけるリヴァイアサン』」、《Rivista di filosofia〔哲学雑誌〕》、第三〇号（一九三九年刊）掲載。二八三―八四ページ。書評「J・ボール『ホッブズとその批判者たち、十八世紀立憲主義の一研究』」、《Rivista di filosofia》、第四四号（一九五三年刊）掲載。二一二―一四ページ。書評「S・I・ミンツ『リヴァイアサン狩り』」、《Rivista di filosofia》、第五四号（一九六三年刊）掲載。二四九ページ。

ホッブズの諸著作からの引用は、以下の版からおこなう。
Leviathan, M. Oakeschott. Oxford: Basil Blackwell, 1946.

De Cive (*Philosophical Rudiments concerning Government and Society*), in T. Hobbes, *English Works* (以下、次の略号で示す。EW), ed. W. Molesworth. 11 vols, London: J. Bohn, 1845. Vol. II. 〔『市民論』の邦訳は「凡例」を参照〕

Considerations upon Reputation, upon Loyalty, upon Good Manners and upon Religion. In *EW*, vol. IV.

A Dialogue between a Philosopher and a Student of the Common Law of England. In EW, vol. VI.

Six lessons to the Savilian Professors of the Mathematics. In *EW*, vol. VII. *The Elements of Law Natural & Politic*, ed. F. Tönnies. Cambridge: Cambridge University Press, 1928.

De Corpore, De Homine, and passages from Hobbes's Latin writings, Thomae Hobbes, *Opera philosophica quae latine scritsit omnia* (cited as OL), Studio et labore G. Molesworth, 5 vols. Londini: Apud Joannem Bohn, 1839-45); Aalen: Scientia Verlag 2d reprint, 1966, vols. I and II.

第一章　自然法理論の概念モデル

第一節　モデルの諸原理

一般的になされてきているように、国家あるいは政治（すなわち市民）社会の起源や基礎にかかわる「自然法理論の概念モデル」についてあるていど大まかに述べる。ホッブズ（かれがその理論的始祖である）からヘーゲルまで、近世のすべての主要な政治哲学者たちは、以上の「自然法理論の概念モデル」を、その構造原理を変更することなしに——かれらは、その理論的内容の特質に大きく自然法理論の概念モデルを包摂しつつ——用いているのである。わたくしは、言葉の広い意味における「政治著作家たち」についてではなく、むしろ慎重に「政治哲学者たち」について述べる。すなわちここでは、人間と社会についての一般理論から演繹される国家の合理的理論の構築を、あるいはともかくもそのような一般理論と等置される国家の合理的理論の構築をめざそうとする政治哲学者についてて言及したい。そしてこれらの哲学者たちとは、スピノザからロックへ、プーフェンドルフからルソーへ、またカントから初期フィヒテや自然法学派の終焉とともにあらわれるカント派の多くの無名の思想家たちのことである。

周知のように、自然法理論の概念モデルは、「自然状態―市民社会」という二大区分法のうえにたてられている。その特徴は次のとおり列挙できる。

一、自然状態は非政治的かつ反政治的状態であり、国家の起源と基礎を分析するための出発点である。

二、自然状態と市民社会は相互に対立する。市民社会は、自然状態の欠陥を正すため、あるいはそれを除去するために、自然状態の対立物として生じてきたものである。

三、自然状態の諸構成要素は、主要にはまた基本的には諸個人であり、かれらは社会状態にはないが、社会的に結合可能である（わたくしは、「主要には」といい、「完全に」とは言わない。なぜなら、自然状態においても、家族のような自然的共同体が存在しうるからである）。

四、自然状態の諸構成要素（諸個人であれ、家族秩序を受け入れる諸個人にとっての家族諸集団であれ）は、自由かつ平等である。したがって、自然状態はつねに自由と平等の状態としてえがかれる（しかしながら、この二つの用語の意味内容には幅があるため、自由と平等と言ってもかなりのばらつきがある）。

五、自然状態から市民社会への移行は、事物の自然に従って必然的に生じるわけではない。むしろそれはひとつあるいは複数の協約によって生じる。協約は、自然状態から抜けだすことに利害をもつ諸個人による自発的で熟慮にもとづく行為である。したがって、市民社会は「人工的」存在と解される。あるいはこんにちでは「自然」の所産というよりも「文化」の所産と言うべきである（こうして、「国家“civitas”」と「市民性“civilitas”」とに関連する形容詞である「政治的・市民的“civil”」という用語の両義性が派生する）。

六、政治社会を正当化する原則は同意である。これは他のいかなる自然的社会にもあてはまらない。とくに、家政社会すなわち家族―世帯には当てはまらない。

わたくしが「モデル」ということばを使うのは、ちょっとした思いつきからでもなければ、流行語を利用するためでもない。〔自然状態という〕歴史的社会的編成が現実にはけっして存在していなかった、という考えを率直に伝えたいという理由からである。近代国家に典型的な諸制度は、封建国家から身分制国家、身分制国家から絶対君主制、絶対君主制から立憲君主制へなどと歴史的に進展してきたものである。もともと自由で平等な諸個人相互の同意をつうじて生じる国家というイメージは、ひとつの純然たる知的構成物である。

第二節　さまざまなテーマ

十七世紀と十八世紀の文献には、このテーマ〔自然法、市民社会、社会契約、政治権力の性格など〕にかんする数多くの内容上の変異がある。そのなかで重要なものは次のとおりである。

一、次の古典的諸テーマをめぐる自然状態にかんするさまざまな内容。

ア、自然状態は、歴史的状態であるのか、あるいはたんなる現象上の状態であるのか（合理的な仮定、理想化された状態等々）。
イ、自然状態は平和の状態であるのか、戦争の状態であるのか。
ウ、自然状態は孤立した状態（各個人は、他人を必要とすることなく自分だけで生きているという意味で）であるのか、社会状態（原始社会の状態であれ）であるのか。
二、市民社会を基礎づけているさまざまな契約や諸契約の形式と内容。この論点によって生じた古典的な議論は次の諸テーマを中心に展開している。
ア、社会契約は共同体の利益をもとめる諸個人間の契約であるのか、第三者の利益のための諸個人間の契約であるのか。
イ、諸個人間の契約（いわゆる統一契約 *pactum societatis*）にひきつづいて、人民 (*populus*) と君主 (*princeps*) とのあいだの第二契約（いわゆる臣従契約 *pactum subjectionis*）が必要なのかどうか。
ウ、ひとたび約定されたならば、諸契約を無効にしてよいのかどうか、それはどのような条件においてなのか（これは、ばらばらな諸個人から人民への権力委譲または人民から君主への権力委譲は、永久の委譲であるとみなされるのか、あるいは一時的な譲歩であるとみなされるのかによる）。
エ、これらの契約の目的は自然権を部分的に放棄することか、あるいは完全に放棄することか。
三、契約から生じる政治権力の性質にかんする内容の差異。すなわち、その権力は絶対的であるのか制限されているのか、無条件なのか条件つきなのか、分割不可能なのか分割可能なのか、改変不可能なのか可能なのか等々。

これらのさまざまな内容上の変異については、どれもが、第1節にかかげられた本質的諸要素に影響を与えず、変更を加えないことに注意すべきである。これらの諸要素とは、出発点（自然状態）、到達点（市民社会）、一方から他方への移行手段（社会契約）のことである。第1節で分析した第二項の前政治的状態と政治的状態との対立はきわめて確固たるものであるから、それを受け入れたすべての分析を特徴づけている。社会的あるいは平和的な自然状態から出発する人たちでさえ、概念モデルの論理自体によって、次のふたつのうちのいずれかをとることをしいられる。自然状態は、平和ではあるが不完全で不十分な状態であり、そこでは社会的結合が弱く、危険で、暫定的であり、つねに危機や崩壊にひんしていると考えること、あるいは、前政治的状態を、狭義の自然状態と、市民社会への移行を必然化する戦争状態へと堕落した自然状態というふたつに分割すること、これらのいずれかを選択せざるをえないのである。後者の解決法はロックやルソーのモデルに典型的である。ロックにとって自然状態は本質的には戦争状態ではない。しかし、戦争状態がはじまるや、それをとめられるのは政治権力の設定によってのみである。ルソーにとっては、歴史の発展形態はふたつではなく、三つの契機がある。すなわち、

ア、無垢の状態かつ原始的で幸福な自然状態。

イ、ホッブズ的な自然状態のいくつかの特徴を再現している「市民社会」。

ウ、社会契約を通じて生まれる国家。

ルソーは、ホッブズが自然状態を戦争状態として描いたから非難しているのではない。戦争状態をあとの契機としてではなく、人類史の最初の契機として位置づけていたからである。この非難によって、ルソーは、自分自身の歴史の三項概念（もはや二項概念ではない）を正当化し、第三段階で生じる国家は、原始状態への回帰あるいは回復であるとする。しかしルソーは概念モデルの根本的命題を放棄してはいない。その概念モデルによれば、政治社会は直接的に先行する状態の反対物（継続ではなくて）として生じるからである。

第三節　もうひとつのモデル

あるモデルを入念に仕上げ、雑多で多様な現実をそのモデルに包摂させることは、恣意的で不毛な操作のようにみえるかもしれない。しかし、ここでおこなわれる作業は正当（かつ有益）であると思う。自然法理論家たちに先行した政治哲学者たちは、自然法理論家たちの概念モデルとはまったく異なり、ほとんどの点でそれと対立する別な概念モデルをうけついできたのである。このモデルはその著者の名前から「アリストテレス」モデルと言うことができる。『政治学』の冒頭部分でアリストテレスが説明するところによれば、ポリス〔*polis*〕すなわち都市国家としての国家は、家族からはじまり、そして村という中間段階をへて成長するとし、かれ自身は次のように述べている、だから日々の用のために自然にそくして構成された共同体が家であって〔……〕日々のではない用のためにひとつ以上の家からまず最初のものとしてできた共同体が村である……ひとつ以上の村からできて完成した共同体が国である、これはもうほとんど完全な自足の限界に達しているものなのであって、なるほど、生活のために生じてくるのではあるが、しかし善き生活のために存在するのである。[☆1]

このような国家の起源の考え方が、何世紀にもわたって変わらず、安定した生命力をもってつづいていたということは驚くべきことである。確認のために、わたくしは政治理論の基本的な著作を二冊選んだ。中世から一冊選び、もう一冊は近世（ホッブズ以前）から選んだ。マルシリウス〔一二九〇頃—一三四二〕は、その著『平和擁護者論』〔一三二四年、刊行一五二二年〕において、人類は不完全な共同体から、よりいっそう完全な共同体へと進歩してきたと主張することからはじめる。この進歩の諸段階を確定するにさいして、かれはアリストテレスの方法を取り入れる。人類の「最初で最小の結合」は男性と女性の結合である。第二の結合は「村」、「村落」とよばれる住居の集合体であり、そこでは最初の「共同体」が生まれる。第三の、最後の段階において、「生きるため、よりよく生きるために必要なものが人間の理性と経験によって十全に発展させられ、国家とよばれる完全な共同体が設立される」[☆2]。ジャン・ボダン〔一五二九あるいは一五三〇—九六〕は、かれの著書『国家論六巻』の冒頭で、次のように国家を定義している。「国家とは、多くの家族とそれらが共通に従う主権者をもつ正当な統治体のことである」[☆3]。それにつづくページで、「さまざまな家族」にかんする定義について注釈しながら、家族とは「あらゆる国家の種子、始原であり、またその主要な構成要素である」[4]と説明している。ボダンはいくつかの点でアリストテレス理論に批判的であり、「村」という中間的段階を強調していない。にもかかわらず、かれは、国家が家族から生じることを強調する。そのため、「国家」とよばれるひとつの連合体を形成するのに必要な家族の数はどれくらいかという問題すら議¥論しているのである。

十七世紀のはじめ、ホッブズの偉大な著作が出版される直前に、当時のきわめて複雑な政治についての著作を書いたヨハネス・アルトゥジウス〔一五五七―一六三八〕も、都市を第二段階にある連合体（中間的段階の数に従って、第三段階、第四段階にもなりうる）としてアリストテレス同様の定義をしている。公的連合体である都市は、さまざまな私的な連合体が小さな諸連合体の集合であるのとは異なる。これらのうちの最初のものがまさに家族である。「ひとつの普遍的連合体とは、同一の地域に住む多数の夫婦、家族、より小さな諸組織のまとまりを指し、一定の法律をつうじてひとつの連合体になる。この普遍的連合体は国家ともよばれる」[5]。アルトゥジウスの著作が言わんとするところを

☆1　アリストテレス（山本光雄訳）『政治学』、岩波書店、一九七八年、三三―三四ページ（一二五二b）。

☆2　Marsilius of Padua, *Defensor Pacis*, Toronto, 1967, I, III, 4-5, pp. 10-13.（パドヴァのマルシリウス（稲垣良典訳）『平和の擁護者』、『中世思想原典集成　後期スコラ学18』、平凡社、五一〇ページ）

☆3　Knolles の翻訳（一六〇六年）の復刻版（Cambridge: Harvard University Press, 1962; New York: Arno Press Reprints, 1979), I, p. 1.（英訳者注　Knolles の翻訳で引用するのは、この翻訳がボダンの『国家論』の唯一・完全な英訳であり、またホッブズが利用できた版だからである。）

☆4　*Ibid.*, II, p. 8.

よくみれば、その考えはアリストテレスの偉大な知的体系になおも従っていることに気がつくはずである。このことは、アルトゥジウスの知的構造物がアリストテレスのものよりも複雑に組み合わされているとしても、同様である（とくにかれは、「諸集団 collegia」、すなわち「諸自然集団 societates naturales」である家族をふくんだ「諸市民社会 societates civiles」を強調している。アルトゥジウスは、「家政組織 consociatio domestica」、すなわち家族について論じることで、説明をはじめている。〔『組織政治学』（一六〇三年）の〕（第二章）次に「近隣関係 consociatio propinquorum」（同第三章）と「諸市民社会 societates civiles」の下位組織である団体について語っている。（同第四章）さらにかれは、次の段階に進み、その団体の範囲を徐々に大きくしていき、最後に、「都市 civitas」（「田園地方 rustica」と「地方小都市 urbana」に区別される）へと到達する。そして「諸都市 civitates」から、「諸州 provinciae」をへて、最大の普遍的連合体（universalis maior consociatio）として定義される王国 regnum（おおよそこんにちの国家に対応する）へ到達するのである。（第一〇章）アルトゥジウス・モデルの特徴は、諸集団の段階の数の多さや多様さではなくて、下位の諸集団がどのようにして国家へと進展していくかを論じている点である。国家は最大の連合体として、より正確にはより小さな連合からなる最大の連合体として考えられているのである。このような考え方をもっともよく示しているのがアルトゥジウス自身の次のことばである。「人間社会は、既定の諸段階に従って私的社会から公的社会へと発展して、諸国家へと分化していくのである[☆6]」。

第四節　もうひとつのモデルの諸要素

自然法理論の概念モデルとアリストテレスの概念モデルのちがいをきわだたせる最良の方法は、（第1節で列挙した）自然法モデルの特徴的な諸要素が、アリストテレス・モデルにどのように現われているのかをみることである。

一、アリストテレス・モデルによる分析の出発点は、国家設立以前に人間が暮らしていたとされる自然状態ではない。それは、種別的で具体的で歴史的に決定されたような人間社会すなわち原初的で自然的な連合体である家族から分析をはじめている。

二、この原初的な社会すなわち家族と、最終的で完全な社会すなわち国家との関係は、対立するものではなく、むしろ連続、発展あるいは進歩の関係にある。家族状態から社会状態への移行において、人類はいくつかの中間段階を経験してきた。国家は、それ以前の諸連合体の対立物であるというよりはむしろ、自然な帰結であり到着点である。

三、自然状態は孤立状態ではない。個人は実際に家政組織のような組織化された集団のなかで生活している。したがって、国家は諸家族のひとつの集合体として、あるいは大家族として描写されなければならず、諸個人の集合体として描写されてはならない。

☆5　*Politica methodice digesta of Johannes Althusius*, (Cambridge: Harvard University Press, 1932), V, 8, p. 39.〔アルトゥジウスからの文章の翻訳はわたくしの訳——英訳者〕

☆6　*Ibid.*, V, *Preface*.

四、諸個人は生まれたときから家族のなかで生きているので、自然状態のように自由や平等の状態にではなく、むしろ家族のような上下関係のある序列社会という基本的諸関係のもとにある。それは父（母）と子、あるいは主人と下僕の関係である。

五、自然状態から政治状態への移行は、前述したように、より小さな連合体から大連合体への発展という自然的過程をつうじて生じる。だからこの変化は、協約すなわち自発的で熟慮した末の行為によって生じるのではない、そうではなくて、領土拡大、人口増加、安全要求、生活手段確保の必要等々の自然的な原因によって、この変化が生じるのである。したがって、国家は家族と同様に自然的なものである。

六、政治社会の正当性の原理は同意ではなくて、むしろ必要性（あるいは、事物の本性）である。

さて以上二つの概念モデルがもつ六つの特徴を比較すると、ヘーゲルへといたる政治哲学の長い道のりを特徴づけているいくつかの二大区分がみえてくる。

ア、合理論的国家概念あるいは歴史学的――社会学的国家概念。

イ、自然人に対立するものとしての国家あるいは自然人を完成させるものとしての国家。

ウ、原子論的個人主義的国家概念あるいは社会的・有機体論的国家概念。

エ、自然状態を理想化し自然権理論を生みだした概念、あるいは人類は社会状態にあってつねに他人に従属し不平等の状態にあるとみる現実主義的概念。

オ、国家権力の設立についての契約論的概念あるいは自然主義的概念。

カ、同意による政治権力の正当性の理論あるいは事物の本性による正当性の理論。

以上のようにあらゆる国家理論の基本的論点には、二つの大きな区分、すなわち人類にたいして行使されるよりよい政治権力とは何かをめぐる争点、それらには（ア）起源、（イ）性質、（ウ）構造、（エ）目的、（オ）基礎、（カ）正当性にかんするものがある。

第五節　自然法理論の概念モデルとブルジョア社会

自然法理論にかんする学説史において、決まり文句と言ってよいほどにきわめてひんぱんに論じられてきたのは、自然法理論の概念モデルを丹念に作り上げて伝達し、それを精巧に作り上げたのは、ブルジョア社会の興隆と発展と軌を一にしているということである。自然状態と市民社会の対立関係を土台としているこのモデルは、意識しようとしまいと、歴史的過程を理論的に反映している。理論モデルにはイデオロギー的意味があるというのは、それが歴史的状況のひとつの反映である点に存するように思われる。いうまでもなく、このイデオロギー論的な解釈は、マルクス主義歴史学の特徴的テーマである（それをはじめたのはマルクス自身である。かれの有名な「ユダヤ人問題によせて」は、階級分裂と階級闘争の表明としての人間と市民の権利の批判とその再解釈にあてられている）。

C・B・マクファーソン〔クロフォード・ブラウ・マクファーソン（一九一一—八七）、カナダの政治学者〕の著作[☆7]はこの種の解釈の説明であり、近年おおいに議論された（論争の余地のある）ものである。マクファーソンは、ホッブズの自然状態のなかに、いつも想定されてきたような内乱をもちだすのではなく、市場社会の最初の表われとみなす。ホッブズは、特有の市場社会を描きだしており、マクファーソンはそれを「所有的」と名づけ、それよりも素朴な市場社会から区別しようとする。しかしホッブズの説明のなかでは、市場社会は、ロック理論において反映されているものとくらべて、なお未発達な段階にある。すなわちロックにおいては、自然状態は十分に成育した市場社会であり、国家は財産所有者たちからなる連合体である。ともあれ、さまざまな解釈があるにせよ、フランス革命から生まれた国家は、自然法学派の基本原則によって基礎づけられていることは否定できない。十九世紀において、このタイプの国家は、立憲的、自由主義的、議会制的、代議制的国家としてのブルジョア国家の原型となった。

最広義の解釈によれば、自然法理論の概念モデルとブルジョア社会とのあいだの明白な関連性は次のとおりである。

一、自然法理論家が自然状態であるとみなす状態では、人類はもっとも基本的で、単純かつ直接的な諸関係すなわち経済的諸関係を経験する。これらの関係をつうじて、人類は、自分たちの生存にとって必要な財産を所有するための闘争によって生計をまかなう。これは、政治領域とははっきりと異なる経済領域の発見である。換言すれば、公共圏とは異なる私圏の発見である。この分離は、経済的・政治的権力と公的・私的なものがごっちゃにまじり合っているのを特徴とする封建社会とは異なるひとつの社会が興隆したことを反映している。

二、そして経済圏と政治圏が識別され、前述したように相互に対立的ですらあるという発見をしたことは、いままさに解放されようとし、また現存の国家にたいして経済的支配権《ヘゲモニー》をもとうとしている社会階級の興隆を反映しているのである。そしてこの発見は、自然法が前政治的・反政治的社会を規制していることを確認するものである。そしてこの社会が政治社会の建設される基礎である。政治社会は人工的な存在であり、人びとの所有権が保証されること（そして所有権の獲得と享受を可能にする、自由、平等、独立等々のすべての権利が保証されること）をのぞむ諸資産の所有者たちの意志によって創設される。

三、政治社会に先行する自然状態では個々の行為者たちは、宗教的、道徳的、経済的自律性を十分に享受できる条件下にある。理論的には、かれらは相互に独立し合っているが、しかし私有財産を獲得し、また財産を交換するために、相互に接触するか衝突し合う。この描写は、人間の社会と歴史が個人主義的であるという考え方を反映している。そしてその考えは、通常は、ブルジョア階級の倫理と世界観の特徴となる形態を表わしている。

四、ブルジョア階級が自然状態において実現できるにちがいない（と想像している）自由・平等の理

☆7　C. B. Macpherson, *The Political Theory of Possessive Individualism*, Oxford, Clarendon Press, 1962.〔藤野渉・将積茂・瀬沼長一郎訳『所有的個人主義の政治理論』、合同出版、一九八〇年〕。わたくしは、ロックの自然状態にかんする一連の研究における解釈よりも広い範囲にわたって論じている。N. Bobbio, *Da Hobbes a Marx*, (Naples: Morano, 1965), pp. 108-16.

想は、伝統的考え方とは対立している社会生活についての規範的な考え方である。伝統的な考え方では、人間社会は階層的で比較的に安定した秩序の上に打ち建てられている。自由・平等という理想は、伝統的概念とは反対に、平等と自由を至上のものとする社会概念を特徴とする。そしてその概念が、ブルジョア階級の解放を妨げている社会的・イデオロギー的・経済的・政治的束縛にたいするブルジョア階級の反抗を鼓舞してきたのである。

五、国家はその構成員になるべき諸個人の同意にもとづくという考えは、新興階級の社会的・経済的解放へ向かうだけでなく、政治的解放への傾向をも表わしている。この階級は政治権力を支配することをめざしている。そしてそれは、他人に服従を求める人間集団が採用するもっとも重要な支配の手段である。換言すれば、契約論的概念によって国家の起源を説明するのは、そのイデオロギー的、経済的支配権《ヘゲモニー》を確立しつつある階級は、自分自身に適合的な国家を創造することで政治権力を掌握しなければならないという考え方である。

六、権力の行使は、同意にもとづく場合にのみ正当化されるという考えは、いまだ掌握していない権力を獲得するために闘争している人びとに特有のものである。けれども、かれらは、ひとたびその目的を実現するや、その逆の命題を主張する最初の人びととなる。

第六節　家族と自然状態

自然法理論の概念モデルをこのようなイデオロギーの反映として解釈することが妥当であるのは、アリストテレス・モデルと比較することでもっともよく示せると思う。この観点からすれば、この比較は、学問上の訓練となるだけでなく学問上の発見をうながす価値をもつのだが、わたくしの知るかぎりでは、その方法はいまだ十分には探求されていない。要するに、近代的概念モデルは、家政組織―政治社会という二分法のかわりに自然状態―市民社会という二分法を用いる。両方のモデルにおいて、政治的状態とは、自然状態という先行する歴史過程につづく最終段階である。しかし、両者が異なるのは、前政治的状態が古典モデルでは家政組織として表わされ、近代モデルでは、自然状態として表わされるという事実においてである。ホッブズ（ロックや他の著作家たちも同様であるが）が政治論文の最初の章を自然状態に割り当てているが、アリトテレスは、『政治学』の最初の章を家族に割り当てているのがそれである。自然状態は（私的な）経済諸関係をきわめて忠実に反映している鏡であるので、商業社会を理想的に記述しているようにみえるかもしれない。他方で古典モデルにおいては、アリストテレスが『政治学』のある巻で描写している家政組織については、それは世紀を超えて後代へと伝えられてきたもので、そこでは、夫・妻、親・子の関係だけでなく、主人・下僕の関係までもふくめて描かれている。したがって、家政とは、古典モデルでいう社会における経済生活の根本的な核、それに関連するすべての生産諸関係が組織化される核である（忘れてはならないのは、ギリシア語における「経済」とは、「家計の管理」を意味し、アリストテレスの『政治学』のある巻は、経済にかんする主要論文のひとつであるとみなされてきたことである）。ことばの意味を追求する歴史家というよりもむしろ概念を追求する歴史家として、われわれに許されるのは、ことばの意味することをそれ以上に拡大すべきではない。近代の経済学が、財の交換と流通の現象、すなわちアリストテレスが貨殖術とよんだ諸活動の研究から始められていたことを忘れてはならない。にもかかわらず、古典モデルにおいても、家政社会と政治社会の区別は、近代モデルにおける自然状態と市民社会のあいだの区別と同じ役割を果たしている。どちらの二分法も、人類が生計をまかなう組織化された社会生活という最初の契機と、政治的支配という最後の契機とを区別している。

　近代モデルにおいて、家族〔という語〕は前政治的社会と定義されて削除あるいは退けられ、自然状態〔という語〕によってとってかわられた。自然状態は、基礎的な経済的諸関係のネットワークが発展する社会（それをヘーゲルは「ブルジョア社会」あるいは「市民社会」とよぶようになった）の諸特徴をだんだんとおびてくる。全体としてとらえられた社会の経済的位相と政治的位相を区別するならば、われわれは家族と自然状態の役割という点から、家族や自然状態を考えてもよい。そうすると、これらの位相を、封建社会からブルジョア社会への大転換の、また「全体としての家」という広い意味における「家計の管理」から市場経済への大転換の、理論レベルにおける反映として解釈することができる。換言すれば、この変化は、経済的単位としての家計が分解した指標であり、また資本制が興隆した指標である。あるいは、主として農業的な社会（テニエスの用語法ではゲマインシャフト社会、またはヴェーバーの意味する伝統社会）からより複合的な経済構造によって特徴づけられる社会（テニエスの意味でのゲゼルシャフト社会、ヴェーバーの意味での合理的社会）への移行の指標である。

後者のような社会を特徴づけるのは、家計の管理が（経済的）事業の管理から分離進行する社会である。そこでは、子供の出産と教育は家庭の典型的な機能のままにおかれているが、他方で経済的機能は——理論的には自由で平等な諸個人のあいだでになわれているとしても——、権力編成が個人的・伝統的なものではなく、法的で合理的な基準をもつ機関にゆだねられている。こうして、この複合的な変遷過程を次のように解釈してもまちがいないであろう。自由で平等な諸個人の自然的社会集団は、社会生活がはじまる最初の契機としての家政的共同生活にとってかわられる。この変化の説明は、研究者たちがブルジョア社会の興隆を特徴づけるときにたいてい考慮に入れる変化のすべての現象の単純で総合的な、しかしまた重要な考えを与えている。同様に、家族の長が同時に夫、父、主人であるような伝統的家族は、十八世紀の近代経済学の発展までは、数世紀にわたり経済生活の推進力と考えられてきた。伝統的家計というイメージは、数世紀間変わらずに再生産され、こうしてそれが基礎をおいてきた歴史的制度よりも長く存続していたということにも注意しておいてよいだろう（しかし、これは、理論的思考によくみられる〔変化に追いつけない〕惰性のためである。その思考的惰性は経験的現実よりもずっと緩慢に変化するのである）。

第七節　自然法理論の概念モデルにおける家族

自然法理論家たちのもっとも有名な著作にみられる家族の役割を、ほんの数行で説明することは不可能である。もしそうしようとすれば、曖昧で無益な問題を解こうとする危険をおかすことになる。しかしながら、それらの著作においては、家政的かつ専制的な社会にある家族の分析は、たいていの場合、自然状態の説明のあとになされていることがわかるであろう。自然法理論家たちは、かれらの政治理論（これはつねに全体的には社会についての理論である）に、この主題《テーマ》を導入している。なぜなら、自然法理論家たちは、家庭内権力と政治権力とは実際には異なり、また区別されなければならないことを示そうとするからである。より正確に言えば、親と子、主人と下僕とのあいだの権力諸関係は、政治権力諸関係すなわち支配者と被支配者との権力諸関係とは異なり、また区別されねばならないからである。政治社会においては、権力の基礎は、被支配者の同意によるか、あるいは同意されているべきである。[☆8] 他方で、家政組織においては、権力の基礎は出生にあり、専制社会においては（正戦における勝利が示しているように）力にある。これら三つの権力の基礎には、契約にもとづく、出生にもとづく、不法行為にもとづくという三種の古典的な義務の源泉がそれぞれに対応している。自然法理論家たちが証明しようとしていること、あるいはむしろまことしやかな議論で主張しようとしていることは、政治権力は、父の子たちにたいする権力や主人の下僕たちにたいする権力とは異なる（あるいは区別されるべきである）ということである。なぜなら、三つのタイプの権力は正当性の基礎がそれぞれ異なるからである。こうして、なぜ家族は国家へと直接的に連結しないのか、またなぜもはや連結しえないのかがわかるし、反対に、家政的社会や専制社会としての家族編成が属している人類の自然状態から市民社会への質的な飛躍があるのがわかるのである。

この質的飛躍こそが、人類に自然から文明へと移ることを可能にするものである。たしかに、ホッブズは、原始社会において、小家族が国家の役割を演じるという事実を除外してはいない。[☆9] また小集団から国家へという社会の歴史的進化において、「拡大した」家族の特徴をもってきた世襲君主制のような国家が存在してきたという考えも排除していない。[☆10] またロックは、その主要な論争の標的を、国家の起源を家族におくフィルマー〔一五八九―一六五三〕の理論にあるとしていたが、「家族の〔……〕父親は、目に見えない変化を通して、家族の政治的な君主ともなった」こと、また「〔政治的君主は〕世襲制あるいは選挙制の王国の基礎が築かれた」[☆11] ことと、父は王とみなされてきたので最初の諸政府はもともと君主政的であることを認めていたのもたしかである。[☆12] しかし、ホッブズやロックが、歴史的

☆8　わたくしが「べきである」というのは、自然法理論家たちの政治哲学は義務論的使命をもっているからである。それは、現存する問題の状態を理想化するとまでは言わないが、合理化するからである。

☆9　『リヴァイアサン』第一七章、一〇九―一一〇ページ。

☆10　『市民論』第九章第一〇節、一二一―一二二ページ。『リヴァイアサン』第二〇章、一三三ページ。ホッブズの思想に表われるこれらの点は、S・ランドゥッチ（S. Landucci）がきわめて興味深い書物において繊細かつ正確に分析している。*I filosofi e i selvaggi* (Bari, Laterza, 1972), pp. 114ff. とくに注七三と注七四を参照のこと。

事実の記述と、政治権力の新しい正当性根拠のためのかれらの諸提案とを明白に区別していたことを知らなければならない。ロックについて正しく注視されてきたとおり、政府の歴史的起源の問題と、その倫理的基礎の問題は区別されなければならない。[☆13] 正当性原理の基礎という点からみれば、家政社会も専制社会も、政治社会のための妥当なモデルを提供していないのである。

これが自然法理論の政治哲学の奥深いテーマのひとつなのである。もしひとつあるいはそれ以上の協約をつうじて表明された同意が政治権力の正当性の根拠となるものだとすれば、政治権力が立脚する根拠は家政権力や専制権力にもとづくものとは異なるということになる。けれども、ここでとりあげた著作家たちのだれも、同意という根拠をもたない国家——世襲的君主制国家と専制国家——が存在することを排除しようとはしていない。そして世襲的君主制国家の権力は家政的権力として、専制国家の権力は専制的権力として表明できるが、自然法理論家たちは理想の主唱者であるので、これらの国家が理論的に正当であるという可能性を認めたがらないのである。

〔自然法理論家たちの立場は〕以上の三つの例から十分であろう。ホッブズは社会契約をつうじての自然状態から社会状態への移行を記述したのちに、すなわち、協定によって国家（かれはそれを設立された国家とよぶ）の形成を記述したのちに、ある人が別の人にたいしてもつことができる三種類の権力を明確に区別している。[☆14] 協定にもとづく国家は同意にもとづいており、明らかに、他のあらゆる支配形式にかんするひとつの典型的モデルとなる。『統治二論』〔後篇〕の冒頭でロックは、「為政者がその臣民にたいしてもつ権力は、子供たちにたいする父親の権力、家僕にたいする主人の権力、妻にたいする夫の権力、奴隷にたいする主人の権力とは区別することができよう」と述べ、だから、「政治的共同体の支配者と家族の父親と奴隷船の船長とのあいだにある相違[☆15]」を示す必要があるという自分の意図を明らかにしている。ルソーの『社会契約論』は、同意以外に政治権力の正当化の根拠を与えるさまざまな理論の批判からはじめている。そののちに、家政社会、強者の権利、最後に奴隷制について注釈する。ルソーは家政社会を「政治社会の最初のモデル[☆16]」とよんだが、かれはロックと同様に、この社会は不安定であると述べる。ルソーは奴隷制の議論において、それは同意も戦争の権利も正当化の根拠にならないと主張する。政治権力の根拠を、自由に表明された同意以外のなにものかに求めようとするこれらの教義を論駁した〔『社会契約論』第一篇第四章〕のちに、ルソーは次章をはじめるにあたり「つねに最初の合意にさかのぼるべきこと[☆17]」という題をつけているのは偶然ではない。

☆11 J. Locke, *Two Treatises of Government*, ed. P. Laslett (New York: A Mentor Book, 1965), II, vi, 76, p. 361.〔ジョン・ロック（加藤節訳）『完訳 統治二論』、岩波書店、第六章、第七六節、三八一ページ〕

☆12 *Ibid.*, II, viii, 107, pp. 382-83.〔前掲訳書、第八章、第一〇七節、四一八ページ〕

☆13 G. J. Schnochet, "The Family and the Origins of the State in Locke's Political Philosophy", in *John Locke: Problems and Perspectives* (Cambridge: Cambridge University Press, 1969), pp. 91ff. この主題は J. Dunn, *The Political Thought of John Locke*, (Cambridge: Cambridge University Press, 1969) によって研究されている。そこで、Dunn は Shnochet, p. 113. の注1にはっきりと言及している。

☆14 *De Cive*, VIII, 1, pp. 114-25.

☆15 J. Locke, *Two Treatises*, II, i, 2, p. 308.〔ロック前掲訳書、第二部第一章第二節、二九二―三ページ〕

☆16 J. -J. Rousseau, *Du contrat social*, Flammarion, 1992, I, 2, p. 30.〔中山元訳『社会契約論／ジュネーヴ草稿』光文社古典新訳文庫、二一ページ〕

☆17 *Ibid.* I, 5, p. 37.〔前掲訳書、第一巻、第五章、二七ページ〕

第八節　ブルジョア家族

こうして、家族は国家形成の最初の段階、すなわち小さな国家（となる可能性をもつもの）であることをやめ、[☆18] それに新たな社会学的説明がとって代わる。すなわち自然状態は、もはや有機的な紐帯によって互いに結びつけられた父と子、主人と下僕ではない。そうではなくて、そこには自由で平等で独立した、自分の労働の果実をみずから交換する必要からつくられた紐帯をもつ経済人〔満足と不満足、利益と不利益を比較して合理的に行動する人間〕としての諸個人が住んでいる。家族は、社会生活の第一段階としての位置を失うことで、経済機能もまた失う。そして経済機能を失うことで、家族の唯一の機能としての生殖と子供の教育（それはブルジョア家族の典型的特徴となるだろう）を保持するのである。ブルジョア社会が現存の政治社会から解放されるにつれ、生産的労働者は有機的全体としてみられる家政社会の構成員ではもはやなく、むしろ法的に独立の生産者となる。

ロックの理論のなかに、われわれは、家族が経済的経営体から倫理的・教育的制度へと移行することについての表明が完全にできあがっていることを早くもみいだすことができる。ロックは、自然状態と戦争状態を議論したのちに、私的所有権の根拠についての主題をあつかっている。この主題は、すべてのものを共有する最初の占有から、あるものを排他的に所有する個人の権利への移行に関連している。そしてこの移行は自然状態すなわち市民社会の設立以前において生じる。周知のように、ロックは、ふたつの古典的解決方法を拒否しながら、この旧来からある問題を解決する。古典的解決方法の第一は、占有が合法的権原を与えるということを主張する。第二は、私的所有権を契約から導きだす。ロックによれば、私的所有権、すなわち個人が財産の享受と処分のために要求する排他的権利は、ひとりの孤立した個人がそれを専有するためになす努力から、また必要とあれば自分自身の労働をつうじて〔自然物を〕変形し、その価値を高めるためになす努力から生じる。私的所有権の根拠を説明するこの理論は、ロックの諸命題のなかで、もっとも独創的かつ革新的なもののひとつであることはいうまでもない。そしてこれに比肩しうるものは、自然法理論の概念モデルを採用する政治哲学の他の有名な諸論文のなかにもみいだすことはできない。ロックは、その労働価値説、原始的蓄積と貨幣にかんする理論によって、のちの新しい科学すなわち政治経済学の固有の対象となるであろう諸主題をあつかった最初の政治的著述家となる。

われわれの関心からすると、私的所有権についてのロックの理論が重要であるのは、次の三つの理由による。第一に、ロックは、前政治的状態すなわち自然状態、あるいは自然的社会——それをどのようによぼうともかまわないが——が経済諸関係の活動範囲と一致しているということを十分に明らかにしている。この活動範囲は、人類がみずからの労働をつうじて自然との諸関係を自分に有利なものに変えるために、みずからと自然との諸関係を確立し発展させる場である。第二に、経済社会と一致する自然状態の主人公は孤立した個人であるという点である。そしてかれは、共有されてきたもの

☆18　小さな国家としての家族というイメージには、大きな家族としての国家というイメージが対応する。

を専有する能力、また自分自身および社会の利益のためにそれを加工する能力をもつとみなされている。第三に、ブルジョア経済の基本的制度、私的所有権は、はやくも自然状態において、すなわち国家の生誕以前において、完成した形で存在している（その点でそれはホッブズやルソーの理論にみられるものとは異なっている）。

以上のことから、ロックの体系において家族の演じる新しい機能を理解することができる。ロックは（ホッブズとは異なり）、政治社会を論じるまえに家族をあつかっているが、それは、私的所有権の主題をあつかったあとにくる。ではこの〔私的所有権から家族・政治社会へという〕主題の進行過程をとりあげることには、どのような意味があるのか。政治社会のまえに家族を分析するので、ロックは家族を自然社会と考えているようにみえる。しかし、家族は、私的所有権とそれに関連する労働、土地の専有とその価値増殖、貨幣という諸主題ののちに分析されるのだから、ロックは、家族制度は本質的には個人的な活動である経済的経営とは関係がないということを示しているのである。かれは、家族についての分析のなかで、とりわけ次の二点を強調している。

ア、家族は、「一時的」な社会である。なぜなら家族は子供たちが成人するまでしか存続しないからである。それゆえ、家族を「永続的」な社会であり、ゆりかごから墓場にまで至る政治社会と混同してはならない。

イ、家族のもつ唯一の機能は、子供に食を与え、躾《しつけ》をし、教育することであり、したがって家族を、（自然状態でみられるような）その行為者が独立の個人である経済社会と混同してはならない（さらに家族の典型的機能により、家族は政治社会からも区別される。政治社会は、より重要な機能を果たさなければならないので、より広範な権力が政治的支配者たちに譲渡されなければならない）。ロック型家族は、家政的で専制的な社会を、社会の始原的な核とみなすような伝統的概念が終焉したということをよく表わしている。こうすることで、伝統的な見方は、家族に経済的な諸機能——前政治的な諸活動と定義しうる諸活動——をまかせたのであった。

第九節　〔自然法理論〕への反対論

自然法理論の概念モデルは、古典的モデルからの断絶を表わしているという通論への反論がここにはある。そしてその断絶論は、近代国家形成を分析する場合に、イデオロギー的な見方を想定しているのである。すなわちこのような反対論は、自然法理論の概念モデルが支配的になるや、古典的モデルを復活させる者は反動的思想家たちであるという事実をもちだしてくるのである。[☆19] かれらは、政治社会の起源としての家族を強調し、自由で平等な諸個人から構成される自然状態はこれまで存在しなかったというのである。かれらは、社会契約を緻密に精査して批判し、それによって国家は自然の産物であると主張するのである。またかれらは、自然状態と市民社会の対立関係を受け入れず、国家は家政社会の成長の結果であると強調するのである。

☆19　ここで「反動思想家たち」という言葉で意味するものは、ブルジョアを主役とする経済的政治的大変動に敵対する著作家たちのことである。

この論争の企図するふたつの典型例をあげよう。第一の例は、自然法理論の概念モデルが隆盛をきわめた時期の最初のものを、第二の例は、その最終段階のものをとりあげる。前者はロバート・フィルマーが展開している。かれは、十七世紀後半のイングランドにおける王政復古の最後の支持者のひとりである。後者は、カール・ルートヴィッヒ・フォン・ハラー〔一七六八―一八五四〕によって展開された。かれは、フランス革命につづく王政復古期のもっとも有名なイデオローグのひとりである。

フィルマーがその論争において標的にしていたのは、人間は自然的には自由であるという理論である。自然的自由の理論から、〔自然法論の〕著作家たちは、人類がよりのぞましいと思う統治形態を選択するという権利を引きだした（フィルマーはこの主張は冒瀆的であり根拠がないとみなす）。フィルマーにとっては、君主制が唯一正当な統治形態である。なぜなら、あらゆる権力の根拠は、子を管理する父親の権利だからである。諸王の起源は諸家族の父であり、ときが経つにしたがって、これら父親たちの継承者あるいはかれらの〔権力の〕代理人が王となった。契約論者たちは「下から上に向かう」権力概念〔国民の同意〕を主張するが、フィルマーは厳密に〔権力とは〕上から下に向かうという考えを主張する。フィルマーによれば、権力は、けっして下から委譲されるものではなく、上から下へと委譲されるだけである。父が自分の子たちにたいしてもつ権力が、人間が他人にたいしてもつ権力のすべての形式の典型である。したがって、フィルマーにとって家政社会と政治社会の差異は、種類のちがいではなく、程度のちがいにすぎない。かれは次のように主張する。「もし父の自然的職分と王のそれとをくらべれば、父の職分は、その範囲や程度だけをのぞけば、父と王の職分は同一であり、まったく差異がないことがわかる。父がひとつの家族にたいするように、王は、多数の家族にたいする父として、全コモンウェルス〔国家〕を保護し、食料と衣服を与え、教育し、防衛する配慮などをおこなう」[☆20]と。

ハラーも、フィルマーと同じ線にそって論をすすめる。かれはフィルマーの著作を知らなかったが、その表題〔家父長制論〕は、根本的に正しい観念（かれがすぐあとで認めるように、限定的すぎるにせよ）を示しているように思われると言明している。ハラーは、主著『政治学の復興』において、自分の目的のひとつは「国家とよばれる人間集団と他の社会諸集団との差異は、本質的なものではなく、規模程度の差ほどの問題である」[☆21]ことを示すことである、とくりかえし主張している。ハラーは、「キメーラ」〔頭はライオン、胴体はやぎ、尾はへびで、火を吐く怪獣〕としてえがかれる社会契約論のあらゆる形式を執拗に攻撃し、また国家は社会生活のもっとも自然な諸形態と同様に自然であるという命題をたてて、自分の企図の正しさを証明しようとする。そのため、自然社会と、これまで誤って「市民」社会とよばれてきたものとのあいだにはなんら差異はない、と述べる。ハラーは言う。「古代人たちは、こんにちなお、（哲学諸派をのぞいて）全世界が無視するように、科学的であることをよそおい、また自然状態と市民社会のあいだに本質的差異をもうける用語法全体を無視した」[☆22]。また国家は人間理性のある行為をつうじて設立されたのではなく、むしろ自然的な過程をつうじて形成されて

☆20 R. Filmer, *Patriarcha*, in *Patriarcha and Other Writings*, ed. J. P. Sommerville (Cambridge: Cambridge University Press, 1991), I, 10, p. 12.

☆21 K. L. von Haller, *Restauration de la science politique* (Lyon: Rusand, 1824-30), II, p. 8.

☆22 *Ibid.*, XVI, pp. 534-35.

きた、と。したがって、「国家と他の社会的集団とのちがいはそれぞれの独立性、つまり権力と自由において、どちらがより高い自発性を有するかという点にある」[☆23]。したがって前政治的状態と国家との差異は、程度の差異にすぎず、実質的な差異はないという以上になにも言うことはない、とハラーは述べる。社会は有限な連鎖によって他の社会に重なり合う。そうして、すべての社会がその基《もと》をなすひとつの社会、それでいて他のいずれにも依存しない社会――そのような社会に到達することが、われわれに避けられないことになるということだ。この究極の社会が国家である。しかし、ある社会は国家になることができるが、社会としての性質を変えなければ、国家たりえないのである。

第一〇節　自然法の概念モデルの終焉

本章の冒頭で、自然法理論の概念モデルの影響はヘーゲルまでつづくと述べた。しかし、自然法的伝統にたいするヘーゲルの態度は複雑である。なぜなら、その態度は拒絶しているともとれるし受容しているともとれるからである。ヘーゲルが自然法理論の概念モデルの基本的諸特徴を批判する機会をみのがさず、自然状態、社会契約、そして有機体としての国家ではなく、むしろ自発的な連合体としての国家等々を批判していることは否定できない。ヘーゲルが先行者たちに特徴的な国家の原子論的概念と対照させる国家概念は、「人倫的全体性」としての国家、有機的組織体としての国家、そして国民精神を表現する国家構造をつうじて実現される社会総体の組織化としての国家という概念である。しかし、他方でまた、その同じ自然法理論の概念モデルの諸要素を自分自身のものとしていることも否定できない。ヘーゲルはその諸要素を「客観的精神」〔自由の実現のための客観的条件（自由な人間関係・社会関係・自由な共同体）を産出する精神（人間活動）〕の説明に取り入れて、そうすることでその諸要素を、自分の体系のうちで排他的ではないにせよ本質的な特徴とするのである。自然状態は、人類の起源の状態としてはしりぞけられるが、しかし客観的精神の展開の最後に、すなわち諸国家間の関係においてふたたびあらわれる。自然法理論家たちの社会的アトミズムの主要要素を構成する経済人という観点は、ヘーゲルの体系においても国家に直接的に先行する一節であらわれる。「市民社会」（ここでは「ブルジョア社会」の意味に解されるべし）にかんするその節は、「欲求の体系」〔諸個人の労働にもとづく経済社会〕の分析にあてられており、ヘーゲルがその体系を「原子論の体系」とよんだのは偶然ではない。ヘーゲルは、それまでの著作家たちが実定法（実定法は国家設立によってはじめて生じる）に対立する自然状態や自然法についての論述にふくめてきた題材の大半を、客観的精神の概念の運動がはじまる「抽象法」〔法の最初の形態。そこでは市民社会における「法律」のように法が万人に周知され、効力をえてはいない〕の契機にふくめている。[☆24]

☆23　*Ibid.*, p. 541.

☆24　わたくしは、ヘーゲルと自然法理論の関係を次の長い試論のなかでより詳細に展開した。"Hegel e il giusnaturalismo", *Rivista di filosofia* 58, (1966), 379-407. のちにわたくしはふたたび同じ主題へともどるが、それは、"Hegel e il diritto", *Incidenza di Hegel* , ed. F. Tessitore (Naples: Morano, 1970), 217-49. と"La filosofia giuridica di Hegel nell'ultimo decennio", *Rivista critica di storia della filosofia* 27, 1972, 293-319. である。これらは他の著作とともに、次の文献に所収。*Studi hegeliani* (Turin: Einaudi, 1981).

自然法の学説にかんしてヘーゲル〔の学説〕が曖昧であるようにみえるのは、しばしば指摘されてきたとおり、かれの体系の複雑さのせいである。ヘーゲルの体系は、その諸部門が極端に特殊化（分化）されていると同時に、極端に簡潔化したかたちでの全体性をえがいているために、その多様な複合性を理解することはむずかしい。わたくしの考えでは、これまでの節で概説された古典的概念モデルと近代的概念モデルを対照させることにより、ヘーゲル体系の複雑さを明らかにできるであろう。ヘーゲル学派の人びとは、ヘーゲルは、自分の体系がきわめて包括的であるので、それ以前の体系のうち本質的なもの——少なくとも、自分が本質的であると考えたもの——はいっさいとりこぼさないようにつとめたのだと説明するのがつねである。しかし、たとえそうであっても、それが真理だからわれわれは驚きを禁じえないのである。このことは、ヘーゲルの体系を支えている〔理論の〕重厚な積み重ねをわれわれがさらに理解しようとしてヘーゲル体系に接近するたびに確証される。ふたつのモデルの対照は、いまやヘーゲル体系の複雑さを脱構築し再構築する手段となり、こうしてわれわれはそれをよりよく理解することができるようになる。

すこしまえに論じたヘーゲルの同時代人、ハラーの例が示すように、ふたつの概念モデルがヘーゲルにいたるまで厳密に区別されてきたということは事実である。わたくしが言いたいのは、ヘーゲルにいたるまでに、政治哲学の伝統全体はふたつの平行する道をたどってきたということである。アリストテレス型の道は家族—国家の対概念に、ホッブズ型の道は自然状態—市民社会の対概念にもとづくのである。ヘーゲルがはじめて（最後でもある）その体系においてふたつのモデルを融合させる。なぜならかれの体系は、政治哲学の古典的伝統と近代かれの実践哲学の体系はひとつの総合である。

的伝統を媒介し、より正確に言うと、近代的伝統と同様に古典的伝統をもとりこぼさないようにしているからである。ヘーゲルは両方の伝統を保存し、ひとつの有機的全体性に総合しようとする。ヘーゲルがこの操作をできるのは、かれが対概念よりもむしろトリアーデ〔三幅対、三つ揃って一組をなすもの〕によって自分の体系を接合するからである。

客観的精神の最後の契機たる人倫を、家族、市民社会、国家へ三分割して考察してみよう。これまでのページで述べられてきたことのすべてからみて、このトリアーデが、それに先行するふたつの二大区分の結合から生じることは明らかである。〔ヘーゲルの概念の〕運動は、古典的概念モデルにおけると同様に、家族とともにはじまり、そののちは市民社会へとつづく。しかし、市民社会、すなわち欲求の体系の最初の契機は、自然状態の基本的課題を発展したかたちで表現しなおす。〔こうして〕思想家たちは、徐々に自然状態を経済人の領域とみなすようになった。このような条件において、ブルジョア社会の新しい経済的諸関係は発展し、そして新しい科学、すなわちもはや「家政の管理」を意味するものとはみなされない経済学を考案するよう学者たちは促されるのである。対概念的であるヘーゲル以前のふたつの概念モデルにおいては、前政治社会は、最初の自然社会である家族か、あるいは、互いに競争的な諸個人間の交換諸関係の圏域である自然状態のいずれかである。しかし三項構成をとるヘーゲル・モデルの場合、国家以前に家族と市民社会の両者がある。言い換えれば、ヘーゲルは伝統的理論から、人間社会発展の最初の契機である家族の契機を回復させる。しかしかれは、反動的著作家たち〔たとえばフィルマー〕とは異なり、社会諸関係の行為者は、家族の父というよりもむしろ諸個人（あるいは社会諸階級）であるという契機を否定しない。この契機において、諸個人（諸階級）が相互に闘争し、すでに指摘されたとおり、それが商業ブルジョア社会の興隆を反映していると考えられるのである。ヘーゲルにおいては、家族から国家への移行は、直接的に起こるのでもなければ、徐々に起こるのでもない。そうではなくて、媒介的で否定的な契機をつうじて起こるのである。この契機は、一方では家族の分解をあらわし、他方ではより高次のレベルすなわち国家レベルにおける社会生活の再構成のために必要な前提をあらわす。古典的概念モデルにおけるように、国家は家族に似た（そして市民社会とは似ていない）ひとつの共同体〔人倫〕的有機組織である。それにもかかわらず、近代的概念モデルにおけるように、国家は、諸個人と諸階級間の闘争的な諸関係が一般的である欲求の体系の対立物である。ふたつの先行するモデルにおいては、国家はより古い状態の継続あるいは対立物とみなされた。ヘーゲル・モデルでは、国家は（家族の）継続であると同時に（市民社会の）対立物でもある。

第二章　ホッブズの政治理論

一　諸著作

トマス・ホッブズ〔一五八八—一六七九〕は、フェルディナンド・テニエス〔一八五五—一九三六、ドイツの社会学者。主著『共同社会と利益社会〔ゲマインシャフトとゲゼルシャフト〕』〔一八八七〕、『トマス・ホッブズ』〔一八九六〕など〕によってその役割が再評価されるまでは、哲学者としてはベイコンのさして重要でない弟子のひとりと長いあいだ思われていた。ホッブズは哲学の主題全体を三つの部門にわけて、『物体論』、『人間論』、『市民論』という三冊の書物を公刊した。けれども、かれはなによりもまず政治哲学者であった。そのことは、とくに政治学をあつかった著作である『市民論』を丹精こめて書き上げたのが、他の二冊よりも何年も以前のこと〔一六四二年〕であり、イングランドでの内乱がはじまったときであった、という事実が示している。この三巻すべてを注意深く、比較しながら読んでいくと、『市民論』が、『物体論』〔一六五五年〕や『人間論』〔一六五八年〕よりも一〇年ほどまえの著作であるにもかかわらず、『市民論』もまたホッブズが十分に仕上げて書いたものであることがはっきりとわかるだろう。

さらに、内乱勃発以前に書かれたかれにとっての最初の哲学書である『法の原理』〔一六四〇年〕は、その標題とは異なり、まったく哲学的論稿であり、ホッブズの体系構築にむけてのひとつの試みであった。この書物のなかでは、国家の理論に割り当てられた部分がもっとも広範にわたり、またもっともよくねりあげられているので、注釈者たちは一致して、この書物は、一六五一年に出版されたホッブズの主著『リヴァイアサン』の最初の草稿であると考えているほどである。最後に、ホッブズ自身によって編集されたいくつもの著作を――いまここであげたものと、同様の主題についてのさして重要ではないものとの両方を――検討してみれば、かれの政治学的考察への関心が、その生涯を通じていかに長年にわたってつづけられてきたかがわかるであろう。

ア、一六四〇年『法の原理』前記。
イ、一六四二年『市民論』の最初の私家版。
ウ、一六四七年『市民論』の初版。批判にたいする反論を注記として付けている。
エ、一六五〇年『政体論』、すなわち『法、道徳、政治の原理』。これは『法の原理』の国家にあてられた部分の分冊。
オ、一六五一年『リヴァイアサン』(英語版)。
カ、一六六六年『哲学者と法学徒との対話――イングランドのコモン・ローをめぐる』。
キ、一六七〇年『リヴァイアサン』ラテン語版。おそらく、その一部は英語版に先立って執筆されていたようだが、ホッブズの晩年にはじめて出版された。内容上のちがいはないが、宗教上の教義についての説明の誤りに、わずかな訂正がなされている。

問題の所在をさらに明らかにするためにも、われわれは、ホッブズがおこなった歴史叙述の仕事がどれくらい政治にもかかわっていたのかを銘記しておく必要がある。この仕事は、トゥキュディデス〔前四六〇（―五五）―四〇〇頃、ギリシアの歴史家。主著『ペロポネソス戦争』〕の翻訳にはじまり、批評家たちの一致した見解によれば、その翻訳のなかに政治的著作家としてのホッブズの出発点を認めることができるのである。ホッブズがおこなった最後の歴史叙述は、政治学にかんするホッブズの諸考察に背景と刺激を与えたさまざまなできごとを叙述した作品『ビヒモス――イングランド内乱の諸原因の歴史』〔一六六八年、ただし出版は七九年、山田園子訳、岩波文庫、二〇一四年〕である。

以上にかかげた著述のうち、次の三つすなわち『法の原理』、『市民論』第二版〔四七年版〕、そして『リヴァイアサン』英語版は、ホッブズの政治思想を理解するにあたって欠かすことのできないものである。最後にあげた『リヴァイアサン』は、ホッブズの政治理論についてのもっとも完全かつ信頼できる版であると一般的に考えられている。そしてごく最近では、実質的な問題にかんしてよりも、方法論的な問題にかんしてではあるが、研究者たちは、ホッブズの諸著作におけるちがいを軽視するのではなく、むしろそのちがいを強調する傾向にある。にもかかわらず、ホッブズ理論の中核部分は、すでに『法の原理』のなかで十分に発展したかたちで示されており、その理論の中核部分はつづく著作においても変更されてはいないのである。

政治についての大半の著作家たちとは異なり、ホッブズはけっして政治の現場にかかわることはなく、ある党派に属したり君主への助言者になることもなかった。かれは、ことばのもっとも完全なまたもっとも厳密な意味においても政治哲学者であった。イングランドの歴史家たちが言うように、かれはマキァヴェリとくらべた場合たんなる「書斎人」にすぎなかったのである。ホッブズは、かれの長い生涯の大部分を、デヴォンシャー伯であるキャヴェンディッシュ家の庇護のもとで、最初は家庭教師として、次いで秘書として、そして最後は賓客としてすごした。かれは、若いころ、三度にわたってヨーロッパ大陸へ勉学のために渡っている。（一六一〇—一三、一六二九—三〇、一六三四—三七）この旅行で、かれはその時代の偉大な哲学者や科学者に接することができた（かれはデカルトやガリレイにも会っている）。そして長期議会が開かれるまえ（一六四〇・一一）に、フランスへ亡命した。かれは迫害されていたわけではなかったけれども、その年、執筆して広く回覧されていた著作（前述した『法の原理』）のなかで、君主制こそもっともすぐれた政体である、と主張していたため（第二部第五章）、迫害を恐れたのである。かれは一一年間、フランスで暮らした。ほとんどの期間はパリですごし、メルセンヌ神父（一五八八—一六四七、フランスの数学者、デカルトの友人）を中心にした科学サークルにひんぱんに出席した。一六四六年、かれは、同様にパリに亡命していた皇太子《プリンス・オブ・ウェールズ》（のちのチャールズ二世）の数学教師となるように招かれた。しかし、かれは、スチュアート朝敗北がもたらす結果を受け入れざるをえないと考えていたため、王室と緊密な関係を確立できなかった。

クロムウェルが平和を回復させたのち、主著『リヴァイアサン』（一六五一年）を公刊したばかりのホッブズはイングランドへもどった。このため、かれは勝者から好意をえるために『リヴァイアサン』を書いたと非難されたが、これは、よくよく考えてみれば不当な非難であった。たしかにクロムウェルの時代、ホッブズは独立した学者としての平穏な生活を享受することができ、政治関係以外の主要な著作すべてを出版した。一六五五年の『物体論』、一六五六年のブラムホール主教（一五九四—一六六三〕との論争にかかわるかれのすべての著述をおさめた『自由、必然性、偶然にかんする諸問題』、一六五八年の『人間論』などである。かれはかつて憎悪していた革命によって生みだされた体制をすすんで受け入れた。しかしながら、一六六〇年に王政復古が成功したときに、かつての教え子チャールズ二世がホッブズに好意を示したにもかかわらず、かれを受け入れることができず、この新しい統治者とはけっして妥協しなかった。

ホッブズは、晩年を、自分が好む研究に専念した。その研究は、ほとんどは、政敵というよりも科学と宗教の分野での論敵（たとえば数学者ジョン・ウォリス〔一六一六―一七〇三、オクスフォード大学教授、ニュートンと親交あり〕）とのあいだで引き起こされた論争によってときおり中断された。かれは、不信心と無神論という非難から『リヴァイアサン』を守るために"*An Historical Narration concerning Heresy and the Punishment thereof*"（一六六五―六六年）を書いたが、未完のままである。政治的攻撃から『リヴァイアサン』を守ることは、それほどさしせまっていなかった。なぜなら、『リヴァイアサン』の反教権主義とは別に、『リヴァイアサン』は王政復古を正当化し弁護しているとも解釈され、受容されたからである。若きロックが、オクスフォードのクライストチャーチの〔ギリシア語〕講師として、市民統治を論じた最初の政治的小冊子〔『世俗権力論』、一六六〇〕を執筆したときには、このように『リヴァイアサン』を解釈し、受容していたのである。

二　主要思想

ホッブズは政治活動家ではなかったが、同時代の現実的かつ重要な問題、すなわち国家の統一性についての問題から出発し、さまざまな政治学書を書いた。〔当時イングランドの〕国家的統一性は、一方では宗教上の論争および教会と国家とのあいだの抗争によって、また他方では、国王と議会との対立および分裂した権力間の論争によって、脅威にさらされていた。いつの時代にあっても、政治思想には、抑圧と自由、そして無秩序と統一という大きなふたつの正反対の思想がみられるものである。明らかにホッブズの政治思想は自由と統一という思想の側にある。もっともホッブズが守ろうとした理想は、抑圧にたいする自由ではなく、無秩序にたいする統一であるが。ホッブズは権威の解体、無秩序という観念をとくに重視していたが、この無秩序は、何が正しく、何が正しくないかについての意見の不一致を認める自由ののちに生まれるのであり、権力の統一性が崩壊するときに生じる。そして権力の統一性の崩壊は、人類が権力を制限すべきだと主張しはじめるときに現実化するよう定められているのである。ひとことで言えば、ホッブズは無政府状態という恐怖にとりつかれていた。かれは無政府状態を、自然状態への人類の回帰であるとみなしていた。ホッブズがもっとも恐れていた悪とは、権力の過剰による圧制ではなく、それとは対照的な、権力の欠如によって引き起こされる不安定のほうであった。そしてホッブズは、不安定さにたいする最高かつ無敵な防衛策としての哲学体系を構築しようと感じていた。不安定とは、まずは最高善を求める人間の生き方にかんする不安定、次いで、物質的財産についての不安定、最後に、人間が社会で生活しているあいだに享受できる、ささやかなあるいは重要な自由の不安定である。

ホッブズの壮年時代、イングランドにおける国家の解体は内乱という極限状態にまで達した。動乱勃発以前に書かれた『法の原理』から、さまざまな党派間の長く血塗られた闘争が国王殺しにおいて頂点に達したときに書かれた『リヴァイアサン』へと移ると、内乱の主題がよりいっそうはっきりと浮き彫りにされる。内乱は第一に、われわれがそこから解放されるべき悪夢であった。次にそれは未来のために回避されるべき災厄となった。国家を分裂させた諸党派の主題は、『法の原理』〔第二部第八章の最終段落〕にも、『市民論』〔第一二章の最終段落〕にも述べられている（驚くべきことに、どちらの書物でも、メデイア〔ギリシアのコルキス王アイエテスと妃エイデュイアの娘〕とかの女の姉妹たちが父親を再生させるためにかれをばらばらに切断して、結局は殺してしまうという寓話〔ギリシア北部のテッサリアの王ペリアスの娘たちがメデイアと共謀して父親を殺害したおろかさが国家を転覆させたという物語〕が同じく引用されている）。しかし、『リヴァイアサン』のなかでは二度にわたり、この主題によって内乱のイメージが導きだされているが、それにたいして『法の原理』のほうでは、ホッブズは「反乱」についての一般論を述べているにとどめている。『リヴァイアサン』においては、内乱があらゆる害悪のなかでも最悪のものとしてひんぱんに言及されている。[☆1]それは内乱一般について言及しているだけではなく、ホッブズが

☆1　*Leviathan*, ed. M. Oakeshott (Basil Blackwell, Oxford 1946), pp. 120, 136, 219. これ以降、『リヴァイアサン』からの引用文は、この版のページを括弧のなかに示す。

「いずれにせよ、恐れられる共通の力がないところではどのような生活様式がおこなわれるだろうかということは、以前には平和な統治のもとに暮らしていた人びとが、内乱において陥るのをつねとするような生活様式から看取されるであろう」（『リヴァイアサン』第一三章、八三ページ）と書いているあいだも猛威をふるい、なおその状態がつづいているイングランドの内乱にたいして特別に言及している。『リヴァイアサン』の序説の冒頭のページで、ホッブズは、人間の身体と政治体というあのよく知られた対比をあげ、騒擾を病気に、内乱を死（五ページ）になぞらえている。内乱はひとつの固定観念である。『リヴァイアサン』の心理学にかんする章、すなわちまだ政治学の章ではない部分において、かれは「現在の内乱にかんする議論のなかで」、「ローマのペニーの価値がいかほどであったか」を尋ねる者の例をあげている。（第三章、一四ページ）『人間論』において、思い上がりすなわち自分自身を実際よりも賢いと信じている人びとの欠点について述べながら、ホッブズは、主権者が公布する法律を適用するよりはむしろ、自分たちで法律を国家に与えることができると主張した裁判官たちの例を紹介している。ホッブズは、「これが内乱のはじまりである」（『人間論』第一三章第六節、モールズワース版ラテン語著作集第二巻、一一五ページ）と評している。

『物体論』の第一章で、ホッブズは哲学を賞讃している。人間生活の改善に寄与してきた機械技術は自然哲学から生まれた。そして思慮深い人間は政治哲学から善き統治の術を引きだすことができる。しかし、善き統治とはどういうものであろうか。それは、強固な基盤の上に国家を建設し、その解体を不可能にすることである。すなわち、ホッブズの表現に従えば、「虐殺や荒廃、あらゆるものの欠乏を生みだす」（『物体論』第一章第七節、モールズワース版ラテン語著作集第一巻、七ページ）。[☆2] 内乱の危険を回避することである。さらにすぐつづく部分で、内乱についてふたたび言及し、ホッブズはそうした事態を「もっとも悲惨な災厄」とよび、同じ問題点をくりかえし論じている。[☆3] ホッブズが、哲学ということばによって何を意味し、哲学の目的が何であり、また、哲学が何に役立つかを説明するとき、かれはもういちど、内乱の問題に注意をむけている。「道徳哲学および政治哲学の有効性は、それを知ることによってえられる利益によってではなく、それを無視することでわれわれにふりかかってくる災厄で判断されるものである。他方で、人間の努力によって避けられうるすべての災厄は、戦争、なかんずく内乱によって引き起こされるのである。」(『物体論』、モールズワース版ラテン語著作集第一巻、七ページ)

国家の解体という危機にたいする憂慮が、ホッブズを哲学的思索へと駆りたてた。かれは、この害悪の主な原因は、人類の精神のなかに、すなわち正邪についての、また主権者たちの諸権利と臣民たちの諸義務についての、人類がいだく誤った意見のなかにみいだすことができると確信していたし、またかれは、邪悪な教師からうける誤った意見のなかから生じると確信していた。かれの三冊の政治学書でくりかえされている主題のひとつは、秩序を乱す主要な原因であるとみなされた扇動的な意見にかんする非難である。国家の安寧を乱す意見があったとき、主権者はその意見を非難できると論じた議論のなかで、ホッブズはこのように論評している。「なぜなら、人びとのもろもろの行為は、かれらの意見〔扇動的な意見〕に由来し、平和と和合をはかるために人びとの行為をうまく規制すること

☆2　ホッブズのラテン語作品からの引用文の翻訳は英訳者のものである。引用ページは凡例にのせたラテン語版による。

☆3　イタリア語で“la lingua batte dove il dente duole”、英語で“the tongue touches wherer the tooth aches”。

は、その意見をうまく規制することに存するからである」（『リヴィアサン』第一八章、一一六ページ）。すでに引用した『物体論』の一節では、哲学と内乱との関係についての分析が次のように述べられている。「内乱の原因は平和と戦争の原因が無視されてしまうことにある。また、人びとがみずからの義務を学ぶことによって、平和が強固になり維持されるのだが、この義務すなわち社会生活の真の規則を学んだ人はほとんどいなかった。しかし、この規則を知ることがまさに道徳哲学なのである」（『物体論』第一章第七節、モールズワース版ラテン語著作集第一巻、七ページ）。ホッブズの諸著作のなかでもっとも美しい文章のひとつである『市民論』の「読者への序文」のなかで、先行する道徳哲学者たちの「相反する二つの意見」と、ケンタウルス〔ギリシア神話に出てくる上半身が人間、下半身が馬の種族。ギリシア人には原始生活と獣性を表わす象徴〕という「荒々しく、戦闘的で、不穏な種族」とを比較している。どちらも「部分的には正しく魅力的で、部分的には野蛮で乱暴である。すなわち、〔どちらも〕すべての争いと殺戮の原因である」（『市民論』「読者への序文」、ウォーリンダー版七九ページ）からである。

三　方法論

市民社会にたいする害悪の主要な原因が哲学そのものにあるものだとしたならば、害悪から逃れるすべも哲学によるしかないであろう。では、それはどのような哲学なのか。あまりにも長いあいだにわたって人びとの思考を支配し、惑わせてきた古い哲学を、最終的に放逐するにちがいない真正な哲学の探求は、方法論の問題と密接につながっている。人文主義の研究に数年間没頭したのち、ホッブズは、ヨーロッパ大陸への遊学中に出会った同時代の有力な科学者たちとの交流をとおして、幾何学の厳密に演繹的な方法を適用しているものだけが、高度に発達した科学であると確信するにいたった。そうした性格の科学のみが豊かな発達をとげて、宇宙観を根底から変えたのであった。この点からして、道徳諸学が後退した理由は方法論に欠陥があったからだと推論してよいのではないか。自然科学の成功があれほどまで熱狂的に迎えられた状況が出現したなかで、自然研究が成功裡に歩んだのとまさに軌を一にして、人間と社会の研究をする時期が到来したのではないだろうか。ところで、社会の安寧を乱す主要な原因は、すでに指摘したように多様な意見の続出にある。そして異なった意見が続出するのは、ほんらい、道徳哲学者たちが、無知あるいは利害のために、政治学を厳密な科学に変えることをまったく怠ってきたという事実にもとづいているのである。幾何学および論証的な諸科学においては、真理や虚偽について余計な論争など必要ないのである。幾何学とは——この点について引用されうる多くの文章のなかでのある説明では——「神が喜びをもって人類に与え給うた唯一の学問である」。また別の場所でも、「〔その〕結論は争う余地のない確実なものだとされてきたのである。」(『リヴァイアサン』第四章、二一ページ、第五章、二七ページ)だからこそ道徳哲学はもっとも厳密な方法論が求められていたのである。「われわれが理知を用いて推測する問題の場合には、なにかその誤謬がみすごされても、害はない。そのさいには失うものはなにもなく、時間を失うだけだからである。しかしながら、万人がみずからの生活の舵取りのためにくわだてるべき事柄においては、誤謬だけではなく、ただ無知であるというだけでさえ、攻撃や闘争、いやそれどころか虐殺さえもが必然的に生じるのである」(『市民論』「読者への序文」、七八ページ)。

ホッブズは、道徳諸学が後退してしまった原因のひとつは、それらのとなえる真理が、人間の「野心や利益や快楽」(『リヴァイアサン』第一一章、六八ページ)をさまたげてきたからではないかと堅く信じていた。かれは、「もしも、三角形の内角の和は四角形の二つの角の和に等しいということが、だれかの支配権にとってつごうが悪かったり、統治をしている人びとの利益にとってふつごうだったりするならば、また、その学説が論駁不可能であり、それに興味をもつ者が存在するかぎりは、幾何学の書物をすべて焚書にして、禁圧しなければならない」(前掲書)ということを疑わなかった。かれの最初の著作(『法の原理』)のまさしく冒頭部分から、ホッブズは、知識を数学的なものと教義的なものとのふたつの種類に分類している。前者は、「抗争や論争から自由である」。なぜなら、それは形と運動のみをあつかうからであり、だれの利害にも無関係であるからである。これにたいして、「後者においては、争うことが関心の的である。なぜなら、それは、人間と人間を比較し、かれらの権利と利益に余計な手出しをするからである」(献呈の辞)。『物体論』からすでに引用した箇所で、ホッブズはこの主題についてもうひとつ別の例を用いて、ただただ「自分たちの雄弁と才能を鼻にかける」(『物体論』第一章第七節、モールズワース版ラテン語著作集第一巻、八ページ)ことにしか関心のない道徳哲学者たちの「冗漫な」著作と、数学者たちの「科学的な」著作とを比較している。『リヴァイアサン』の文章では、かれは道徳科学および政治学を、遠くからものをみることのできる望遠鏡になぞらえており、その哲学を、われわれに身近なものさえもかたちをゆがめて映しだす情念という拡大レンズと対置している(『リヴァイアサン』第一八章、一二〇ページ)。

厳密な政治学を構築するためのこの闘いにおいて、ホッブズは同時に複数の標的を打ち破ることをめざした。もっとも有名なかれの敵はアリストテレスであり、その倫理学と政治学は確実なものではなく、可能性のあるものを論じている科学である、とホッブズは言う。さらに、かれはそれらの科学は論理ではなく、ことばのレトリックによって成り立っているものだ、とも述べている。『法の原理』の献辞において、ホッブズは自分の文体の陳腐さをわびる文章のなかで、自分は「レトリックよりも論理展開に」(『法の原理』「献呈の辞」、テニエス版一六ページ)注意を払ったと述べて、この論点〔の意味〕を示唆している。ホッブズは、この古代から賞賛されてきたアリストテレスの教義に反対して、論証可能な倫理を追求して近代自然法理論のもっとも特徴的な原理のひとつを確立したのである。

次なる段階の〔ホッブズの〕論敵は、アリストテレスよりもさらに人びとのあいだに重くのしかかって広がりをみせていた、新旧双方のスコラ哲学者たちの一群であった。かれらは、師(アリストテレス)のことばに従うことを誓い合い、かれらの理論は、理性や経験ではなく、先例という権威を基礎にしており、その権威に惰性的にまた権勢のある有力者を満足させるために盲従しているものである。またかれらは、純粋に書物のうえだけでの知識の持ち主でもある。ホッブズは、「煙突から入ってきた鳥が、部屋のなかに閉じ込められているのに気づいたが、どこから入ってきたかを考えるだけの知力がないために、ガラス窓のいつわりの光にむかってばたばた羽ばたきして飛ぶような、つまりばたばた本の上を飛び回っている」ことを時間の無駄使いと批判している(『リヴァイアサン』第四章、二三ページ)。別の箇所の文章で、かれは、スコラ学者たちを「フェンシングの師範のあやまった規則を信じて、生意気にも敵にたちむかう者に似ており、その結果、殺されたり辱しめをうけたりする」人間にたとえている（前掲書、第五章、三〇ページ）。かれらに影響を与えているくもの巣が大学であったために、書物偏重的・スコラ哲学的議論に反対するホッブズは、同時に大学批判をおこなっている。〔かれによれば〕大学には真の哲学と幾何学を研究する場所はなく、「そこではアリストテレスの権威だけが通用しているので、その研究はほんとうは哲学……ではなく、アリストテレス学なのである」（前掲書、第四六章、四三九ページ）。

ホッブズが著作活動をしていた時代、かれは三番目の、もっとも危険かつ攻撃的な理性の敵と直面した。その敵とは、「霊感をうけている」がために狂信的で熱狂的な、誤った預言者たちであった。かれらはみな理性からではなく信仰によってものをいい、かれら自身の霊魂を神によって啓示された真理ととりちがえ、そして自分たちこそが、地獄の亡者たちである群衆のなかから救済されたごく少数の選ばれた人間であると信じるといった悪魔的なうぬぼれによって、扇動的な意見を吐くように導かれていたのである。『市民論』のある箇所のなかで、ホッブズはかれらを「自然理性に背いた者」とよんでいる（『市民論』第一二章第六節、一八九ページ）。『リヴァイアサン』のある箇所では、かれは霊感を狂乱の真の原因であると考えており（第八章、四七ページ）、霊感によってあざむかれた人びとを次のようにえがいている。「自分たちを全能の神の特別の恵みをうけている者だと考え、神がこの真理を、霊によってかれらに超自然的に啓示したのだとして、即刻わが身をうやまいはじめるのである」（『リヴァイアサン』第八章、四八ページ）。

四　人工的人間

　ホッブズがかれの主題を論じるにあたってとった方法は、次のようなことであった。その方法は実際にはひとつだったのか、それともさまざまに相互に矛盾するいくつもの方法を定式化し、しかも実際にはそれ以外の方法を適用していたのではないのか。これらの疑問は、きわめてひんぱんに議論された問題ではあったが、おそらくは本質的な問題ではないだろう。かれがなぜ倫理学を厳密な科学として構築しようとしたのかを理解するためには、ホッブズの努力が認識の唯名的理論〔普遍はただ一般的な記号・名前にすぎないもので、客観的実在を指すのではなく、実在は個物であると考える立場〕にもとづいていたことに注目することが重要である。数学と倫理学とを、また、自然を対象にした論証的科学と人間を対象にした非論証的科学とをはっきり分ける立場をとる人びととは異なり、ホッブズは、幾何学にもっとも類似している知識の典型は政治学である、と考えていた。これまでも何度か指摘されてきたように[☆4]、ホッブズの議論は、歴史学こそだれにでも開かれた知識であることをのちに論じたヴィーコ〔一六六八―一七四四、ナポリ大学雄弁術教授〕の議論と同じものであった。

『人間論』の一節で、ホッブズは、演繹的に論証可能な科学すなわち厳密な方法による科学と、論証によらない科学とを区別している。論証可能な科学は人間の意志によって生みだされたものをあつかう科学である。それゆえ、幾何学は論証可能である。なぜなら、「われわれ自身がその形状をつくっ

☆4　たとえば、A. Child, *Making and Knowing in Hobbes, Vico, and Dewey* (Berkeley: University of California Press, 1953).

た」からである。それにたいして、物理学は論証可能ではない。「なぜなら、自然的事物は、われわれの力によってではなく、神の力によるものだからである」。倫理学と政治学は幾何学と同様に論証可能である。「なぜなら、何が正しく公正であるのか、そして何が不正で不公平であるのかを知るための諸原則を、言い換えるならば正義の諸根拠すなわち法律と契約を創るのは、確かにわれわれ自身だからである」(『人間論』第一〇章第五節、モールズワース版ラテン語著作集第二巻、九三―九四ページ)。[☆5]

わたくしは、この論題をとりあげることが有効であるかどうかの論評はここでは述べない。そのかわり、われわれがホッブズの思想を理解しその歴史的役割を評価するためには、この論題が根本的な重要性をもっていることを強調しておく。ホッブズの最初の師であったベイコンの哲学にとくにみられるルネサンス期の思想のきわだった特徴のひとつは、古代人の考え方と比較して、自然と人工物との関係を転換させたことである。[☆6]人工物はもはや自然を模倣したものではなく、自然と同等のものである。この変化は、人間によってつくられた事物、また人間の産業活動全般にあたらしい光があてられ、さらなる高い価値をもつものと考えられたことのあらわれであった。自然はいまや卓越した機械として把握された。自然の秘密をみとおすことは、そのしくみを制御している法則の理解へと到達することを意味した。しかし、この秘密がひとたび発見されると、人間はたんに自然を模倣するのではなく、別個に機械をつくることによって、自然を再創造してそれを完成させ、その力を増大させることが可能となった。ホッブズにとって、国家とは自然に欠けているものをおぎなうために、そして欠陥のある自然の産物を人間の創意工夫の産物、つまりひとつの人工物へと取り替えるために、人類によって生産された機械のひとつなのである。

こうした国家観はさらにより大きな構想の一部をなしている。その構想とは、必ずしも恵みを与えてくれるとはかぎらない自然から古代王国の一部を解放し、また伝統的に自然の所産と考えられていたものを、人間の創意・工夫によるものと考えさせることであった。ホッブズによれば、図形や数字だけでなく、政治体や社会生活もまた人間が生みだしたものであり、言語もまたしかりである。また論理学とは、われわれが言語を厳密に使用することを可能にしてくれる一連の道具にほかならないとするならば、われわれはさらに、幾何学と政治学に加えて、論理学という第三番目の論証可能な科学をつけ加えなければならない。以上の〔国家〕構想のうち、ホッブズは政治学に関連した部分をもっとも広範囲に首尾一貫して発展させた。国家が自動機械であるとの仮定から出発して、ホッブズは哲学の全領域を自然哲学と政治哲学のふたつに分類している。前者は「自然のはたらき」にかんするものであり、後者は「人びとのあいだでの協定と契約をつうじて人間の意志によって構成される」つまり「国家とよばれる」ものにかんするものである（『物体論』第一章第九節、モールズワース版ラテン語著作集第一巻、一〇ページ）。歴史もまた分類され、ひとつは「金属・植物・動物・地域などの歴史のように、人間の意志」になんら依存していないような自然の事実あるいは効果についての歴史であり、他のひとつ

☆5　ホッブズは、*Six Lessons to the Professors of the Mathematics* (*EW*. VII, p. 183) の *Dedicatory Epistle* でおおむね同じ言葉遣いで同じ見方を示している。

☆6　わたくしがここで言及しているのは、P・ロッシの啓発的な書物である。*I filosofi e le macchine, 1400-1700* (Milan: Feltrinelli, 1960), 第一付論 "Il rapporto tra natura -arte e la macchina del mondo", pp. 139-47.〔伊藤和行訳『哲学者と機械――近代初期における科学・技術・哲学』、学術書房、一九八九年、第一付論、一四七―五五ページ〕。

は、社会史であって、「それはもろもろのコモン－ウェルスにおける人びとの意志的行動についての歴史」である（『リヴァイアサン』第九章、五三ページ）。

『市民論』の「読者への序文」を書いたときに、ホッブズは早くも国家を典型的な機械である時計になぞらえている。「時計あるいはそれと同じような小さな機械の場合、材質、形状そして歯車の動きはばらばらにされ、部分品にでもしてみないかぎり、けっして十分に理解されることはないからである。それゆえ、国家の権利と臣民の義務をもっと知りたくて研究するためには、（国家を解体しろと言っているのではなく）国家をあたかも分解するかのように考察することが必要なのである」（『市民論』「読者への序文」、七九ページ）。ホッブズの国家理論を明らかにしている『リヴァイアサン』の序文では、次のような文章ではじめている。「自然（神が世界を作り給い、統治し給う）業《わざ》は、人間の技術によって、他の多くの場合と同じように、人工的動物を作りうるという点においても模倣される」（『リヴァイアサン』、五ページ）。そして技術は、「自然のうちで、理性的でもっともすぐれた作品、すなわち人間」でさえも模倣できるといったあとで、「なぜなら、技術は、コモン－ウェルスあるいは国家（ラテン語のキウィタス）とよばれるかの偉大なリヴァイアサンを創造するが、それは、人工的人間にほかならないからである」とホッブズは述べている。ホッブズは、自然的機械である人間と、人工的機械である国家との厳密で入念な詳細にわたる比較をつづけている。最後に、国家の場合について、ホッブズは「この政治体の各部分を最初に作りだし、集め結合した、約束および信約」を、天地創造のときに神が宣した命令にたとえている（『リヴァイアサン』、五ページ）。

　ホッブズは、人類によって創設されたものである人工物としての国家、すなわち政治社会を非社会的な自然状態と対比している。のちにより明確に説明するつもりだが、この考えは、ホッブズの政治理論にとっての出発点になっている。ここでは、ホッブズが国家を時計になぞらえたほかに、それをとりわけ建築物すなわち次に引用する文章でえがいていたように、一軒の家にたとえたことを想起するだけで十分である。「時間と勤労が、日々、新しい知識を生みだすのである。そしてすぐれた建築技術は……人類が建築しはじめてからずっとのちに……勤勉な人びとによって観察されて、理性の諸原理から引きだされたが、それと同様に、人びとが、不完全で無秩序にもどりやすいものではあるが、コモン－ウェルスを構成しはじめてからずっとのちに、（外的暴力による場合をのぞいて）、その構成を永続的たらしめるための理性の諸原理が勤勉な省察によって発見されるであろう」（『リヴァイアサン』第三〇章、二二〇ページ）。

時計職人あるいは建築家と同じように、人間あるいはより正確に言えば歴史的発展過程における人類は、国家を構成することで、もっとも複雑で、おそらくもっとも精巧な、そしてもっとも有益な機械装置を建築したのである。そしてこの装置のみが、いつでも人間に優しいとはかぎらない自然環境のなかで、人間が生き延びていくことを可能にしたのである。もし、われわれが、人類は自然を模倣するだけではなく、自然を矯正するためによびだされたのだということを認めるならば、職人としての人類の能力の最高かつ至上の気高い表現は国家の設立である。

五　自然状態

ホッブズの政治にかんする三つの主要な著作においては、自然状態の叙述は若干のちがいがみられるが、自然状態の果たしている役割は実質的には同一である。ホッブズは、人工的人間を創造することを正当化する議論を、『法の原理』第一四章の第一部、『市民論』第一章、そして『リヴァイアサン』第一三章で提示している。これらの論拠は、人類が自然状態で生活するさいの客観的諸条件（人間の意志とは無関係の諸条件）と、人間の情念（それは幾分、いま述べた客観的諸条件によってあおられるが）の分析から生まれたものである。

第一の客観的条件とは、人間が事実上、平等だということである。生まれながらにして平等であるということは、人間は相互に最大級の害悪である死を引き起こす原因となるということである。これに第二の客観的条件がつけ加わる。それはもろもろの人間が同一のものを欲しがることから財の不足が生じるという問題である。財の不足が比較的小さい場合には、すべての人間にその目的を達成できる平等な希望を与える。したがって、平等と比較的財が少ないという状況のもとでは、相互信頼に欠けるという状態が永続化する。すなわちその状態は、平和を求めるよりもむしろ各人に戦争を準備させ、必要ならば戦争をおこなうように導くのである。『法の原理』と『市民論』は、客観的諸条件のうち、とくに万物にたいする権利を強調している。これは、自然が市民社会以外のところに住んでいるすべての人びとに与えている、あらゆるものにたいする権利である。あらゆる事物にたいして権利を有するということは、民法がわたしのものとあなたのものとを区別する基準をまだ導入していない場合、すべての人間が自分の力のおよぶ範囲内に入ってくるもの全部を専有する権利をもつ、あるいは別の解釈によれば、人間は自己保存に役だつものすべてを専有する権利をもつということである。実際、ホッブズが示している客観的諸条件は、自然状態の悲惨さの説明としてはそれ自体十分なものであろう。事実上、平等〔の主張〕は、資源の希少性とあらゆるものにたいする権利を主張することと合わさって、無慈悲な戦争状態を不可避的に生みだし、それは暴力的な闘争へと陥っていく危険をつねにもっているのである。

しかし、この状態は、自然が人間を社会的なつながりのある世界よりもそれがない世界へとむかわせる情念（それらもまた悪を求める天賦の性であるが）に支配されるようにしたことによって、いっそう悪いものとなっている。ホッブズは、かれもその一員である人間にこびへつらうような意見の持ち主ではない。もしのぞむのであれば、ホッブズの著作から人間の悪意についての格言と判断にかんする選集を作ることは十分に可能であろう。ブラムホール主教とのあいだでかわされた自由と必然性についての議論で、ホッブズはこう主張している。人間は真理に敵対する存在である。なぜなら、人間は富と特権を切望し、官能的な喜びを渇望し、深く考えることには耐えられず、愚かにも誤った原則を信奉するからである（『自由と必然性について』、モールズワース版英語版著作集第四巻、二五六ページ）。『リヴァイアサン』の文章のなかで、人間を、強欲に身をゆだねる人びとすなわち自分自身の利得にしか関心のない人びとと、怠惰にあけくれる人びとすなわち感覚的な快楽にふりまわされるだけの人びとに分類して、ホッブズは「これら二種類の人びとが人類の最大部分をしめている」と指摘している（『リヴァイアサン』第三〇章、二二四ページ）。自然状態についての説明において、ホッブズはとくに虚栄心を強調している。その理由は、虚栄心が「われわれ人間と争う神の力の上位に、われわれ自身の力をおこうとする空想、あるいは概念に由来する」情念だからである（『法の原理』第一部第九章第一節、テニエス版三六―七ページ）。もっとも虚栄心という概念は広いので、物質的な喜びとは区別されたあらゆる魂の喜びもこれにふくめることができるから（『市民論』第一章第二節、九一ページ）、この情念に支配され、他人よりも先行し優越したいとのぞむ人間がいるかぎり、闘争は避けられないのである。『リヴァイアサン』のなかで、ホッブズは争いの三つの原因をまとめて次のように述べている。競争心は利得を求めて、自信のなさは安全を求めて、栄誉心は評判を求めて人びとを闘わせると（『リヴァイアサン』第一三章、八一ページ）。争いを生みだす情念のなかで、ホッブズがとくに強調しているのが虚栄心である。なぜなら、かれは、力を求める欲望がもっとも目にみえやすいかたちであらわれるものが虚栄心と考えていたからである。すなわち人間が他人にたいして対抗心をもやすのは、力にたいするあくなき欲望だからである。

ホッブズは『リヴァイアサン』においてはじめて政治学の根本問題を解明した。それは力の問題である（かれはすべての章で力の問題をあつかっている）。この主題にかんしては、次の文章が重要である。「そこで、わたくしは第一に、全人類の一般的性向として、死によってのみ消滅する、やむことなくまた休止することのない欲求をあげる」（『リヴァイアサン』第一一章、六四ページ）。力は、将来のはっきりとした利益を手にいれる方法として定義される。それには二種類ある。ひとつは自然の力であり、それは身体あるいは精神の卓越した能力によるものである。もうひとつは富、名声、友といった媒介的手段から成り、自然の力を増加させやすい。死によってしか止められない力へのあくなき欲望をひとたび知れば、自然状態における人間生活の悲惨さをえがきだす議論など別に必要ない。なぜなら、前述したように力を求めての戦いをおさえるよりもむしろ刺激するような不都合な客観的諸条件を考えてみれば、自然状態の恐ろしい光景は目に見えるだろうから。

自然状態では恐ろしいことが起こる。なぜなら、力への欲望は戦争状態を生みだすからである。なぜそれが起こるかと言えば、相互に危害を加える能力は人間みなひとしいからであり、財は、すべての人びとの需要を満たすには不十分であるのに、だれしも、すべてのものにたいして自然の権利を有するからである。自然状態とは万人の万人にたいする戦争状態なのである。「こうして次のことが明らかとなる。すなわち、人びとはすべての人を威圧しておく共通の力をもたずに生活しているあいだは、かれらは戦争とよばれる状態にあるのであり、そしてそのような戦争は、各人の各人にたいする戦争なのである」(『リヴァイアサン』第一三章、八二ページ)。

六　万人の万人にたいする戦争

「万人の万人にたいする戦争」という文言を、文字どおりに受け取ってはならない。どうしてもその文言にこだわりたければ、少なくとも、もしも万人に共通の自然状態が存在すればという条件文の帰結として、この文言を理解すべきである。しかしながら、全人類が歴史の起点において経験していた状態、あるいは歴史の終末にあるであろう万人共通の自然状態はたんなる推理による仮説にすぎない。ホッブズが「万人の万人にたいする戦争」と述べたときに、かれは自然状態に典型的にみられる諸条件が現出しているところでは、その状態にある人はすべて戦争状態にあるということを言いたかったのである。

ホッブズによれば、自然状態とは歴史的に立証できる次の三つの特定の状態を言う。

ア、原始社会において。この場合の原始社会とは、こんにちもアメリカ各地の原住民の住む未開社会と、いまでは文明化されているが文明度の低い未開人の住む古代社会の両方をふくむ。原始社会は自然状態から市民社会への移行に先行する、それゆえに前政治的な条件にある社会である。

イ、既存の国家がさまざまな理由で解体するときに内乱が起こる。ここでは政治社会から無政府状態への移行が起こるが、この状態は、反政治的なるものとよばれる。

ウ、国際社会においては、諸国家間関係は、利害をともにするために作られたひとつの権力によって規制されていない。それは諸国家のあいだで生じる状態である。[☆7]

ホッブズは、万人共通の自然状態とは人類が文明化される以前に住んでいた原始的な状態であったとは、けっして考えていない。ブラムホール主教とのあいだでかわされた議論で、ホッブズは次のように言っている。「これはきわめて真実に近いと思うが、天地創造以来、人類がまったく社会なしに生活したときなどけっしてなかった。ある人びとは法律と統治者のいなかったもとで生活していたかもしれないが、ある人びとはコモン－ウェルスのもとで生活していたにちがいない」（モールズワース版

『英語版著作集』第五巻、一八三—四ページ）。かれは、原始社会のうちいくらかは自然状態であったということは認めながらも、かれの関心は、当時も存在したであろう自然状態すなわち国際関係組織と、内乱によって生じた無政府状態のほうに目がむいていた。そして後者こそ、なによりもかれが関心をもっていたものである。かれの思考をつねにとらえ、万人の万人にたいする戦争としてえがきだした自然状態は、現実には、かれ自身の国を引き裂いていた内乱であった。あらゆる害悪のなかでも最悪のものとして内乱に言及するときにはいつでも、かれはそれを自然状態としてえがきだしている。かれは国家の権威が崩壊した結果あらわれる状態すなわち内乱について説明しなければならないとき、かれはそれを、自然状態という「万人の万人にたいする戦争」を想い起させる文章のなかで、「すべての人びとがその隣人とおこなう戦争」として記述している。自然状態の事例を提示する『リヴァイアサン』の文章のなかで、『市民論』におけるのと同様に、かれはアメリカ人〔インディアン〕に言及しているが、かれはそこで、なにが自然状態かについてきわめて明確に述べている。「いずれにせよ、人びとを恐れさせる共通権力のないところでは、どのような生活様式がおこなわれていたかは、それまで平和な統治のもとに暮らしていた人びとが、内乱においてどのような生活様式に陥るのかをみればわかるであろう」（『リヴァイアサン』第一三章、八三ページ）。

ホッブズは現実主義者である。かれが自然状態を結局は内乱の描写とかさねあわせていることがな

☆7　ボッビオがここで用いている三つの用語には、状態（state）という言葉がふくまれている。すなわち、pre-statale, anti-statale, inter-statale という用語であるが、こうした並行関係や状態という言葉に対応する語を、翻訳に生かすことはできなかった。

によりの証拠であり、最終的には、この自然状態と内乱はひとつになるのである。ホッブズの自然状態はロックのそれよりも現実に即したものであり、もちろん、『人間不平等起源論』（〔ルソー〕は歴史的なものとしての自然状態を主張しているが、まちがいである）におけるルソーのそれよりもさらに現実主義的である。ヘーゲルも、現実主義的であった。かれは説教者のおしゃべりではなく、歴史のきびしい教訓を信じていたから、国際社会をホッブズ的な自然状態とみなしていたのである。☆8

自然状態を「恒常的な」戦争状態として述べることは現実的ではない、と異議をとなえることはできる。しかし、正確に言えば、ホッブズは戦争状態を、暴力的な闘争状態としてだけではなく、平和が危機にさらされている状態という意味でも述べている。この状況においては、平和はもっぱら相互に与えあう恐怖、つまりこんにち的ことばで言えば「抑止」によってでしか保障されえないのである。これは、つねに存在する戦争の脅威によってのみ平和が可能となる状況である。ホッブズは、三冊の著作すべてのなかで、かれの主張が誤解されないようにこの議論をくりかえしている（『法の原理』第一部第一四章第一一節、『市民論』第一章第一二節、『リヴァイアサン』第一三章、八二ページ）。さらに、最後にあげた『リヴァイアサン』のなかで、かれは例のように、似たものを比較する方法によって戦争と平和の関係について述べている。「すなわち、悪天候という自然現象は、一降《ひとふ》り二降《ふたふ》りのにわか雨のことではなくて、連日にわたるそれへの傾向にあるのであり、それと同じく、戦争の本質は実際の戦争に存するのではなくて、戦争へ向かう明らかな傾向に存するのであり、その期間中は、平和の方向にむかう保証はまったくないのである」（『リヴァイアサン』第一三章、八二ページ）。

「万人の万人にたいする戦争」とは誇張された表現である。その誇張をとり去ってしまえば、それは個人として考えようと集団として考えようと、大量の人間が相互的暴力による恐怖のなかで生存する状態を意味し、それは、かれらが共通の権力をもたないことから起こるのである。この状態は、人間たちがもっとも貴重であると考えるものすなわち自分の生命を守りたいと願うのであれば、おそかれ早かれ廃止しなければならないたえがたい状態であり、ホッブズの誇張はこのことを理解するのに役立つようにもちだされているにすぎないのである。

七　正しい理性の指示

理性は自然状態から脱することをのぞんでいる人間を手助けしようとする。理性とはここでは、一連のよく考えられた規則、すなわちある仮定のもとできめられた規範であると考えられる。たとえば「もしAをのぞむならば、Bをしなければならない」というぐあいに。人間は感情的存在であると同じく理性的存在である。「人間の理性は情念と同じく人間の本性である。そして人間の本性はだれし

☆8　この解釈は、わたくしにはホッブズの著作の大部分にたいしてもっとも忠実なものであると思われるが、ホッブズの自然状態についての唯一の現実主義的解釈であるというわけではない。前章第五節で言及したように、自然状態にかんするホッブズのいくつかの節、とりわけ『リヴァイアサン』の第一三章（八一ページ）に、競争にもとづく初期ブルジョア社会の記述をみいだすマクファーソン〔藤野渉・将積茂・瀬沼長一郎訳『所有的個人主義の政治理論』、合同出版、一九八〇年、三一ページ以下及び七一ページ以下を参照〕のような研究者もいる。

も同じである」（『法の原理』第一部第一五章第一節、テニエス版七五ページ）とホッブズは言う。「真の理性とは」──かれは『市民論』でふたたび断言している──「ほかの能力や感情と同様に、人間本性の一部分である」（『市民論』第二章第一節、九九ページ）。

　ホッブズの理性はものごとの本質を知りうる能力とはなんのかかわりもないものである。理性とは、計算能力すなわち算定すること（「理性とは計算である」『物体論』第一章第二節、モールズワース版ラテン語著作集第一巻、三ページ）であるから、なんらかの前提を与えられたならば、必然的にある一定の結論を引きだすのである。人間が理性をさずけられていることは、ホッブズにとって、人間が合理的な計算能力をもっているということなのである。これは、人間が欲する目的を達成するもっとも適切な方法とは何かを発見できることを、別の言いかたで述べたものである。したがって、かれらは自身の利益を追求するよう行動できるし、それは、あれこれの情念に従うというだけではないのである。正しい理性は人間本性の一部である、とホッブズは主張している。この主張を述べるなかで、かれは人間が原因をつうじて知る能力だけではなく、目的の観点から行動する能力をもっている、と言おうとしているのである。すなわち、人間はその欲する目的を達成するために、最良の手段を教えてくれる規則に従うことができるのである（技術的な規則がまさにそうであるように）。さまざまな議論が最高潮に達して爆発し、批評家たちの憤激をかったのは、ホッブズがこうした精密な規則を「自然法」とよんだことである。しかし、かれは伝統に敬意を払うためだけに、そう言ったのであった。もし法とは権威を賦与された人間からの命令という意味に理解するならば、こうした理性の命令はけっして法ではない。これが真実であるのは、ホッブズが非和解的なもの☆9を和解させるために、人間がもつこれらの思慮分別の規則もまた神の意志の表現である、と信じているかぎりにおいてである。

ホッブズは、自然の法とは「なされるべきこととなされるべきではないことについて、理性によって理解される一定の結論以外のなにものでもない」と述べたあとで、次のように注意している。厳密に言えば自然の法は法律ではないけれども、「それらは神によって与えられたものであるから、法という名でよばれるのがもっともふさわしい」（『市民論』第三章第三三節、一二一ページ）と。『リヴァイアサン』のなかの自然法に言及した箇所で、ホッブズはさらに「〔自己保存あるいは平和にとって〕便益のある諸条項」をあげているが、それは平和をえるために理性が「示唆する」ものである（「示唆」であって「命令」ではない点に注意）（『リヴァイアサン』、八四ページ）と述べている。のちにかれは、これら理性の規範を法とよぶのは「妥当ではない」とくりかえし述べ、なぜなら、自然法とは、われわれ自身の保存と防衛に役だつかについての「結論」や定理以上のものではないからである（『リヴァイアサン』第一五章、一〇四ページ）と述べている。

すでに述べたように、自然状態は結局のところたえられないものである。なぜなら、それは人間にとってもっとも最高な善き生活を送ろうとすることを保障しないからである。正しい理性は、一連の規則（ホッブズは、約二〇ほど〔正確には一九〕をあげている）を自然法のかたちで示唆しており、それらは平和的共存を保障することを目的にしている。これらはすべて、いわば、ホッブズがいう「基本的なもの」つまり平和を求めることを命令している第一の規則に従属するものである。自然状態下

☆9 「非和解的なもの」のイタリア語の表現は「悪魔と聖水」である。

にある生活はつねに危険にさらされているから、理性の基本的な規則と、そこから派生するすべての規則は、生活を守るという真に重要な目的の達成にねらいをさだめているのである。それらは、この目的を人間に平和的共存〔の重要性〕を認識させることによって達成しようとしている。しかし、それらは慎重に考えることを求める規則であるから、絶対的な命令ではなく、すべての個人は、そうすることによってかれが欲する目的を達成できると確信するときにのみ、それらの規則に従うようにさせられるのである。けれども、そうしたことはたいていの場合、もし規則がすべての人びとによって、あるいは少なくともある集団内の多数によって守られなければ、〔自然法の〕規則によって命令された目的も達成されえないということになる。ホッブズは人が規則に従おうとは思ってはいない、いやより正確に言えば、もし他の人びとが自分と同じことをすると確信できないのであれば、人は規則を守ることに関心をもたない、と主張している。この場合も、ホッブズは自然法は慎重な規則ではなく、まず法律や命令を重視する法であるということで、その伝統に敬意を払っているのだ。自然法は外面ではなく、内面——つまり良心——を第一とするということであるからである。しかしながら、自然状態にあっては、こちらが敬意を示そうとする慎重な規則に他の人びとがはたして従ってくれるであろうか。言いかえれば、自然状態での最高目的は平和ではなく勝利である以上、こちらが理性第一主義に立ち平和を追求するとしても、万人がそれに従うことはたしかである、と言いうるものであろうか。自然法の第一は、人は約束を守らなければならない、ということである。しかし、もしもその人が、他の人びとと同じように約束を守ることを良しとするということがたしかでなかったなら、約束を守ることはばかげたことである。

さきの第五節〔第五節　自然状態〕以降で要約されている自然状態の特徴は、その状態においては、他者が自然法に従うことにだれも確信をもっていないということがはっきりと指摘されていることである。自然状態にあっても、自然法は存在している、すなわちそれらは確実な根拠となってはいるが、機能はしていないのである。簡略化して言えば、それは、慎慮された諸規則〔自然法〕に従うには、もっとも分別〔理性でものごとの善悪・道理を区別してわきまえる〕を欠いた状態である。理性は人間が平和を求めることを命令している。もしもわれわれが平和を達成しようとするならば、集団のすべての人びとあるいは少なくとも大多数の人びとは、そうした目的に合うように行動を命じた規則に従わなければならない。これは、自然状態では、ひとつの基本的な理由によって起こらないのである。それは、これらの規則のひとつをだれかが破っても、それに従うように強制する十分な強さをもつ人がいないからである。このことから、自然法を機能させ、また人間がかれらの情念ではなく理性に従って行動させるようにするためには、ただひとつの方法しかない。その方法とは、反対行動を無益なものにしてしまうような抵抗できないほどの力をもつ制度を設立することである。抵抗できないほどの力とは国家である。それゆえに、最高善である平和を達成するためには、自然状態を脱し、政治社会を構築しなければならないのである。

八　統一のための信約

要約すると、理性は人類に平和の状態に到達するためのさまざまな道を示すことで人類を助けるのである。しかしながら、それらの道のうちのどれも、人間が自然状態に生きているかぎりは有効な道を示しえないのである。なぜなら自然状態は全般的に不確実な状態にあるから、各人が合理的に行動することを思いとどまらせるからである。こうして、平和を入手する前提条件は、人類が自然状態を脱することができるような万人の合意と、他者も同様に行動するだろうという確信をもって、正しい理性の命令に従うように各人にさせる国家を設立するという万人の合意が必要である。人類が平和に生きるためには、理性だけでは不十分である。もし理性だけで十分であるならば、国家の必要性、言い換えれば市民法の必要性はなかったであろう（自然法だけで十分のはずであろう）。理性に従った生活を可能にするような、国家を設立することに人類が合意することが必要なのである。合意とは意志による行為である。この意味で国家は自然の産物ではなく、人間の意志の産物である。国家は人工的人間なのである。

ホッブズはこの契約の性質についてきわめて正確な説明をおこなっている。第一に、契約は少数の者たちのあいだではなく多数の者たちのあいだでなされ、一時的なものでなく永続的なものでなければならない。第二に、契約は共同の目的を遂行する人びとのみの結合体であってはならない。なぜなら、この種の結合体は正しい理性の指示にのみもとづくべきであり、それゆえ、それはすでに考察した理由によって不安定なものだからである。ホッブズは、国家は社会契約〔統一のための契約〕にもとづくものとし、政治社会をたんなる相互援助のための社会に縮小する学説をはっきりとしりぞけている。この種の社会では、みずからの役割を遂行するために注意するのを必要とする諸規則の遵守を確実なものにできないからである。安定した社会をつくるために、人類はある前提となる合意を取り決め、次につづく合意をも信頼できるものにしなければならない。人類はこうしたまえもっておこなった合意をとおして自然状態を脱し、国家を設立するのである。

この契約の内容がどのようなものであるかは、自然状態についての諸特徴と人類がそこから脱出する必要性についてこれまで論じてきたことのすべてから導きだすことができる。自然状態は不確実な状態であるから、合意の主要な目的はこの不確実性の原因を取り除くことである。不確実性の主要な原因は共通権力の欠如にある。国家を創設する契約の目的は共通権力を設立することにある。共通権力を確立するための唯一の方法は、すべての人びとがみずからの権力を放棄し、その権力を一人格——それが自然的な人格であれ、あるいは合議体のような人工的人格であれ——に委譲することに同意することである。これ以降、この人格は、みずからの権力を行使することによって各人が他者に危害を加えることを禁止するに十分な権力をもつことになる。

権力概念は、一般的に言って少なくともふたつの基本的なもの——経済的な財と物理的実力——をふくんでいると考えるべきである。自然状態において各人はすべてのものにたいする究極的な手段——すなわち各人は他者からの攻撃を打破し防御する物理的力をもつのである。したがって、共通権力を確立するために、すべての人が自分たちのすべての財産をひとつの人格にゆだねなければならない。換言すればすべての財物にたいするかれらの権利を一人格に譲渡し、また契約を破棄しようとする者には、対抗して打ち負かすだけの強い物理的力が必要である。この契約の結果、諸個人は基本的な義務を覚えるのである。これが、臣従の契約に特徴的な義務、換言すれば共通権力の保持者が命じることすべてに従う義務である。ホッブズはこの合意を「統一のための信約」とよび、それを次のように定式化している。「あなたもわたくしと同じように、あなたの権利をかれに与え、そのすべての行為の権限を認めるという条件のもとに、わたくしはみずからを統治する自分の権利を、この人あるいはこの合議体に与え委譲する」(『リヴァイアサン』第二部第一七章、一一二ページ)。ホッブズの考える統一のための信約は、社会形成のための契約とはちがい、服従の契約である。しかし、一方の契約当事者が全体としての人民であり、他方の契約当事者が主権者であるような、臣従の契約ともちがって、ホッブズの考える統一のための信約は、社会形成のための契約のように、その契約当事者たちが契約には加わらない第三者に服従することを相互に約束しあうような、ばらばらな成員からなる契約である。ホッブズは、伝統的学説によれば国家の基礎となるこの二種類の契約を、おそらくまったく意識的にではないが、融合してしまっている。すなわちホッブズの契約は、契約の主体からみれば社会契約であり、その内容からみれば服従の契約である。ともあれ、その帰結は、人類が自然状態から脱し政治社会への移行を可能にする、あの共通権力の設立である。

この権力は、伝統的な主権概念と同じく、経済的な至上権(所有権)と強制的な至上権(支配権)をふくんでいる。政治権力とは、これらふたつの権力を合計したものなのだ。「地上にこれと並ぶ

——と怪獣リヴァイアサンをえがくヨブ記の一節は言う——権力は存在しない☆10」。この旧約聖書の一節は、「権力はより上位のものを認めない」という主権についての伝統的な定義を言い換えたものである。「これがかの偉大なリヴァイアサン——とホッブズは説明する——、いやむしろ（もっとおごそかな言い方をすれば）、あの可死の神の生成であり、われわれが不死なる神のもとで、〔国内の〕平和を維持し、〔外的から〕防衛されているのは、この可死の神のおかげなのである」（『リヴァイアサン』第二部第一七章、一一二ページ）。ホッブズはかれの三つの著作においてしだいに複雑さを増していくが、本質的には相似た国家についての三つの定義をおこなっている。

（ア）「自分たちの共同の平和、防衛そして利益のために、共通権力〔契約による力の合成〕によりひとつの人格として統一された大衆」（『法の原理』第一部第一九章第八節、八一ページ）。

☆10　英訳版注　ボッビオがここで引用している〔旧約〕聖書の章句は、『ヨブ記』第四一章二五節であり、『リヴァイアサン』の口絵に書かれている“Non est potestas Super Terram quae Comparetur ei.”である。これは、ラテン語ウルガタ訳のテクストである。ヘブライ語聖書、ラテン語ウルガタ訳聖書、欽定訳聖書（ジェイムズ国王版）とを比較すると、いくつかの相違に気づく。欽定訳では、『ヨブ記』第四一章二五節について“Upon earth there is not his like, who is made without fear”と訳している〔欽定訳聖書『ヨブ記』第四一章三三節〕。ヘブライ語聖書では、“en-at atar masla l héasu livli-hat”〔地の上にかれに似たものはなく、かれは恐れを知らぬものとして造られた〕である。そこでウルガタ訳は、原典にはなかったことば（権力）を付け足したように思われる。しかし注意すべきは、ビブリア・ヘブライカ・シュトゥットガルテンシアの編纂者たちが、ヘブライ語の“ba'al hayyot”を校訂して「野獣の主〔とされたもの〕」としたことである。また、ホッブズはウルガタ訳を口絵に引用したが、『リヴァイアサン』の本文では欽定訳によりつつ、もっぱら聖書解釈をおこなったことにも注意すべきである。

（イ）「〔都市国家は、〕ひとつの人格であり、多数の人びとの契約によって作られたその意志は、すべての人びとの意志として受け取られるべきである、そしてその人格は、各人のすべての力や能力を、平和の維持や共同の防衛のために使用できるようなものなのである」（『市民論』第五章第九節、一三四ページ。ここでは利益が国家〔設立〕の目的から除かれていることに注目すべきである）。

（ウ）「〔コモン－ウェルスとは、（それを定義すると）〕ひとつの人格であって、群衆のなかの各人が相互に信約を結び、各人をことごとくその人格の行為の本人とした――そのようにしたのは、この人格が好都合であると考えたとおり、人びとの平和と共同防衛に、全員の力と手段を利用するためなのだが――ものなのである」（『リヴァイアサン』第二部第一七章、一一二ページ）。

九　主権は改変できない

ホッブズが統一のための信約に帰属させている機能は、主権者権力を設立することによって人類を戦争状態から平和な状態へと移行させることである。しかしながら、この統一のための信約は、それから導きだされる主権の三つの基本的な属性をめだたせるように考案されたものである。それらはホッブズの国家概念の標識となる主権の改変不可能性、絶対性、分割不可能性である。もしそうでなければ、主権者権力は真に主権的なるものとは言えず、それゆえに主権者権力が設立された目的を果たしえないのである。要約すれば、統一のための信約は、

（ア）人民と主権者のあいだではなく、諸個人のあいだで結ばれた臣従契約であり、
（イ）諸部分の上位にたつ第三者〔主権者〕に、各人が自然状態においてもっている権力のすべてを帰属させることであり、
（ウ）この第三者〔主権者〕は前節の末尾で言及した三つの定義の内容を充足する単一の人格である。

以上のことから、主権の特徴は、一、改変ができないこと、二、絶対的であること、三、分割されえないこと、がわかる。

ホッブズはまえの箇所で原始信約を、人民として統一された諸個人と臣従行為によって利益を受け取る諸個人とのあいだの信約としてではなく、ばらばらな諸個人のあいだの信約として描いている。そうしたことのひとつの理由は、ホッブズが先に述べた〔主権設立の〕目的を伝統的な臣従協定が直面する危険すなわち信約が解約されることを避けることにある。もし信約が委任者と受任者のあいだの関係と解され、信約の内容が、一定の条件のもとでかつ一定の時間的制約をつけられた統治の役目を賦与されている場合には、そうした危険が存在するからである。ホッブズは統一のための信約がなぜ変更されないかという理由をふたつ提示している。それは、ひとつは事実上困難であること、もうひとつは法＝権利上不可能だということである。臣従契約という伝統的解釈によると、もし双方の契約者のうちの一方が、群衆ではなく、人びとの集合体であれば、契約の破棄のためには過半数の同意があれば十分であろう。しかし、当事者の一方が「人びと」――つまり市民社会の構成員――であり、たんなる「群衆」ではない場合は、契約の破棄のためには大半の人びとの同意があればよし、ということになる。しかし契約当事者がすべて市民社会の構成員であるとは言っても、人びとではなく群衆

にすぎない場合には、契約の破棄は構成員全体の同意を必要とする。過半数ではなく、全員の一致が求められるのである。ホッブズが述べているように、主権者を打倒することにすべての市民が同時に同意するということは信じがたいことであり、したがって「主権者たちにとって、みずからの権威が合法的に奪われる危険は存在しない」のである（『市民論』第六章第二〇節、一四九ページ）。

統一のための信約の破棄が権利上不可能であることは、その統一のための信約が主権者のための契約としてホッブズが構想していたことに由来する、すなわち契約当事者たちが相互に義務を負うだけではなく、契約を結ぶ目的である主権者にたいしても義務を負うような契約としてホッブズが構想していたからである。この契約の本質は、契約当事者たちの同意だけでは破棄されず、当事者たちが相互に義務を負う主権者の同意も必要とするところにある。このことが意味しているのは、個々人が、統一のための信約にいったん合意したら、それを破棄するためには信約への参加者の同意（全会一致を獲得するのはほとんどありえないが）だけでは十分でなく、主権者自身の同意も必要となる、ということである。ホッブズは『市民論』において、主権者に有利なこの契約は、信約参加者たちの相互的な協定の結果であると解釈している。その内容は、各人の諸権利が単一の人格に委譲され、それにつづいてこれらの諸権利がすべて特定の人物に委譲されるということである。ホッブズの説明によれば、ここから導きだされるのは、主権者権力が市民の側の二重の義務、すなわち市民の他の市民にたいする義務と主権者にたいする義務に基礎をおいているということであり、その結果、「市民の数がどれほどのものであれ、主権者の同意なしに、その権力から主権者を解任することは権利上不可能であるということになる（『市民論』同上）。

ホッブズは、『リヴァイアサン』において、より簡潔でかつおそらくより説得力のある説明をしている。主権者と臣民とのあいだでの契約の破棄はありえない、なぜなら両者のあいだの契約はありえず、統一のための契約は臣民相互の契約であるから、と。しかしホッブズは、臣民と主権者とのあいだになぜ契約が存在せず、また存在することさえできないのかについて、なんとか明らかにするために、きわめて重要な問題点をつけくわえている。ふたつある前提のうちのひとつはこうである。第一は、主権者と「人びと」〔「国民」〕としての臣民のあいだの契約であるが、これはありえない。なぜならば臣民はひとつの集合体として結集する以前は「国民」ではなく、かれら自身が国家なのだから。ふたつめの前提は、この契約が主権者と個々の臣民たちとのあいだの契約であると考えるならば、それは事実としては可能であるからその契約はいったんは締結されるが、そうした信約は無効である。なぜなら「かれらのうちのだれかによって、信約違反だと称せられるいかなる行為でも、全員の個々の人格と権利においてなされるから、かれ自身と残りすべての人びととの双方の行為となるからである」(『リヴァイアサン』第一八章、一一八ページ)。たとえ信約が無効ではないとしても、もし万一臣民が、この信約は破棄されたと主張するならば、その論争を決定する資格のあるものは存在しないであろう。

ホッブズがのぞんでいることは、主権者の設立に先立つ信約にもとづいて、ある者に主権者権力を与えるということはまったく無意味であるという結論に到達することである。なぜなら、主権者は、いったん設立されれば、かれに与えられた権力の性質からして、先行する信約を尊重する義務はもたないとされているからである。主権者がかれの臣民たちとの契約によって拘束されるよう求める人びとは(実際には、臣民たちだけが、相互間で拘束されているのだが)、次のようなわかりやすい真理を理解していないのである。「信約はたんなることばや息づかいにすぎないから、公共の剣、すなわち、主権をもつ、すなわち主権者の合議に結び合わされたあるいは集合体の権力からえるもののほかには、信約は、だれかを義務づけ、抑制し強制し、また保護したりする力をもたない」、ということを（『リヴァイアサン』第一八章、一一五ページ）。

この学説の保守的な機能や、それが書かれた時代を理由にして、この学説の反革命的な性質を強調するのは影響され過ぎである。これよりさらに当時の諸闘争に結びつけて言われているのが、『リヴァイアサン』のなかで提示されている次のテーゼである。すなわち臣民は主権者を解任できない、言い換えれば国家破壊はできない、また統治の形態を変えること、たとえば君主制を民主制に変えることもまったくできない、ということである。この場合にも、ホッブズは例のごとく法学的な論法を用いて次のように述べている。「コモン－ウェルスを設立した人びとは、信約によって、ある者〔主権者〕の行為と判断を、自分のものと認めるように義務づけられているのだから、かれ〔主権者〕の許可なしに、どのようなことについても、他のだれかに服従するという新しい信約を、かれらのあいだで結ぶことは合法的なこととはいえないのである」（『リヴァイアサン』第一八章、一一三ページ）。ホッブズはこのような自説をもちだしてきて、じっさいは革命期の諸党派に言及しているのである。「あたらしい契約は人びとの契約ではなく、神との契約なり」と言い張る輩《やから》を相手にしての。そのなかでホッブズは神との信約は虚偽である、なぜなら契約は人と人とのあいだでしか結べないし、たとえできたとしてもせいぜい人間と神とのあいだを媒介する人びとと信約をかわすことができるのであって、その人びととは、まさに主権者たちであるのだから、と述べている。

一〇　主権は絶対的である

ホッブズは、主権者権力は改変できないと主張するさいに、信託理論[☆11]（この理論はロックその他の人びとによってしばしば述べられる）に反対する。それゆえホッブズは、法の制約をうけないという文字どおりの意味で、主権者権力は絶対であると主張し、国家権力にあれやこれやの制限を課そうとするさまざまな理論に反対しているのである。イングランドにおいて、ホッブズ以前にも以後にも有力であった理論は、「立憲主義」的政治思想の潮流の起源とよばれたものである。近年ホッブズを自由主義者として好意的に解釈する試みがあるにもかかわらず、立憲主義者たちはホッブズをつねに自分たちの主要な論敵のひとりとみなしている。主権者権力は、ある人びとが他の人びとに与えた最大権力であるということを、ホッブズはくりかえしくりかえし主張している。この権力の強大さは、その保持者が外部からの制限を受けることなくその権力を行使できるという事実にあり、それゆえにこの権力は絶対的なのである。自然状態においては、臣民も主権者も存在しなかった。より正確に言うと、各人は自分のおかれた状況しだいで主権者にも臣民にもなりうる。人は、あるときは法＝権利上、主権者というもっとも強い者になりうるし、あるときは事実上臣民というもっとも弱い者にもな

☆11　英訳者注　ホッブズでは委任（commission）、ロックでは信託（trust）と言われる。

りうるのである。統一のための信約をしたのちの政治社会においては、主権者は主権者、臣民は臣民となる。そして主権者が主権者であるというのは、信約以前には各人が享受していたあらゆるものにたいする権利を、いまやこの主権者だけがもつから、主権者はつねに主権者でありけっして臣民にはならないのである。そして主権者がつねに主権者であり、けっして臣民にならないのは、主権者の権力が絶対的なものであるからであり、もし他の者が主権者の権力を制限するとすれば、かれは主権者ではなくなり、他の者が主権者となるからである。

反絶対主義者の諸学説が国家権力の制限を主張するさいに用いる論法にはさまざまなものがある。ホッブズの著作は、これらの議論にたいする持続的で執拗な反論である。絶対主義に反対する第一の議論は、信約のやりかたそれ自体について言われるものである。もし集合体としての人民と主権者とのあいだで信約がなされるならば、主権者が一定の義務に従うという条件で人民が権力を委譲したと言えよう。しかしわれわれがすでにみたように、ホッブズは、人民と主権者とのあいだに契約が存在するという前提を否定している。主権者権力の設立以前には、存在しているのは人民ではなく群衆、つまり孤立した諸個人の集まりである。人民は群衆から生まれてくるものであるならば、群衆は自然状態を脱することをきめなければならない。それは、自然的人格にたいしてではなく、人格を構成するあるいはそれを代表する合議体（人民の合議体）にたいして主権者権力を与えることである。しかし、この場合、人民自身が主権者であるから、人民は主権者として、その権限を投げだすことは許されない。そしてその権力は君主の権力と同じく絶対的である。いやしくも人民と主権者とのあいだになんらかの信約が成立しているとすれば、それは主権の保持者と、その権力の執行が委任されるひとりまたは複数人の人格とのあいだの信約となるのである。しかし、この種の契約は、政治社会の起源となる統一のための信約とはまったく異なるのである。

絶対主義に反対する第二の議論は信約のありかたとは無関係な内容にかんしてのものである。契約当事者たちはだれであれ、主権者権力は多かれ少なかれ自然権の〔譲渡の〕量と質によって権力委譲のやりかたがきまる。主権の制限を支持するものたちは、この権力の委譲は部分的であると主張する。そこから、自然状態において人間がもっている諸権利のうちのいくつかは、譲渡できないものであるという意見が少しずつ台頭し、それゆえに人びとの権利譲渡は、たとえそれがなされても無効であるということになる。これとは正反対にホッブズは、人間の権利の委譲はほぼ全面的なものであり、政治社会に生命をあたえるために、すべての人は、あらゆることにたいする権利——その権利を行使するために必要な能力をもふくめて——を放棄しなければならないと主張する。そして人はすべてのものにたいする権利を放棄する結果、国家の一構成員となった個人は生存の権利のみを保持するのである。そして生存の権利は放棄しえないということは、次のようなホッブズ〔思想〕体系の論理から導きだされたものである。すなわち諸個人は、自然状態を特徴づけている永続的な死の脅威からのがれるために、つまり自分の生命を救うために、国家を設立するのであるから、もしも主権者がかれらの生命を危険にさらそうとする場合には、人間は主権者への服従の義務から解除されるのである。『リヴァイアサン』の第二一章には、ホッブズ的国家の市民たちの、いわば自由権の一覧表が書かれており、そのもっとも重要な権利は、次のようなことばで表現されている。「もしも主権者が、ある人にたいして（正当に有罪の判決をうけたものであっても）、かれ自身を殺したり、傷つけたり、手足を使えなくせよと命じ、あるいは、かれに攻撃を加える人びとに抵抗するなと命じ、あるいは、食物・空気・薬その他の、それなしにはかれが生きていけないものの使用をやめよと命じても、その人は服従しない自由をもっているのである」(『リヴァイアサン』、一四二ページ)。一般に、臣民たちが法の沈黙〔法律に規定されていないこと〕のおかげで享受しているさまざまな自由は、〔法律上のではなく〕事実上の自由にすぎず、これは「主権をもつ人びとがもっとも都合よいと思うように」〔自由の範囲を〕拡大したり縮小したり、ときには〔自由そのものを〕抑圧したりできるものである(『リヴァイアサン』第二一章、一四三ページ)。これらの自由は主権者の無制限の権力をいささかもそこなうものではない。なぜなら、「主権的代表が臣民にたいしてなしうることは、いかに言い訳をしようとも、ほんらい不正義とか侵害とかよばれえないからである。すなわち臣民各人は主権者がおこなうすべての行為の本人」だからである(『リヴァイアサン』第二一章、一三九ページ)。

これらの絶対主義に反対する議論のうちのはじめのふたつは政治権力をめぐる契約理論にかんするものである。主権者権力を制限することに賛成する古典的な著作者たちの議論は〔ホッブズ的〕社会契約論と異なり、より一般的な性格をもっている。古典的な〔権力制限の〕議論は、だれが権力の保持者になろうとも、政治権力は法＝権利に、あるいはもっと正確にいうと、法律(客体化した法＝権利)に従属すべきだという原則にもとづいている。この原則はイギリスの立憲主義学説の道徳的基礎となってきたものであり、ブラクトン〔?—一二六八〕の古典的定式によれば、「王みずからが従わなければならないのは、人間ではなく神と法律である。なぜなら、王を王たらしめるのは法律だからである」☆12となる。ホッブズは、直接的には、主権者が実定法に、すなわち市民法に従うというテーゼにとらわれることを、次のような古くからある論法で切り抜けている。「いかなる人も自分自身を義務づけることはできない」と。「なぜなら、法律を作りあるいは無効にするのは権力をもつ者〔主権者〕であるから、かれがそうしたければ法に従属することは免れるのである」（『市民論』第六章第一四節、『リヴァイアサン』第二六章、一七三ページ）と。すなわち市民法は主権者によって作られるのだから、主権者が法律に従うならば、かれはみずからに義務を課すことになるだろう。しかし、市民法以外の法律は存在しないのだろうかというより容易ならない問題が残る。主権者権力は無制限であるとする原則を擁護したい者はすべて慣習によって伝えられ、裁判官たちによって適用されたこの国のコモン・ロー＝普通法（法律学者たちは、王や議会によって発布された規定よりもコモン・ローが優越すると主張している）や自然法を考慮に入れなければならない。ホッブズはサー・エドワード・クック〔一五五二―一六三四〕以降のコモン・ローの擁護者たちにたいする公然かつ断固たる論敵であり、クックにたいしては、晩年になって『哲学者と法学徒との対話』〔田中浩・重森臣広・新井明訳、岩波書店、二〇〇二年〕を書き、王だけが法＝権利を通用させる力をもつのだから、王の発布する法律以外に法＝権利は存在しない、と主張している。しかしホッブズはすでに『法の原理』において、法＝権利の諸源泉を列挙して、主権者の表現された意志に由来する法律のほかにはなんの源泉も認めていなかった。「慣習はそれ自体では法律をつくりださない」（『法の原理』第二部第一〇章第一〇節、『市民論』第一四章第一五節、『リヴァイアサン』第二六章一七四ページ）。

☆12　H. Bracton, *On the Laws and Customs of England*, trans. S. E. Thorne, 2 vols. (Cambridge: The Belknap Press, 1968), II, p. 33.

一一　市民法

ホッブズが自然法の問題に解決策を提示したかどうか、また何を解決したかにかんしては、おそらくその論争は決着がついていないが、研究者たちのあいだで活発に論じられている。実際ホッブズは、主権者は自然法に（そして神の法に）服従するとくりかえし述べている。しかし、本章第七節でみたように、自然法は、慎慮の規則あるいは技術的な規範であり、人がその規範に従うかどうかは、一定の状況においてひとつの目的を遂行する可能性についてどのように判断するかによる。主権者にかんするかぎり、かれが自然状態において生存している他の主権者たちとの関係においてであれ、またかれが信約を結ぶことのない臣民たちとの関係においてであれ、この判断を下すのは主権者だけである。主権者は、他の主権者たちにたいしても、臣民たちにたいしても、正しい理性の命令に従うようにいかなる外部からの義務も課せられてはいないから（自然法は良心にたいしてだけ義務を課するということを想い起こそう）、正しい理性の命令は事実上、主権者権力に制限をつけないのである。

一方、諸個人が国家を設立する目的は安全の保障であるということはたしかであり、そしてホッブズの安全の保障という意味は、人間は生命を失う恐怖がないように自然法に従うということであり、それゆえ、諸個人は自然法が、ほんらいの意味での法律、すなわち市民法になるように、主権者にたいしてすべての必要な権力を与えたのは真実である。したがって、主権者の主要な課題は自然法を強制力のあるものにすることであるから、かれもまた市民法に従属すべきであるように思われるかもしれない。しかし他方、〔法という〕規範を作って正しいものと不正なものとを確立することは、主権者に、すなわち主権者〔権力〕だけに帰属するということもまた真実なのである。その結果、ひとたび国家が設立されると、臣民にとって市民法以外に正と不正の基準は存在しない。

ホッブズの道徳理論にはつねに一貫性があるとはいえないとしても、もっとも大胆な表現のひとつにしている倫理的な法律尊重主義のこの観念をホッブズが主張している文章は数多く存在する。倫理的法律尊重主義、すなわち、主権者とは（それゆえ神は）何が正しいか命令するのではなく、主権者が命じることが正しい、という理論である。「各人が自分のものと他者のもの、正しいものと不正なもの、正当なものと不当なもの、善いものと悪いものとが区別されるべきであると理解できるようなしかたで、つまりは共同社会の営みにおいて何がなされるべきであり、何が避けられるべきであるかについて、各人が即座に理解できるようなしかたで、あらゆる人びとに規範すなわち一般的な判定基準を宣言し公表することは、最高権力すべてに属するものである」（『市民論』第六章第九節、一三九ページ）[☆13]。あるいはまた、「共通の力が存在しないところに法律はなく、法律のないところに不正義はない」（『リヴァイアサン』第一三章、八三ページ）。さらには、「あらゆるひとは、みずからの同意によって自分が守るべきとする、したがって正しいはずの法律を作るのだから、ひとはみずからにたいして不正をおこないえないのと同じく、いかなる法律も絶対に不正ではありえない」（『自由と必然性について』、英語版著作集第四巻、二五二―三ページ）。

これにたいしては次のように反論することもできよう。市民法は正しいものと不正なものとを確立することを目的とするから、自然法を〔現実に〕執行するものにほかならない。「自然の法と市民法は、相互に他をふくみ、その範囲をひとしくする」というホッブズの議論をよぶ一節（『リヴァイアサン』第二六章、一七四ページ）はこの意味に解されるべきであり、あるいは、「いったん国家が設立されると、自然法は市民法の一部をなすようになる」という『人間論』の一節（第一三章第九節、モールズワース版ラテン語著作集第二巻一一七ページ）もそうである、と。しかし、これは次のように反論できる。

（ア）『市民論』にふくまれるいくつかの節において、ホッブズは、自然法の内容を定めるのは主権者〔の権限〕に属することであり、このことは、自然法を強制力あるものにすることだけではなく、何を命ずるのかを確定することも主権者の役目である、ということを意味する。「自然法は、窃盗、殺人、姦通、あらゆる種類のあやまちを禁ずる。しかし、市民のあいだで何が窃盗、殺人、姦通、あやまちとみなされるべきかについては、自然法によってではなく、市民法によってきめられるべきである」（『市民論』第六章第一六節、一四五ページ、同じく第一四章第一〇節、第一八章第一〇節）。ホッブズがこの主張を説明するためにもちだす例は（「ひとを殺すことがつねに殺人罪であるわけではない。市民法が禁じていることだけが殺人罪となるのである」）、主権者は自然法に従属しているが、自然法を侵犯することもできると述べるのは正しくないことを証明するためのものである。

（イ）主権者は自然法を侵害できると仮定したとしても、臣民は、自分の生命を危険にさらす命令以外には、主権者が命じることはすべて従う義務をもつという事実が残る。無制限に命令できる主権者の権限に留保なしに対応して服従するのは臣民の義務である。一方の側のこれ以上与えることができないほど大きな権力に対応するのが、他方の「これ以上遂行できないほど大きい」服従（『市民論』

第六章第一三節では「単純な」服従とよばれている）なのである。

もしこの（ア）項と（イ）項の議論を詳細に分析するならば、主権者権力は自然法を執行するために、あるいはより正確に言うならば、正しい理性の命令を現実の法律にするために発布したのだから、自然法の内容を細かに指摘するのは主権者〔の役目〕に属するのである。そしてこの結論がたとえどのように馬鹿げたものにみえようとも、ホッブズはそのような結論を引きだしているのである。かれは、「たとえ自然法が盗みや姦通などを禁止しているとしても、もし市民法がなにかを侵害するように命じるならば、そうした侵害はもはや盗みや姦通などには当たらない」という考えをくりかえし、「いかなる市民法も、神を冒瀆しようとするものでなければ、自然法に反することはありえない」（『市民論』第一四章第一〇節、二二〇ページ）という。この点で、主権者はみずからの権力にたいする唯一の実質的な制限を、その命令を不正とみなした臣民たちの反抗にみいだすであろう。しかし、臣民たちは主権者の命令にはすべて従うように義務づけられているのだから、この制限すらも無効となり、主権

☆13　ホッブズを自然法論者とみなす傾向が近年になって主張されるようになったので、ホッブズの倫理的法律尊重主義がこれ以上にないほどに明確に示されている他の一節をここで引用しておくことには意味があろう。「正しいものと不正なものは、主権が確立されるまえには存在しない。それらの本質は命令されたことしだいである。どんな行動も、それ自体では〔正・不正とは〕無関係である。ある行動が正しいのか不正なのかは、為政者の権限しだいである。したがって、正当性のある王たちが、あることを命令することによって、そのことを正しいこととするのは、ただ王たちがそのことを命じたという事実による。また、王たちが、あることを禁止することによって、そのことを不正なこととするのは、まさに王たちがそのことを禁止したという事実によるのである。」（『市民論』第一二章第一節、一八六ページ）

者権力は、自然法に照らしても、臣民たちの諸権利に照らしても、まったく無制限なものである。

このことを確認できるのは、統治の純粋な形態と腐敗した形態とのあいだの伝統的な区別にかんするホッブズの意見である。しかし、この〔伝統的〕区別にはいかなる根拠もないとホッブズは言う。なぜなら、もし区別の基準が、僭主の権力は国王の権力よりも大きいということであるならば、この基準はまちがいだからである。「第一に、かれら〔国王と僭主〕は、僭主のほうがより強大な権力をもつという点で異なっているのではない。なぜなら、最高権力者〔主権者権力〕より強大な権力は認められないからである。また〔第二に〕、一方が制限された権力をもち、他方が制限されない権力をもつという点で異なっているのでもない。なぜならみずからの権威が制限されている人は国王ではなく、権威を制限されている者は臣下だからである」（『市民論』第七章第三節、一五一ページ）。

ホッブズの著作には権力の乱用についての理論が完全に欠落している（この権力の乱用は、少なくとも権力を行使するという点からみて僭主の姿を特徴づけるものである）。権力の乱用は確立された制限を踏みこえるところにあるのだから、そもそも制限のないところには権力の乱用はありえないのである。これにたいして、臣民たちを服従の義務から解放するのは、権力の乱用ではなく不使用であり、権力の行きすぎた行為ではなく不履行なのである。人間たちがひとりの人物（あるいはひとりの公的人格〔主権者〕）に強い権力を与えた理由は、〔生命の〕安全を保障する必要からである。あるいは怠慢のために、あるいは弱さのせいで、はたまた無能力のせいで、臣民たちが自然状態に逆戻りすることを防げないような主権者はかれの義務を果たしていないのである。もし臣民たちの設立した主権者がかれらを守らないのであれば、かれらは他の保護者を自分たちのためにさがす権利をもっている

(『リヴァイアサン』第二一章、一四四ページ)。こうして主権者の第一の義務は、みずからに与えられた諸権力を投げだしたり、奪われるがままにしないということである(『リヴァイアサン』第三〇章、二一九ページ)。それゆえ、主権者がやってはならないことは、存在しない制限を侵害してはならないし、存在するはずのない制限をみずからに課したり、受け入れたりすることである。

一二　主権は分割できない

本章の第八節で引用した国家の定義において、ホッブズは、主権は単一の人格に帰属すべきである(それがひとりの人間であるか、あるいはひとつの合議体であるかは問わない)と主張している。ルソーが正しく見抜いていたように、ホッブズの根本問題は権力は統一的でなければならないということであり、この問題がホッブズの政治学の根本的考え方であり究極の目的である。ルソーはいう。「すべてのキリスト教徒の著者のうちで、この悪とその治療法を明確に認識したのは、哲学者ホッブズだけだ。ホッブズは鷲の双頭を統一すること、全体の政治的な統一を回復することを提案したのである。この統一がなければ、国家も政府も安定した構造をもちえないと考えたからである[☆14]」。本章第二節で述べたように、ホッブズを政治学研究に導いたのは、国家の解体を引き起こすような諸学説に

☆14　*Social Contract*, IV, 8.〔中山元訳『社会契約論／ジュネーヴ草稿』、二〇〇八年、光文社古典新訳文庫、二六二ページ〕。

たいする嫌悪と動乱への恐怖である。無政府状態が避けられるためには主権は変更されてはならず、また権力は無制限であるだけではなく、その権力は分割されてはならないのである。ホッブズが国家の統一が解体する原因とみなし、一貫して反対し戦ったものがふたつある。ひとつは、国家内部で主権者権力を分割すること、もうひとつは世俗的権力と精神的権力を分離することである。

ホッブズの時代において権力間の分割を主張する人びとは混合政体という古典的理論に依拠していた。この理論によれば、統治の最良の形態は、君主制、貴族制、民主制というアリストテレス政治学の三形態の組合せ・混合からなるとされていた。イギリス公法の著述家たちのあいだでは、イギリス国家は、伝統的にひとつの頭部（国王）と手足《てあし》（三身分）によって構成された政治体としてえがかれてきた。王権に対抗して議会特権を支持する人びとは混合政体の理論に訴えてきた。ホッブズは、すでに『法の原理』において、混合政体についての次のような詳細な描写をおこなっている。「立法権はあるひとつの偉大な民主的な合議体に属し、裁判権はある別の合議体に属し、法律の執行権は第三の合議体〔政府〕あるいはひとりの人間〔国王〕に属する」（『法の原理』第二部第一章第一五節、テニエス版一一五ページ）。

さらにホッブズは、混合政府は市民により大きな自由を保障する機能をもつという論を、かれ特有の両刀論法的推論を用いて論駁している。すなわちもし三つの国家機関の意見が同じであれば、その権力はただひとりの人格のもつ権力と同じくらい絶対的なものとなる。もし三つの国家機関の意見が異なるならば、国家はもはや存在せず、それは無政府状態であるとする理論である。かれは、この論駁により主権は分割不可能であること、そして「さまざまな統治が混合しているようにみえるのは、統治自体が混合しているのではなく、その混合はわれわれの誤解にもとづくものであり、われわれが服従した者はだれかは、容易に発見できるのである」（『法の原理』第二部第一章第一六節、テニエス版一一五ページ。また『市民論』第七章第四節も参照）。ホッブズは、『リヴァイアサン』においては、理論的論駁から歴史的例証へと移っており、この例証により論争上の真の標的は何かが示されている。「これらの権限が国王・上院・下院に分割されているという意見が、イングランドの最大部分の人びとに、はじめに受け入れられていなかったからこそ、人びとは二派にわかれてこの内乱を引き起こすことになったのである」（『リヴァイアサン』一一九ページ）。同じく『市民論』（第一二章第五節）においてもすでにイングランドの情勢への示唆がおこなわれており、そこでは「最高権力は分割されうる」（『市民論』第一二章第五節、一八九ページ）とする理論が反抗を扇動するものとして批判されている。宣戦・講和の権をひとりの人格に帰属させるのに、「課税権はその人格にではなく他の者に帰属させる」（前掲書、一八九ページ）ことで、主権者権力を分割するような人びとについて述べている。この種の権力分割論からは結果的に次のような二律背反が生じる。実質的な権力は財政を処理する人びとに属し――この場合、権力はみかけ上は分割されているにすぎないが――あるいは権力が本当に分割されて、いわばその結果、国家は解体の道を歩むことになる。「なぜなら資金がなければ、戦争をすることも、公共の平和を維持することもできないからである」（『市民論』同上）。

ホッブズは混合政体理論を批判するにとどまらない。かれが「正義の剣」と「戦争の剣」とよぶ主権者の諸権力を検討し列挙している『市民論』においては、別の接近方法を示唆している。もしもふたつの命が衝突するようなことになれば、これらふたつの剣は同一の人格に属さなければいけない、なぜならば「もし市民たちを力で従わせる権限をもたなければ、だれも戦費をださせることができないし、従わない者を罰することができない」からである（『市民論』第六章第七節、一三九ページ）。またこれだけでは足りないかのように、剣を所有するものは公平を裁く権限をも握らなければいけない、なぜなら処罰する権限は正・不正を判断する権限を前提しているからであると述べている。そのすぐあとで、ホッブズは主権者権力のひとつすなわち立法権について述べている。このようにしてかれは国家の伝統的な三権力、執行権（ふたつの剣）、司法権、立法権を同一の人格において統合している。そのことにかんしては『法の原理』ではこう注解している。「立法の仕事はまさに剣という権力をもつ者に属しなければならない。そしてこれによって人びとは法律を遵守するように強制されるのである。そうでなければ法律がつくられてもむだになってしまうことであろう」（『法の原理』第二部第一章第一〇節、テニエス版一一二ページ）。主権者に属するさまざまな権力の分析はすべて、これらの権力が唯一の人格に属さないではいられないほど緊密に相互に結びついているということを示そうとしているのである。執行権力すなわち外敵にたいしても国内の敵にたいしても物理的な実力を適法に行使する権力である。これこそが主権の指標である。この権力は、〔不正・正を〕判断する権力（司法権）を導く一般的基準すなわち市民法があらかじめ定められていることを前提しているのである。次に立法権も、もし法律が人びとの行動の実際の規範であり、たんなる口先のことであってはならないならば、執行権の存在を前提としている。こうして円環が閉じる。

一三　教会と国家

ホッブズは、「主権者の権力は分割されうる」という〔内乱を〕扇動する理論の例をふたつあげて非難している。それは、権力分立の理論と国家権力の分割を容認する考えのことである。それによると「この地上の生活の平和と繁栄に関係する事柄すべてにたいする主権を世俗の権威に認めることになり、他方で魂の救済にかかわるものを規制する権力を別の権威に譲渡することになる」（『市民論』第一二章第五節、一八八ページ）からである。教会と国家の諸関係の問題をこのようなしかたで解決することにたいしてホッブズが与えた否定的判断がどのようなものであったのか、それは、すぐあとにつづく文章から明らかとなる。市民たちが市民法とは異なる規則に従わなければいけないようなところでは、市民たちが市民法に従わないように導かれるということが起こりうる。「永遠の罪というおどしによって人びとを、かれらの君主たちの法律に服従しないようにさせ、正義を実現させないようにすることほど、国家にとって危険なことはないのである」（『市民論』第一二章第五節、一八九ページ）。

国家の解体を防ぐ唯一の救済策は権力を分割しないことであると信じるものにとって、国家解体のもっとも重大な原因は、国家の外側に、またおそらくは国家に対抗するようなかたちで、またある者たちの意見では国家を超えるとまではいわないにしても国家と同じくらいに強大な権力が存在するということである。永遠の報酬や罰は地上の報酬や罰よりも恐ろしいものだから、もしもこの権力がみずからの法に服従するように、それどころか、それ自身の法律〔ローマ教会法〕への服従が市民法への服従よりも優先しなければならないと主張して脅かすときには、それはとくに危険である。ホッブズは宗教戦争でもあった内乱を恐怖の目で観察してきた。世俗権力への反対闘争は、神の意志への当然の服従や、たんなる世俗のあれこれの権威と敵対する宗教的権威の戒律に服従するという名のもとに、あるいはそれを口実としてなされたのであった。宗教的な普遍主義が解体していたにもかかわらず、いかなる〔ローマ〕教会も自分たちは神の法の解釈者として唯一公認されたものであり、それゆえ国家に優越するという主張を放棄していなかった。〔イングランドの〕諸改革教会も、イギリス国教会も、またノンコンフォーミスト諸分派にしてもそうであって、ホッブズはこれらの全教派を、政治権力への不服従を扇動する無責任かつ狂信的な者たちとして嫌悪していた。「キリスト教国における騒乱と内乱にさいして、もっともしばしばもちいられる口実は――とホッブズは『リヴァイアサン』の第四三章の冒頭（三八四ページ）で書いている――ながいあいだ、神と人間との戒律が相互に対立する場合、同時に双方に服従することの困難さに由来していたのであって、その困難はまだ十分には解決されていない」。

ホッブズはこの困難を解決することに自分の政治学的諸著作の大部分をあてており、その比重はますます大きくなっている。すなわち、『法の原理』のふたつの章、「宗教」と題された『市民論』の第三部、それから四部構成の『リヴァイアサン』のうちのふたつの部、すなわちそれぞれ「キリスト教のコモン‐ウェルスについて」と「暗黒の王国」と題された三部と四部すなわち〔『リヴァイアサン』の〕ほとんど半分をあてているのは、この問題がもっとも困難な問題だからである。ホッブズはその天与の才の全力を傾注してこの問題に取り組んでいる。そしてかれは、典型的な片寄りをみせているとはいえ典型的な聖書注釈をつうじて、またかれ自身の恒常的で一貫した原則に訴えてこの問題を明確にしたのである。そのいくつかの原則とは、自然状態への回帰を禁じることができるほどに強い権力の必要性であり、〔ホッブズが示そうとした戦略的狙いは〕演繹法による鉄壁のその結論を最終的なテーゼとして示すことであった。

ホッブズは聖書に依拠してふたつの基本点を確立している。それは、第一にかれはキリスト教の教義に反対する解釈を丹念に調査している。この解釈によれば、人がキリスト教徒として信じるべきすべてのこととは、イエスは神の子、救い主であるということだけである。この解釈により神学論争上の大部分は解決され、それゆえしばしばあらわれるこうかつな〔国家への〕不服従の理由も除去されるのである。第二に、神の王国はこの世に属するものではないという主張であり、キリストが人間世界に降臨したのは、ただ教えを述べ、祈りを捧げるためだけだったのであり、命令をくだしにきたのではなかったということ、そしてイエスは命令する権限、あるいは服従すべき法律を発布する権限は世俗の権威にゆだねたということ、したがって新約聖書の戒律は法律ではなく、それも罪を犯した人びとが救済の道を歩みはじめるための忠言にすぎず、この地上世界の実力者たちが市民法を課するまでのことである、という主張である。〔また、それについては〕ホッブズは『市民論』において鋭く論じている。「われらが救い主は、自然法のほかに、すなわち国家それ自体に服従せよという命令のほかに、国家の統治にかんするいかなる法律も臣民たちにお示しにならなかった」(『市民論』第一七章第一一節、二六〇ページ。『リヴァイアサン』三四三ページも参照)。すでにみたように、自然の法は主権者権力をまったく制限していない。なぜなら、いったん国家が設立されれば、主権者が認め、主権者が変更する市民法以外に自然法は存在しないからである。このことは次の一節でも確証される。「(神は自然をとおしてのみこの世を支配しているのだから）信仰に関連する自然法も、世俗に関連する自然法も、すべての法律の解釈は、国家の権威すなわち国家の至高権をゆだねられている人物あるいは評議会の権威に依拠しているのである」（『市民論』第一五章第一七節、二三二ページ）。さらにホッブズは、まさにさきに引用した一節で、自然法は国家に服従せよという命令に要約されていると、よりいっそうふみこんだ主張さえしている。この主張がはじめて明確に確立されたのは、法律とその侵犯について論じた『市民論』第一四章第一〇節の、次の一節においてである。「自然法は、契約を破ることを禁じることによって、あらゆる市民法に服従せよとわれわれに命じている」（しかし『リヴァイアサン』ではこの点はもう論じられていないところをみると、この主張はかれの確定した思想としてうけとめるには慎重であるべきだが）。この主張を文字どおりに受け取れば、結局は、自然法と市民法を対照させる可能性それ自体すら否定することになってしまうであろう。

こうして世俗の権力とは別の聖職者の権力が存在しないことが論証され、権力が分別されていればそれは権力たりえないという考えが再度強調されたことで、精神的なものの領域と世俗的なものの領域の差異を否定する必要がもはやなくなった。かれはふたつの領域の差異に対応するふたつの権力の区別を否定できる条件を創造できたのである。精神的な事柄〔神聖なものにかんする法〕について決定する権力は、もっぱら国家にゆだねられる。「精神的なものと世俗的なものを定義するのは、〔……〕理性の役割であり、それ自体、世俗の権限に属している」（『市民論』第一七章第一四節、二六二―三ページ）とかれは説明している。それまでは教会の権限であった信者たちのつどいを召集する権限がだれに属するのかという問題について、ホッブズは次のように答える。信者たちの集い、すなわち教会が審議の場になりうるためには、教会がひとつの政治的人格にならなければいけない。政治的人格になるためには、集いが法的に召集されなければならない。集いが法的に召集されるためには、その集いが反抗分子にも参加を強制できるほどの権力をもつ者によって召集されなければならない。しかし、そのような人格をもつ者は主権者だけである。よってひとつの国家のなかには、当の国家によって承認された（あるいは設立を命じられた）教会以外には存在しえない。教会と国家とのあいだの区別が存在しないだけではなく、それどころか教会と国家は同じものなのであり、ホッブズが言うには、同じひとつのものの「ふたつの別名」なのである。それが国家とよばれるのは、それが「人間たちで構成されているからであり、教会とよばれるのはそれがキリスト教徒たちで構成されているからである」（『市民論』第一七章第二一節、二六七ページ）。よって、主権者権力は分割されていないし、主権者権力は、あれこれの人が主権者であるということを想定しないホッブズの理論は、教会は国家制度のなかに解消され、無条件的な国家宗教の確立ということにいきつくのである。

一四　ホッブズとその批判者たち

ホッブズは、三著作すべてにおいて、国家の救済にとっての危険な諸理論を論難するために、いくつかのより戦闘的な文章をささげている。しかし、同時代の人びとからは、〔ホッブズは〕、臣民の救済については、これまでに書かれたことがないほどの危険理論を書いた者のひとりとみなされることになった。〔これにたいして〕ホッブズは、国家救済にとって危険な諸理論は、よく設立された国家《コモンウェルス》では禁止されるべきであり、自分の理論〔自然法のこと〕が受け入れられ公的に教えられることを〔その著作のなかで〕すすめているのである。もっとも実際には、ホッブズが非難した諸理論〔たとえば混合政体理論など〕が普及し、相互に自由に論争しあい、他方で、その名前をだすだけでも物議をかもしかねないほどに嫌悪され問題視されていた唯一の理論はホッブズの理論であった。かれは自由主義者たちにとってはなじみ深い議論〔社会契約〕を利用して、保守主義者たちが気に入ると思われる国家理論〔主権の絶対性〕を考案したが、保守・自由両派からは同じくらい強烈に攻撃された。保守主義者たちからは、かれが聖書を引用するさいの無頓着さのゆえに、自由主義者たちからはその結論が立憲主義的な統治の諸原則に反していたがゆえに。

かれは、伝統主義者たちのように権威主義的統治を、革新派たちのように社会契約理論を支持したが、前者からはその無宗教性のために、後者からはその絶対主義のために拒絶されたのである。論旨明快でその結果、無鉄砲ともなったかれの合理主義は、絶対主義者たちの側にたって闘うようにした。しかし、絶対主義者たちは気を落ち着かせて、同盟をくむことを拒否した。他方、立憲主義者たちは、イギリス君主制の伝統〔制限・混合王政〕に訴えてホッブズを拒否したのであった。ホッブズの同時代人たちが理解できなかったことは、リヴァイアサンが中世社会の灰燼から生まれでた近代的な大国家であったということであった。人びとは、ホッブズを懐疑主義者、皮肉屋、放蕩者とさえみなしたが、かれは、まずなによりも、〔ピューリタン革命という〕一大事件の発生に立ち会った、人間的には臆病ではあるが、哲学的には動揺しない公平無私な観察者であり、その事件の原因と目的を理解しようとつとめていた。ホッブズは、その理論の幾何学的な正確さを確信していたので、ある描写を正しさの証明として提示し――その点でかれはヘーゲルに似ている――現実的なものを合理的なものとして、存在するものを存在すべきものとしたのであった。あらゆる現実主義者と同様に、自分たちの願望を現実ととりちがえる人びとを徹底的に嘲笑することで、ホッブズもヘーゲルと同様に、もっとも残酷な現実を、存在しうるもっとものぞましいものととりちがえることになってしまった。

破壊的な諸闘争の時代においていかにして権力を統一するかをめぐる問題にでくわしたホッブズは、闘争がときには有益な効果を生むということを認めることができなかった。たとえ理念上のものであっても、あらゆる闘争に解体と死の原因をみて、もっともささいな意見のちがいにも国家を滅ぼす確執の芽をみてとり、また意見に多様性があるのは、国家がその支配力を失わないように精力的に訓練しなければならない人間的情念のあらわれとみた。ホッブズはデマゴーグによってそそのかされた福音派を非難し、少数の非国教徒の集団を熱狂的な説教者たちに支配された無知なやからからなる分派として非難した。ホッブズは合理的な人間のための唯一可能な合理的理論を打ち立てたと確信していたので、理性にではなく感情に訴えかける党派リーダーたちの雄弁を嫌悪していたし、また、経験を犠牲にして目にみえないものへの信仰心をほめたたえる宗教的霊感を説く宗教的リーダーたちを嫌悪していた。かれは無政府状態にかかわる選択肢としては主権者の権威しか認めず、国家をつねに分割しておくことのかわりに、一枚岩的で分割できないひとつの権力しか認めなかった。教会による救済をもはや信じていない者にとっては、政治社会の方向をとる以外にはなかった。「結局のところ、国家のそとは、情念、戦争、恐怖、貧困、怠惰、孤独、野蛮、無知、残酷さが支配している領域である。国家のなかは、理性、平和、安全、富、慎み、社交性、優雅、学問、寛容の支配している領域である」〔『市民論』第一〇章第一節、一七一ページ〕。

ホッブズは、悲観主義的人間論のために、人間が自力でみずからを救済できると信じることができなかった。しかしながら、その徹底的な世俗主義のゆえに、かれは教会の説く人類救済とは異なる解決策を探究することになった。ホッブズもアウグスティヌス＝ルター的な国家観と同一の方向を歩み、堕落した人間本性にたいする救済策として国家〔の存在〕を考えた。しかし、かれの国家観は世俗的なもので、人間が脱出すべき堕落状態とは罪の状態ではなく、〔そんなものをホッブズは信じていなかった〕、自然的情念の状態であった。哲学の課題は、ちょうど肉体の部位が描写され分類されるように、そうした自然的情念を描写し分類することであった。したがって、国家とは、〔かれにとっては〕罪の救済手段としての国家ではなく、情念を規律するものだった。健全な合理主義者ホッブズは、人間の堕落の原因として、残酷さよりも無知を、敵意よりも熱狂を、獣性よりも神秘的なものの礼賛を、悪意よりも愚かさをあげた。他方では、省察と認識の発展に貢献する平和愛好的で穏健な人間たるホッブズは、権力とあらゆる権力手段を手に入れるための、とくに富と名声への欲望を、あらゆる悪の第一原因とみなした。

ホッブズは、万人がわかちもつ権力から生じる〔悲惨の〕救済策は、ただひとり〔の人格〕が権力をもつことだと確信していた。かれが人間の合理性をほとんど信頼していなかったのは、小権力を全滅させる大権力、つまりそれはすべての小権力を集めたものとみなすことができないほどの権力、ひとことで言えば、〔だれも〕抵抗できないほどの力の合成以外には、解決法はないと考えていたからである。

そして〔国家〕救済の秘策が抵抗不可能な一権力の創設にあるのであれば、その権力は多くの人びとよりも、ただひとりの〔人格の〕手に握られているほうがましであろう。かれは、三つの統治形態について論じながら、民主制や貴族制よりも君主制が卓越することを示すために、一連の議論（『市民論』の序文で証明するよりも説得しようとしているが）をしている。ホッブズは、とりわけ、多数者による権力の過剰よりも、ひとりの人物による権力の過剰のほうがより危険が少ないと主張している。その一方で、ネロの数々の犯罪は君主制の本質ではないと述べ、その理由として「民主的体制においても、人民をなだめすかす雄弁家が、ネロと同じくらい多数存在しうる」（『市民論』第一〇章第七節、一七五ページ）と述べている。ホッブズ自身は権力争いには加わらなかったが、権力がより集中すれば、それだけ自分は保護されると感じていた。次のような一節を読むと、その観察は自伝的な言及をふくんでいるのではという印象をもたざるをえない。「ひっそりと暮らすことをのぞむ者は、君主制国家においてなら、主権者がだれであろうとも、危険とは無縁である。野心家だけが主権者の裁きをうけるのだから」（『市民論』同上）。

一五　ホッブズ解釈

ホッブズは政治的には保守主義者だった。しかし、ヨーロッパに全体主義がその姿をあらわしたとき、ある人びとがかれの姿をそのようにえがくことを好んだような意味での全体主義国家の先駆者などではまったくなかった（たとえば、当時ヴィアラトゥーがそのようにホッブズをえがいているが、これはすでにルネ・カピタンによって反論されている）。リヴァイアサンというホッブズの国家は、その〔怪獣という〕名前は別として、カール・シュミットによって観察されたように、怪物的な性格はまったくもっていなかった。それは機械論的な宇宙観が支配的な時代における純粋かつ単純なひとつの大機械、機械のなかでももっとも精巧な機械にすぎなかった。全体性としての国家を構想する地点に達するためには、ドイツ観念論者たちの有機的な人民観をくぐりぬけなければならない。全体主義国家の哲学的前提は、ヘーゲルの「人倫的全体性」であって、ホッブズの「政治的人格」ではない。ホッブズにとっては、国家以前に存在するのは人民ではなく、ましてや民族共同体などではなくて、たんなる群衆にすぎない。孤立・分散している諸個人間の相互信約にもとづいて設立されるホッブズの国家は、ひとつの共同体というよりもむしろ結社に近いものである。ヘーゲル同様、ホッブズも国家を「可死の神」（『リヴァイアサン』第一九章、一一二ページ）とよぶ。両者のちがいは、ヘーゲルの神が汎神論的であるのにたいして、ホッブズの神が一神論的であるという点にある。

ホッブズは保守主義者ではあったが、全体主義者ではなかった。だからと言って、この呪《のろ》われた哲学者というホッブズのイメージ（この解釈は、カール・シュミット、マイケル・オークショット、マリオ・カッターネオのような〔立場を異にする〕学者たちのあいだで言われているが）に反対するために、近年主張されてきたような、ある自由主義的著作家、自由主義的理念の先駆者ともホッブズは異なる。もっともホッブズの思想のなかには自由主義の典型的特徴があるのはたしかだが、ホッブズは、極限状況（すなわち自分自身の生命が脅威にさらされるとき）にあっては、〔主権者の〕命令に抵抗する権利を認めているが、司法の運営においては合法性の原理を尊重し、法律が確定されていることをのぞみ、数の多すぎる混乱した規範による統治よりも、数は少なくとも明快・単純な法律による統治を好み、国民の繁栄にとって有益なのは穏健な経済的自由であると考え、害にならない自由であるなら、それを市民たちに認めるのは主権者の義務であると考えていた。しかし、ホッブズがどのような理想のために戦ったのかと言えば、それは権威のためであって自由のためではなかった。

　自由が過剰であることと権威が過剰であることのどちらを選ぶかにかんしては、かれはいささかも迷うことはなかった。かれは自由の過剰を諸悪のうちで最悪のものとして恐れ、権威の過剰は最小の悪として甘んじてそれに従った。かれの理論体系のすべては、ホッブズ注釈者がなんと言おうと、自由への不信感にもとづいていた。「私人たち、臣民たちが自由を要求するとき、その名目によってかれらが真に求めているのは、自由ではなく他者への支配である」（『市民論』第一〇章第八節、一七六ページ）。完全な自由の状態とは自然状態である。政治社会が生まれたのは個人自由を救うためにではなく、ひとを破滅へと導くような自由から個人を救うためである。ホッブズが論じている自由とは、たしかに、国家からの個人自由であり、個人が法の沈黙において享受するものである（ホッブズは、のちにヘーゲルが言うような、「真の」自由とは法律への服従にあるということを、あえて言おうとはしなかった）。しかし、この国家からの自由は、各個人の権利ではなく、主権者がそれを認めたからであって、自由を最大限にできるのも最小限にできるのも、権力保持者の意志にかかっていた。

　ホッブズは良心の自由を信じていずに、人がひとたび国家へ加入すると、個人は私的な良心を放棄すると言う。〔国家には〕主権者のみが解釈者となる公的な良心だけが存在するから、思想の自由は認めないのである。かれは、〔内乱への〕扇動は、結局のところ人間たちの頭脳から生まれてきたものだと確信していたので、「いかなる意見あるいは理論が平和に反するものであるかを判断し、それらの理論が教えられるのを禁止」し（『市民論』第六章第一一節、一四〇ページ）、扇動的諸理論を抑圧すること、すなわち「人びとの心からそれらの理論を——命令によってではなく教えることによって——根絶する」（『市民論』第一三章第九節、一九八ページ）ことは主権者の権限であると考えていた。ホッブズは古代人の自由を再評価しておらず、☆15 かれが近代人の自由の主張者となることをのぞんでいたとわれわれに信じさせるものはなにもないのである。

興隆しつつあるブルジョアジーのイデオローグ・ホッブズ（とりわけマクファーソンの研究）という解釈がずっとつづき復活してきているにもかかわらず、ホッブズは保守主義者であった。かれは、自分が物質的にも情緒的にもイデオロギー的にも、興隆しつつあるこの階級〔ブルジョアジー〕とつながっているとは感じていなかった。またかれは、イングランドの有力な貴族階級の家庭につかえる学者としての生活を送っていて、研究以外の経済活動に心をひきつけられることはけっしてなかった。またかれは、ロックとは異なり、経済の諸問題についての研究にたいする現実的な関心をもつこともなかった（かれの政治学的著作のうちで、経済問題にかんする研究論文はほとんどない）。ホッブズは（キース・トーマスがマクファーソンにたいする論争をしたさいにみられたように）、貴族的な諸徳——勇気のごとき——を賞賛し、恐怖で脅しつけて法律をまもらせるなどということはしない「高邁な精神」を賞揚した（『リヴァイアサン』第二七章、一九五ページ）。かれは紛争の主要な原因として、もうけをめざした競争以外にも、人間が名誉を守るために相互に角突き合わせる自信のなさと虚栄心をあげ、また敵意や抗争が引き起こす威信や名誉の問題のもつ重要性についてくりかえし強調している。人間を獣から区別しようとして、獣とちがって人間は「たえず、名誉と位階をもとめて競争している」と述べている（『リヴァイアサン』第一七章、一一一ページ）。

ブルジョア精神の真の証《あか》しは、所有権をどう考えるかである。ロックは所有権を自然権にまで高め、国家を、自分たちの財産を守るために所有者〔地主〕たちが結成した共同結社のように考えた。これにたいしてホッブズは所有権を自然権とはみなさなかった（自然状態においてはわたくしのものとあなたのものとの区別はまだ存在しない）。所有権は国家の発生によってはじめて生じうるということ、そして所有権の唯一の所有主は主権者であるということ、この主権者の義務は、正と不正を確定することとともに、ある者の所有になるものと他の者の所有になるものとを確定することであるとホッブズは主張している。かれは、個々の市民がみずからの所有するものについては絶対的な所有権をもつとする理論を、内乱を扇動する理論のうちにふくめている。なぜなら所有権は、主権者にのみ属するのであり、「主権者がそうのぞむ規模と時間の範囲内でのみ存在する」からである（『市民論』第一二章第七節、一九〇ページ）。

ブルジョアジーを相手にして勝利を収めんとすれば、闘争的・敵対的な生き方は避けがたい。前節でのべたようにホッブズは、紛争を否定的な側面からのみ見ていた。かれは、社会契約により臣民が同意した絶対的な権威の確立をとおして、異論を排除できる国家を考えていた。かれは動的ではなく

☆15　アテネの民主制について語るときは、その欠点を示すために言及している。

静的な社会観をもっていた。国家が実現すべきと考えられた最高の価値は紛争をつうじて達成される進歩ではなく、またコントのような秩序をつうじた進歩でもなく、純粋かつ単純な秩序であった。興隆しつつある階級は平等主義的な傾向をもつ。しかしホッブズは、あらゆる保守主義者と同様に、社会はなかんずく不平等を基礎にして成り立っているという根強い確信をもっていた。その不平等とは、もっぱら主権者と臣民たちのあいだの、また命令する権限をもつ者たちと服従することを義務とする者たちとのあいだの、本質的で〔解消〕不可避的な不平等である。人間は生来平等であるが、もし生きのびたいならば、不平等にならなければならない。あるいは、別の言いかたをするなら、平等は自然によるものであるが、不平等は協定によるものである。そして合理的な人間たちのための合理的な国家は、ひとつの協定にもとづくものなのである。

保守主義的な精神の本質的な特徴をホッブズ以上に示す政治思想家をみいだすのはむずかしい。その政治的現実主義、人間学的悲観主義、反－紛争的な考えにもとづく不平等的社会観。この枠組みを完成させるために、ホッブズは進化論的で弁証法的な歴史観ではなくむしろ循環論的歴史観をつけ加えている。この歴史観は、無政府状態と政治社会の両極のあいだを永続的でかつ単調な循環がくりかえされるという考え方である。つまり歴史は、あるときはビヒモス〔戦争の怪獣〕によってずたずたにされ、またあるときはリヴァイアサン〔平和の怪獣〕によって統一を取り戻すが、再度解体され、こうして永遠に歴史が循環するのである。内乱ののちに平和がもどり、権力がふたたび分割されないような状態にもどることを願う思想家にあっては、新秩序は過去の悲惨さを忘却しないかぎりにおいてであるとホッブズは預言する。すなわち「一般民衆が以前よりもよい教育をうけないかぎり」（『リヴァイアサン』第一八章、一一九ページ）とつけ加える。しかしながら、将来において一般民衆がよりよい判断をもつはずだということは、まさにホッブズにとって信じられないことであった。

第三章　『市民論』入門

トマス・ホッブズの政治哲学をひとつの定式にまとめて言えば、それは、近代最初の国家理論の形成とでもいえようか。この定式によれば、かれの哲学は純然たる論争的著作という枠を越えることなく、したがってかれ自身の時代に即して言えばおおよそ政治的に公平さを欠くことなく、また現代的観点からみてもさして時代錯誤的であるということもない。その定式をみれば、『リヴァイアサン』の偉大なる父にたいして、ついこんにちにまで、あらゆる時代を通じて、きわめて執拗にむけられてきた悪意に満ちた非難が当たらないことがわかる。したがって、この定式によって、こんにちの読者たちはホッブズ思想の基本的諸要素に注意を集中できる。そしてホッブズの思想はとくに歴史的な重要性をもっており、「英語で書かれた……政治哲学の最高の、そしておそらくは唯一の傑作[☆1]」を創造したもの、という賞賛も近年でている。

近代国家の長年にわたる血なまぐさい闘争の目的は〔国家の〕統一を達成することであった。そしてこの統一は解放であると同時に統一化をめざす過程の成果であった。すなわちそれは一方では、普遍的〔万人共通の〕指標であると自負する教会権威からの解放の成果であり、当時、教会は霊的であるので、教会の権威はすべての世俗的権力に優越すると宣言していたのである。また他方では、それは、中世社会においてつねに無秩序の原因であった、より下位の諸制度、諸連合、諸団体、諸都市を統一する過程でもあった。この解放と統一というふたつの過程の結果として、近代国家の形成と同時に、政治権力は、他のすべての人間の支配〔機構〕に優越すべきであるということが一般に認められるようになった。このような絶対的な最高権力が主権とよばれたのである。それは、解放の過程との関係においては、独立を意味し、統一化の過程との関係においては、所与の領土内に存在する他のすべての権力の源泉にたいする国家権力の優越性を意味した。したがって、主権者権力のこのふたつの属性――独立と絶対的な最高権力――は、近代国家がふたつの戦線において戦ってきた闘争を反映している。国家権力が最上位とされるのは、それが他のより上位の権力に従属することがないからである。また国家権力が分割不可能であるというのは、それがより下位のいかなる権力と共有されてはならないということである。

トマス・ホッブズは、国家権力の統一性にかんする、もっとも明快で、首尾一貫し、頑強かつ巧妙で、勇敢なる理論家である。かれの政治哲学全体が論争を仕掛けるひとつの標的をもっている。それは、国家の統一をはばむ諸教義、それらが伝統的であれ革新的であれ、保守的であれ革命的であれ、神によって霊感を与えられたものであれ悪魔によってそうされたものであれ、いずれにせよそのような諸教義に反対しているのである。かれの唯一の目標は、政治的統一は人間本性のもっとも深甚なる

☆1　マイケル・オークショット編『リヴァイアサン』の序文VIIIページ。

部分に一致するものであること、したがってそれに、自然法のように絶対的かつ不可避的な、文句のつけようのない数学的な厳密な論証を与えることである。ホッブズの政治哲学には、国家は一《いつ》にして分割不可能である、さもなければ無であるという根本的信念が満ち満ちている。人類には、ふたつの選択肢しかない。政治的統一を国家の至高の存在理由として受け入れるか、あるいは絶えまのない万人の万人にたいする戦争に迷い込むかのいずれかである。「すべてのキリスト教徒の著者のうちで」とルソーは次のように明言している。「この悪〔万人の万人にたいする闘争〕とその治療法を明確に認識したのは、哲学者のホッブズだけだ。ホッブズは、鷲の双頭〔封建的分権〕を統一すること、全体の政治的な統一を回復することを提案したのである。この統一がなければ、国家も政府も安定した構造をもちえないと考えたからである。[☆2]」

ホッブズが教育をうけその本領を発揮するまでの時代は、近代史上最大の宗教戦争すなわち三〇年戦争の時代であった。権力の統一性は、ヨーロッパ大陸全土でおびやかされていた。イングランドでも権力の統一性はきわめてきびしい脅威にさらされ、実際に破壊された。この破壊はキリスト教普遍主義の最初の崩壊〔宗教改革〕からちょうど一世紀ほどまえに起こった。普遍主義への試みはたしかに不確かで不安定のものであったが、それは中世社会の無数の相争う諸断片を統一体へと変えるひとつの試みであった。この〔一六〕世紀のあいだ、宗教改革は文明社会になってそれが正当なものとして受け入れられるまで位階制をしだいに浸食していった。この秩序は、新しい霊的権力の名において、あるいは諸個人の自然権の名〔ホッブズ〕において浸食されてきた。新しい革命的な政治的諸教義は民主主義的な諸思想に味方した。これらの教義は服従の諸原理を粉砕し、抵抗と反乱の権利を賞揚し、暴君殺しを進んで弁護するほどであった。これらの弁護は人民の名において君主の権力に反対し、また伝統にもとづく権威とは正反対の自然の権威の名においてなされた。アンリ四世の殺害（一六一〇年）から、ウェストファリア条約の締結（一六四八年）あるいはイングランドの内乱の終結（一六四九年）までの時代に、ひとつの危機がヨーロッパじゅうに勃発した。アンリ四世の殺害にホッブズは憤慨し、恐怖を感じた。かれはアンリ四世の殺害のうちに煽動的な理論の結末をみたからである。人文主義者であり数学者でもあり、静かな研究と知識の渉猟を好んでいたホッブズは、一六四九年にいたるまでの数多くの事件のせいで、みずから一〇年間にわたるフランスでの亡命生活を余儀なくされた。権威の危機は、ヨーロッパを戦争と無秩序の混沌へと投げいれ、ルソーがさきの引用でそれなしでは「国家も政府も安定した構造をもちえない」と注釈したように、世俗的権力の統一性を破壊するおそれがあった。

ホッブズによれば、国家の統一の主たる障害は宗教的権威からの要求であった。それは　ローマ・カトリック教会、イングランド国教会諸派、独立派のより小さなキリスト教徒諸集団において具体的に表現され、かれらは国家権力に優越するひとつの権力の正当な保持者であることを求めていた。「キリスト教的な諸コモン‐ウェルスにおける擾乱と内乱のうちで、もっともしばしばもちいられる口実は」とホッブズは『リヴァイアサン』において述べている。「ながいあいだ、神と人間との戒律が相互に対立する場合における、双方に同時に服従することの困難さからきていたのであって、その

☆2　*Social Contract*, IV, 8, p. 180.〔中山元訳『社会契約論／ジュネーヴ草稿』、二〇〇八年、光文社古典新訳文庫、二六二ページ〕

困難はまだ十分に解決されてはいない」[☆3]。宗教的権威は、世俗的権力の命令が神の命令と矛盾するときには、世俗的権力の命令にたいする抵抗理論を吹き込む。このような諸理論は、状況に応じて、受動的服従、不服従、諸命令の撤回、罷免、暴君殺しを弁護する。神から直接的にうけた霊感を理由に優越性を主張する権力にたいして、主権者の命令の公正性について公言できる権力がほかにあるだろうか。そしてキリスト教会と世俗的権力とのあいだに区別があること自体が永続的な不和の源泉である。したがって宗教権力を世俗的権力に従属させることによってのみ不和の危険を除去できるのである。

ホッブズの論争相手はある特別の教会ではなくて、無差別にすべての教会にたいしてむけられている。なぜなら、すべての教会が国家からの独立を主張しているからである。絶対的で、それゆえに議論の余地のない真理を説教し執行する教会のような制度が生存のために統一を必要とする近代社会において存在していることにこそ、かれは反論するのである。

ホッブズのローマ教会にたいする攻撃はより激烈である。なぜならローマ教会の言明する普遍主義によって、その至上性の要求がよりいっそう人びとに恐怖心を引き起こさせたからである。ホッブズは、啓蒙思想の代表者と同様に、ローマ教会は無知の宣伝者であり、キリストの教えとは無関係な異教の賛美者たちに起源をもつ迷信の原因であると批判している。ローマ教会は破門という手段によって反乱の種をまく。ローマ教会は信徒たちに王の暗殺を説くために、そのさいイエズス会の豊かな知識にもとづくもろもろの政治理論を用いながら古臭い空虚な哲学を公認しているのである。またホッブズは、ローマ教会に対抗するのと同じくらい、権威主義的で野心的で不寛容な改革派教会に反対している。この改革派教会は、イングランドではスコットランドの長老主義をつうじて不和の種を植えつけた。晩年、イングランドの内乱について書いた情熱的な著作〔『ビヒモス』〕においてホッブズは、狂信者にたいして手きびしく、イングランドの君主制にたいしてはやや擁護的であるが、イングランドに生じた破局の責任を改革派教会に負わせているのである。

イングランド国教会にかんするホッブズの判断はより慎重であり、いくぶんゆれ動いている。しかしこのさいにもホッブズの国教会にたいする嫌悪感はみえみえである。なぜなら、国教徒たちは主教の任命は教会側にあるという原則を放棄しないからである。ホッブズの国教会嫌いは国教会牧師によって仕返しされる。それは『市民論』の出版後、国教会牧師のせいで、ホッブズにたいする宮廷の愛顧がおとしめられるほどになったからである。しかしホッブズは、教会権力のありかたはどのようなものであれ、国王に依存するという原理をかたくなに保持している。ホッブズは、教会の位階制のなかで主教の地位が最高位であることを受け入れるかについては、それが聖書によって支持されているようにみえるので確信をもてなかったにすぎない。

最後に、ピューリタンたちや独立的諸派の信徒たちがいる。かれらは、教会は位階制と儀式をもたない自発的な結社であると主張する。これらの人たちは、自分たちは直接的に神から霊感をうけていると信じており、宗教は私的な問題であり、公的な問題ではなく良心の問題であり、服従の問題ではないと説教してまわるのである。かれらのなかに、悪霊にとりつかれた者たちと結託した神秘主義者

☆3　『リヴァイアサン』第四八章、三八四ページ。

たちや、狂信者たちと結託した自由の主唱者たちがいることについても、ホッブズは問題を感じていた。かれにとっては、これらすべての自由宗教の説教者たちは、危険な狂人にほかならない。これらの説教者たちは、おそらく超自然的なしかたで理解された神のおことばと称するものの名において、自分たちの国の主権者の諸行為をさばきとがめようとする。そのうえかれらは自由を口実にして混乱をあおる。かれらはしばしば、悪しき信仰の持ち主、いかさま師、デマゴーグとなるにすぎない。かれらは、神を引き合いにだして民衆が軽々しく信じるようにさせ、民衆を自分の野心の道具にしているのである。

ホッブズは、ローマ教会にたいしてであれ、カルヴァン派にたいしてであれ、アングリカン派にたいしてであれ、既成の教会には攻撃的な立場をとる。このことは、かれの執拗な反教権主義とその非妥協的で根本的な世俗主義を示している。またホッブズは、その反ピューリタン論争によって、ひとつの外的事実体としての教会から、内的体験としての宗教へとみずからの批判を拡大していった。かれは霊的問題にかんする法をめぐる議論を大はばに越えて、信仰の先行条件それ自体の核心〔信仰にかんするなんらかの先行条件〕を攻撃するまでになった。ホッブズは人文主義的教養を深く身につけており、近代科学者と同様の態度——それほどきびしいものではないが——で宗教にのぞんでいる。ホッブズの態度はきわだって公平であり、卑俗な無礼ではなく、破壊的というよりはむしろ不可知論的である。それはいちじるしく実際的〔な態度〕ではあるけれども、〔宗教を〕本来的に否定しているというわけでもない。理論的な観点からみれば、宗教は創造的研究と論証的推論とはなんの関係もないものとしてしりぞけられているにすぎないのである。したがって、われわれはいかなるかたちでの宗教学ももちえない。実践においてはそれとは反対に、宗教が、もしも国家によって規制され、規律され、統御されるならば、教育的価値があるので〔統治上〕受け入れられるのである。なぜなら、国家だけが臣民の行為に責任を負い、したがってその行為の成りゆきを定めることができるからである。

ホッブズがはげしく拒絶するのは、迷信化した宗教、偶像崇拝化された神の礼拝、軽々しく信じる信仰である。かれは、奇跡の存在を素朴に信じこむこと、無知を食い物にすること、高潮しつつある熱狂を教唆煽動することを拒絶する。有害な信心深さのこのようなあらわれのすべては、ホッブズにとっては、教職者の陰謀の果実である。かれが宗教を批判するもっとも敬意を失する（ほとんどあざけりに近い）要素には、反キリスト的感情というよりもむしろ反教権主義がしみ込んでいたのである。

ホッブズはキリスト教と完全に縁を切ったのではなく、独断主義的キリスト教批判といういうきわめて高度な立場へと逃げ道を作っている。その独断主義的キリスト教批判は、自然宗教と理神論とは紙一重の立場である。ホッブズのキリスト教は、同時代の博学な人びとや、人文主義的文化の土壌にしっかりと根づいている普遍宗教は、協調的働きをするということを信じる人びとのあいだでたいせつにされているのを見るような人文主義的キリスト教である。こうした協調的キリスト教は宗派心を超えようと試みる。しかしそうするためには、神学者たちが議論する原理的教義をひとつずつ捨て去らなければならない。結局ホッブズのキリスト教は、あれこれの教義から解放され、ひとを困惑させるほどあからさまな単一の信仰箇条となる。すなわち、イエスは救い主であり、神の子であるという信仰箇条へと整理した簡単なかたちにされるのである。それは、キリスト教を骨と皮だけに単純化し、現に存在しているすべてのもの、すなわち諸教義、洗礼および教会規律を放棄させるのである。したがってこのようなキリスト教が世俗的権力に容易に従属しうることは理解できる。ホッブズによれば、キリスト信仰は実際のところきわめて単純である。キリスト教信仰を、明晰を愛する精神にとって複雑で退屈なものとするように思わせるすべてのものは、信仰にとってはまったく本質的なものではない。むしろ、それは人間とくに神学者たちの論争好きで宗派的で虚栄心の強い精神の産物なのである。それは衒学的な浅薄さの表現なのであって、深遠な精神の表現ではない。それゆえ宗教問題にかんする議論として通用しているすべての議論は、現世的な諸問題、ときには通俗的でもある現世的な諸問題をめぐるすぐれて人間的な不和にすぎないとしても、なんら不思議なことではないのである。そしてそれらの不和は、地上の主権者権力の保持者によってしか解決されないということはさして驚くべきことであろうか。がい骨になるまではぎとられてしまった宗教にとっては、国家から区別される法的秩序や、世俗的権力から区別される権力もなんら必要ない。したがって、ホッブズは宗教と世俗権力とのあいだの伝統的二分法を再度一致させる道を切り開いたのである。かれは、人類の平和を唯一保証しうる統一権力を確立することを認めさせる立派な諸理由をまとめたのである。

もちろん、ホッブズの頭につきまとって離れないとまでは言わないにしてもかれの主たる関心は、教会と国家の関係をめぐる問題を解決するような説得力ある理論を組み立てることである。かれは、『市民論』の三分の一以上、『リヴァイアサン』のおよそ半分をこの〔教会と国家の〕問題にさいている。ホッブズの主要な政治学的著作は、スピノザと同様に、政治学的論文であるというよりもむしろ神学・政治学的論文であると言われてきた。実際、教会と国家との関係の問題を解決するために、ホッブズはおなじみの合理的議論を用いているだけでなく、聖書の解釈と宗教的論争に飛び込んでいる。かれはこれらの〔政治学の〕本筋からそれた宗教問題を、キリストの教えの意味を個人的に解釈して抜けだしている。

ホッブズの聖書分析の基本的な点は、キリストの統治はこの世界を統治することではないということである。キリストがこの世界に来たのは命令するためではなく、むしろ説教し教えるためである。したがって、地上におけるキリストの統治を代理しようとする権威が存在すべき理由はない。なぜならキリストの統治が実現される必要がないからである。また、教会法と市民法の区別の根拠もない。地上には世俗的権威のほかにいかなる権威もなく、したがって世俗的主権者が科し、制裁規定を設ける法律のほかにいかなる法律もないからである。教会は、その語の語源に従えば、神への礼拝を実践するために集まった人びとの会合以上のものではない。しかしこの場合も、もし教会が国家にとっての外在的なひとつの組織体でしかないならば、教会は国家の内部で活動している他の諸集団とは異なる制度的秩序をもつべき理由はない。そしてこれらの諸集団が法人格をもつのは、国家がそれらに法人格を容認するからにすぎない。教会は神を礼拝するためのひとつの集団として、世俗的権力に従属する。その世俗的権力は、教会のさまざまなつどいを召集し、教職者を任命する等々の権威をもっているのである。教会と国家のあいだの問題に取り組みつつ、ホッブズはこのように教会と国家というふたつの制度を融合させるまでに統一しようとする。ふたつの権力ではなく、ひとつの権力しかないのが国家なのである。それ以前の数世紀におよぶ論争に根拠をもっていた聖俗二元論の諸命題とくらべるならば、ホッブズ命題の利点は、きわめて明確であるので誤解を生まない点にある。この明確さは、たぐいまれなる判断の独立性、また誇り高い、あきれるほどにひどい道徳的大胆さを用いた確固たる論理からのみ生じることができたのである。

しかし、イングランドには、無秩序とそれにともなう国家解体の原因がもうひとつある。そのことをホッブズはけっして忘れてはいない。すなわち、国王と議会の対立である。当時、他のヨーロッパ諸国では、権力を国王の手へ集中する過程がはじまりつつあった。新しい種類の国家が生まれつつあり、それはふたつの原理にもとづいていた。すなわち君主は法律に拘束されないこと、および国家が法律の唯一の源泉であるというふたつの原理である。両方の原理は中世の諸原理といちじるしい対照をなす。中世に確立された諸原理では、君主は自然法に服し、複数の法的秩序が存在し、相互に制限しあっているというものである。しかし、大陸諸国の政体とは異なり、イングランドの政体は、国王が絶対主義国家への転換をはかるさいに、重大なさまたげとなった。

イングランドの政体は、中世社会の主要な政治諸勢力――宮廷、大小の封建貴族、都市の諸階級のバランスをうまくとってきた、長くてゆっくりとした過程の最終的な産物であった。法学者たちがうけついできていたイングランドの国家観念は、頭（王）と手足（三身分）から構成されるひとつの政治体というものであり、そのことは、当時すでに伝統的な思想となっていた。この国家観念にもとづきつつ、十六世紀の公法学者たちは、イングランド王国を混合国家としてえがいてきていた。すなわちイングランドの国家は、権力分立の原則にもとづき、権力は一《いつ》にして不可分とされる絶対君主制と対立するものとされていた。十七世紀の初頭以来、イングランドの君主制は、絶対主義と王権神授説の理論と実践の支持者であったジェームズ一世という人物をつうじて、フランス型の君主制をイングランドに導入しようと試みていた。しかし、その試みがなされた時代の歴史的条件のために、その試みは議会のよりいっそうの断固たる反対を呼び起こしたのである。議会は、中世の政体にたいする忠誠心と、封建的特権の廃止に反対する自分自身の立場を重ね合わせて主張しながら、のちに自由主義国家となるであろうものを弁護し、その前提要件を生みだしたのである。

国王への敵対は、すでに述べたとおりに、ジェームズ一世の継承者であるチャールズ一世（一六二五―四九）のもとでは、公然としたかたちで爆発することになる。かれの治世には絶え間ない紛争がつづき、国王と議会との関係はますます和解できないものとなっていった。国王は、執拗にそしてあるときはあまり上手《じょうず》とはいえないかたちで国王大権を強く主張したため、とくに宗教問題、財政問題、外交問題において議会の要求と衝突した。これらの衝突は、王党派と議会派とのあいだの内乱（一六四二年）が始まって、頂点に達した。内乱の勃発は国家の存在自体をおびやかし、のんきな平和主義者たち、大混乱に反対する者たち、秩序愛好者たちすなわちホッブズのような者にとっては残忍な無政府の時代がはじまったことを示している。『リヴァイアサン』の一節のなかでそれまでになかったほどの率直さで、ホッブズはこの傷〔内乱〕を的確につきとめ、その治療法を次のように指摘している。「もしも、これらの権限は国王・上院・下院に分割されているという意見が、イングランドのほとんどすべての部分で、はじめに受け入れられていなかったならば、人びとが二派にわかれて、この内乱を引き起こすこともけっしてなかったのである。……この内乱が、主権の権限のこの点について人びとに教えたので、現在では、（イングランドでは）、これらの権限が分割できないこと……を理解しない者は、ほとんどいないのである。[☆4]」

主権は分割できないという考えはホッブズの確固たる信念のひとつである。それは、最初の絶対主義理論家としてもっともよく知られたジャン・ボダン〔一五三〇―九六〕の中心思想のひとつでもある。ボダンの著作をホッブズはよく知っていた。[☆5] ボダン自身は、その記念碑的著作の一章を混合政府の論駁にあてていた。[☆6] しかしホッブズの主たる標的である権力分立は、戦争と和平の決定権をもつ機関〔国王〕とは別の機関〔議会〕に課税の権限を割り当てる結果となる。それがイングランドの状況を暗に述べたものであることは言うまでもない。ホッブズにとってはそのような状況はたえがたいものであり、それどころか、否定すべき悪い〔事態〕ですらある。ホッブズは読者を説得するさいに好んで用いた両刀論的〔どちらともきめかねる〕方法を駆使して、この問題〔権力分立論の問題点〕をきわめて簡潔なことばで表現している。もしも、国家の諸権力が実際上は分割されていないとすれば、それは命令する者が課税する権力をもつ。この場合、国家はもはや混合〔形態〕ではなく権力集中的〔形態〕である。他方で、諸権力が実際上分割されているならば、この場合には、国家の欠如、無政府状態、内乱というよりもむしろ、いかなる国家も存在しないのである。ホッブズは国家の形式上の限界を反映する世俗的権力と宗教権力との区別に反対して、主権者権力の保持者はひとりしかいないという原理を確立している。同様の仕方で、ホッブズは国家内での権力分立という教義にたいして反対し、主権者権力は一《いつ》にして不可分であるという原理を確立する。こうして、ホッブズにとっては、国家の統一性にかんする問題にはふたつの側面があるということになる。権力の源泉は単一であるべきだということ、権力は内的に統一されなければならないということである。

しかし、主権者権力を制限すべしという別の思想的根拠がある。その思想はイングランドの法秩序に固有のものであり、中世社会のような多元主義社会に典型的な考えである。この政体上の制限は制定法にたいするコモン・ローの優越性としてあらわすことができる〔ただし制定法とコモン・ローが矛盾した場合は、制定法が優越する〕。コモン・ローを構成する規範は、慣習〔実際には、各裁判所の「判決例」〕をつうじて継承されてきたのであり、その規範が法的に有効とされるのは、最高司法裁判所によって承認され、受け入れられてきたという事実による。このようなコモン・ローの優越性は、法学者たちの共通の意見によって支持されていたのであるが、明らかに主権者の立法権を制限し、君主は法律に拘束されないという絶対君主制の基礎原理を侵害するものであった。イングランドの法秩序を考慮すれば、君主は自然法および神の法によって制限されるだけでなく、事物の本性が命じ裁判官たちが承認する実定法の体系によって、すなわちきわめて広範囲にわたりつねに進化する体系によってもまた制限されたのである。この論点の重要性をホッブズはみのがさなかった。かれは主権の優越性を侵害しようとする原因を除去しようとしていた。それゆえかれはその政治学的諸著作で数多くそのことを暗示していたが、『哲学者と法学徒との対話——イングランドのコモン・ローをめぐる』という書物全体は、その問題をあつかっていた。[☆7]

☆4　前掲書、一一九ページ。
☆5　ホッブズは主権の分割不可能性の命題を支持するためにボダンを引用する。『法の原理』第二部第八章第七節、一三七ページ。
☆6　J. Bodin, *The Six Books of a Commonweale*（第一章第三を参照されたい）, II, i.

この本はホッブズの著作のうちでもっとも知られていないが、その重要性は無視されてはならない。それはホッブズの論理的スタイルを最高度に示しているものだが、ここでホッブズは、剣を振りかざすように三段論法を用いて、諸問題をその根本にまで立ち戻って切り開くことで、きわめて複雑にもつれた諸問題を、最初の本質的な核心へと立ち戻らせている。この本はホッブズの晩年〔一六六六年頃〕に書かれ、法学者と哲学者との対話という形式をとっている。この対話で徹底的に糾弾されていたのは、コモン・ローが国王の法に優越するというサー・エドワード・クック〔一五五二―一六三四〕の信奉する学説である。ホッブズの本が、法的に厳密に主意主義的な概念〔意志的なものを世界の本質とみる立場。意志を心的生活の根本機能とみる立場〕にもとづいて主張するところでは、王国で唯一有効な法律は立法者としての国王によって公布された法律である。したがって、それ以外の法規範がコモン・ローの規範もふくめて有効となるのは、主権者がそれを黙示的または明示的に承認した場合だけである。ここでもまたホッブズは、自分が反伝統的で急進的《ラディカル》な著作家であることを示している。ホッブズのラディカリズムは、おそらく過度に主知主義〔知性的・合理的なものを重んじる立場〕的である。かれはそのラディカリズムのおかげでイングランドの政治思想の本流――すなわち、経験主義的傾向をもち、伝統を重んじ、妥協を好むもの――からは遠くはなれることになるのである。[☆8]

しかしホッブズは、イングランドの政治状況を見つづける一方で、自分自身の合理主義的精神、数式化的志向、また普遍妥当的ですべての理性的な人類にとって受容可能な法律を発見しようとする熱意などによって突き動かされ、イングランドの伝統に固有の限界を突破しようとしているのである。そのかれが目標とするのは、ひとつの理念型としての国家のモデルの概略を構想することである。その

〔国家の〕理念型からは、歴史的に存在した諸国家を不安定なものとしているすべての欠陥が取り除かれているのである。かれは、その速度のちがいはさまざまであれ、すべての国々が、近代国家の諸基本原理を構成するのに必要な少数の諸原理を歴史的に現実に採用するようになるさいに、この理想国家は理論的なモデルとして役立つことを意図しているのである。個々の国家の政治定式〔政治定式とは、統治に利用されるイデオロギーのことで、ガエターノ・モスカ（一八五八―一九四一）の用語〕のありかたとは異なるこれらの原理は、基本的にはふたつの原理からなる。第一原理は政治的統一性の原理である。そして政治的統一性が達成されるのは、国家より下位または上位にあるもろもろの法秩序を統合し、国家自体の法秩序だけを認めることによってである。第二原理は諸規範の源泉を統一し、組織化された政治権力すなわち国家の法律に特有の源泉だけを認めることによって達成される司法的統一性である。仔細に検討すると、ホッブズがイングランドの政体に批判を加えるのは、近代国家を特徴づけるこのふたつの統一化の過程を示すためであり、教会と国家という二重権力を除去し、また国王と議会の対立を除去することで達成される政治的統一化と、コモン・ローは制定法に従属すると宣言することで達成される司法的統一化の過程を示すためであることがわかるのである。

☆7　わたくしは、この著作の最初のイタリア語版を編集した。それは、『市民論』のイタリア語訳の第二版のなかにふくまれている。T. Hobbes, *Opere politiche*, Turin, Utet, 1959, I, pp. 393-558.

☆8　G・P・グーチはホッブズを「わが国の三大政治思想家のうち、最初の、もっともオリジナルで、もっともイングランド的でない」思想家と定義している（“Hobbes”, *Proceedings of the British Academy* 25, 1939, p. 3.）。

たしかに、国家のこのような見方は新しくはない。国家を主権者の法体系とみる考えは、イングランドに影響を与えてきたボダンの政治学書の核心をなしていた。さらに、王権神授説はフランスで生まれて発展し、イングランドにおいてはジェームズ一世が主要な支持者であり、この学説は国家統一と〔教会からの〕国家解放の歴史的過程を表わすものとなった。おそらくは十分には気づいていないうちに、〔国家の統一性という〕方向で働いていたのは強大な君主諸政体であった。これらの君主政体は、自分自身の独立性を守るのに汲々とし、したがって他の諸権力からの干渉に敵対した。そして自分自身の国は自分自身で統治できる、またみずからの政治的権威は他のだれにも共有させないほどに固く信じていた。にもかかわらず、王権神授説の支持者たちは、国家統一への基本的要求のためには、王権は神授のものという原則に隠れて偽装した。しかしこの偽装は、ホッブズ自身が「暗黒の王国」とよぶものを脱しようとしていた当時の思想家たちの努力には太刀打ちできなかった。王権神授説は、中世社会の人びとに対立する要求が生じつつある、新しい歴史的状況をかくすために付加された中世的なやりかたのひとつであった。ホッブズの政治理論の重要性は、近代史がはじまる政治的統一の主要な過程を理性的に正当化し、いわば新しい内容のための新しい形式をねりあげ、新しい歴史的状況にかなうひとつの体系を打ち立てようと試みたことである。ヘーゲル派の著作家であれば、ホッブズの思想において近代国家は、はじめて自己自身についての意識を十全に獲得したと言うであろう。あるいはそう言ってよければ、ホッブズの政治理論は近代国家の自己意識〔意識よりいっそう真実のもの〕なのだ、と言ってもよい。

ホッブズの時代にいたるまで、先例という権威に依拠することは政治学においてよく使われてきた方法であった。どのように国家を獲得し保持するかを王子に教えるためには、歴史は教訓と実例を引きだす最高の典拠となる、とマキャヴェリは認めていた。王権神授説の支持者たちは、聖書という超自然的な先例に依拠して、神授の権利によって君主の権力の根拠を正当化しようとした。偉大なボダンは歴史と聖書の両者に訴えていたが、反対にホッブズは、はじめて政治的現象の研究に合理論的方法を導入し、権威を典拠とする方法をやめている。これは、政治論的方法にかんするかれの新機軸であり、かれ自身がもっとも自負するところのものである。ホッブズがたえず表明し追求してきたかれの目的は、幾何学と自然科学一般に益してきたのと同じ方法論的厳密性を、道徳と政治の学問に適用することであった。この点については、十七世紀のすべての自然法思想家たちに共通しているが、ホッブズは自分が革新者であることを十分に知っており、ためらうことなくそのことを宣言している。「わたくしは、ふたつの学問をはじめて基礎づけたという名声に値いするはずである。すなわち、光学論はもっとも精緻であり、わたくしの著作『市民論』ですでに述べた自然的正義は他のすべてのなかでももっとも有益なものである」[☆9]と。

ホッブズは、自分の議論を権威で典拠づけることをしないわけではないが、しかし正当化の主要な源泉としては権威を用いていない。権威は合理的手続きをつうじておこなわれる論証を補強するにすぎない。かれは、どのような主張であろうとも、それがときにはもっとも大胆な主張であったとして

☆9　これは、*A Minute or First Draught of the Optiques*, 1649 の最後の文章である。その著作のふたつの断片が次のものに収録されている。EW, VII, p. 471. モールズワース版『英語版著作集』第七巻、四七一ページ。

も、その主張を擁護するために聖書から役にたつ一節をみつけだす準備がつねにできていた。ホッブズは形式論理学者であると同時に、それほど祝福されてはいないが、繊細な聖書解釈者であると言ってもそれほどまちがってはいない。しかし、かれが聖書を歴史的に研究するのは、真理をたしかめる必要からというより以上に、自分の論敵たちを沈黙させるためである。ホッブズは、その自伝において述べるように[☆10]、とくにベイコンの著作に影響されていた[☆11]修業時代において、古代史と近世史の熱心な読者であったとしても、歴史を権威にすることについてはまったくと言ってよいほど言及していない。ホッブズはその歴史愛好の情熱により、ついには、古代ギリシアの二人の偉大な歴史家〔ヘロドトス（前四八四頃—四二五頃）とトゥキュディデス（前四六〇—四〇〇頃）〕のうちのひとり〔トゥキュディデス〕の仕事全体を翻訳するまでにいたる。またかれは、アメリカ人や侵略下で生活している人びとを引き合いにだすときにはもちろん若干の歴史的言及をおこなうが、それは散発的な事例である。しかしながら、忘れてはならないのは、ホッブズが言及はしていないが、かれは、自分が真剣に生きている不断のドラマとしての自分自身の同時代史をつねに意識していたことである。この同時代史は、かれの理論の経験的裏づけ、ホッブズが言及する必要さえないほど雄弁なかれの理論の経験的裏づけである。しかし、かれがその諸著作において歴史にまったく言及していないのは、「各国ごの正義についてはともかく論じること〔しかじかの正義がどのようなものか〕はしないこと」[☆12]が提案されていたからであり、したがって、科学的客観性の原理を破らないようにするためである。

　政治的諸問題の研究にホッブズが適用しようとする科学的方法は、自然諸科学に継続的で持続的な進歩を可能ならしめた方法と同じである。すなわち、合成（総合）の方法と分解（分析）の方法である。その方法によってこそ、既知の諸結果から出発してその原因を調査すること、または既知の原因からその結果を調査することが可能になるのである。分析により、概念はその構成諸要素に分解される。総合により、概念はその構成諸要素から出発し統一体へと再構成される。この総合と分析のふたつの過程は、足し算と引き算というふたつの算術操作と同一視できることに気づくであろう。こうして、科学的推論はひとつの計算であり、それゆえ科学は自然現象に適用された数学であるという結論を引きだすことができる。

科学と哲学の区別がまだなされていない時代だったので、ホッブズが社会哲学《シヴィル・フィロソフィ》とよんだ政治学も、こうした科学的思考の数学化の方向に行きがちである。そうした動きのなかで、ホッブズは、デカルトの世紀の文化的雰囲気と全面的に合致しているのである。社会哲学は、総合的方法と分析的方法の両方を採用できる。総合的方法を使うことができるのは、哲学の第一原理から出発して、人間の諸情念についての知識を獲得し、その知識にもとづいて、国家の構成の諸原因を理解する場合である。分析的方法を使うことができるのは、ある行為が正当か不当かを問うたあとで、法律にたいする違反行為という観念である不正の観念をひとつひとつ分解し、次には、強制する権力をもつ人格によ

☆10 *Opera philosophica quae latine scripsit omnia* (hereafter OL), II, p. LXXXVIII.〔『ラテン語版哲学著作集』第二巻、八八ページ〕。

☆11 レオ・シュトラウスが『ホッブズの政治学』で強調しているように。*The Political Philosophy of Hobbes, Its Basis and Its Genesis*, Oxford, Clarendon Press, 1936, pp. 79ff.〔添谷育志・谷喬夫・飯島昇藏訳『ホッブズの政治学』、みすず書房、一九九〇年、一一三ページ以下〕。

☆12 『市民論』「献辞」、ウォーリンダー版七六ページ。

る命令の観念である法律の観念を分解し、最後に、強制権力を所有し、それにより法律を公布できる人格が存在して欲しいという人類の欲望にとっての最初の原因に到達する場合である。

ホッブズはその政治学的諸著作において両方の方法を使っている。『市民論』の序文において、物事を知るためにはその構成諸要素を理解しなければならないと宣言する。そのさいかれは時計の例をあげている。時計の機能は分解されなければ完全には理解されえない。そして国家は、これまで人類があまりにも長いあいだ真理規則よりもむしろ情念に従って、つまり厳密な基準なしに研究してきた政治学の対象であったが、ホッブズは国家をひとつの機械装置と比較する。その比較自体が、ホッブズにいたるまで政治学研究にひろまっていた倫理学的で人文主義的なアプローチとは対照的に、国家を分析するためにホッブズが採用した科学的アプローチであることを証明している。諸個人が国家を構成する諸要素であり、したがって諸個人がこの機械装置の歯車なのである。科学的であろうとする国家学説は、したがって諸個人を研究し、人間に特有の情念と基本的諸欲求を研究しなければならない。人類を戦争へと導くこれらの情念と、人類を平和へと否応なくかりたてる欲求とのあいだの対立こそが、単一で絶対的な権力すなわち国家に自発的に従属するよう諸個人をうながすのである。こうして国家の研究は、諸原因による認識となり、したがって真の科学となる。

研究というものは、万人が同意し、それ以上検討する必要がないという意味での普遍的な承認された原理にもとづかなければならないことは言うまでもない。ホッブズにとってのそういう原理とは、『市民論』の序文で述べているように「経験によって万人が理解し、だれもが否定していない」原理——すべての人は生まれながらに相互不信の状態にあり、したがって可能なときはいつでもすすんで相互を傷つけ合おうとするという原理――である。この原理は、人間は人間にとって狼である〔万人の万人にたいする戦争状態〕というよく知られた格言に要約することができる。しかし、この原理にわれわれは少なくとも第二の原理をつけ加えなければならない。その第二の原理とは、容易にみてとれるように、第一の原理と同様に人間の本性にもとづいている。人類は、同じ人類にたいして敵対的であると同時に、自分自身の生存を維持しようとする傾向、あるいはより正確に言えば、死を避けようとする傾向を自然の本能によって与えられている。わかりやすく言えば、人類は死ぬことを恐れる。とりわけ暴力的な死を恐れる。人間精神の観察にもとづくこのふたつの原理から、科学としての政治学が誕生する。すなわち、科学的方法に導かれた国家の建設がはじまるのである。自然状態はあらゆる組織された社会の設立に先だち、人類が自分自身の自然的性向にのみに従って行動する状態なのである。

この自然状態はふたつの衝動間の和解しがたい闘争によってひき裂かれた状態として想像する以外にない。その衝動のひとつは、他者を傷つけようとする傾向であり、それが万人の万人にたいする戦争をもたらし、たえず人類を暴力的な死によっておびやかす。もうひとつの衝動は自己保存の本能である。そのおかげで人間は、反社会的な性質のせいでみずからにのしかかる死を避けるためにあらゆる手段をとるよううながされる。したがって自然状態は本質的に矛盾に満ちた状況である。すなわち、人間はそのなかで生存することができず、そこから完全に脱却しなければならないような状況なのである。自然状態はひとつの不条理な状況としてあらわれ、それに比べて自然状態に対立する市民社会の合理性のほうがより高いと言ってもまちがいでなかろう。したがって自然状態からの脱却はその本質的な矛盾の解決を意味する。そしてこのことは　次のようなやりかたによってのみ可能である。すなわち、人類が死の恐怖から解放されうるためには、他者を傷つけようとする傾向をやめさせ、あるいは少なくともその傾向をやわらげることによってである。そして国家は自然状態に固有の矛盾を解決するようにさだめられた制度である。国家は、諸個人の権力に優越するひとつの権力、すなわち、個人の利益のためにだけ力を使用することをやめさせるのに十分な力を賦与されたひとつの権力からなる。国家は自然状態とは正反対のものである。国家は、戦争による支配から平和による支配へと置き換える。国家は自然状態という論理的仮説を用いて導きだされた合理的構築物である。

もし国家が理性的作品であるとすれば、国家建設の合理的過程を複製するということで、社会哲学は厳密に科学的な性質を獲得するということは明らかである。しかし社会哲学は多数の科学のなかのたんなる一科学ではない。それは、定義上、まさに科学中の科学であって、物理学以上の科学であり、むしろ幾何学に匹敵するような科学なのである。なぜそう言えるかというと、ヴィーコの名前とかれが卓越した人文科学である歴史学の科学的価値を説明するために用いた方法とを、思い起こせばただちにわかるからである。

ホッブズは論証的科学と非論証的科学を区別する。論証的科学においては、第一原因はわたしたちの手中にある、なぜなら、第一原因はわたしたちの意志の表現だからであり、あるいはより率直に言えば、第一原因はわたしたちによって生みだされたからである。非論証的科学においては、第一原因はわたしたちにではなく、神の意志に従属する。[☆13] 物理学はこの非論証的科学の範疇の典型的な例である。論証的科学の最良の例は幾何学と社会哲学である。「したがって幾何学は論証的である」とかれは書く、「なぜなら、われわれは線と図形から推論するが、その線をひき、図をえがくのはわれわれ自身であるからである。そして社会哲学は論証的である。なぜなら、われわれ自身がコモン－ウェルスをつくるからである」[☆14]。したがって社会哲学の目的は、幾何学と同様に、わたしたち自身が作りだした対象を知ることである。そこでわたしたちは、さらに次のように問わねばならない。どのような意味においてわたしたちは社会哲学の対象を生産するのか。ホッブズ自身のことばで言えば、どのような意味においてわたしたちは国家を形成すると言えるのだろうか。ホッブズは、国家は自然からなるものではなく信約によるものだと答える。国家が人類にとってひとつの根本的な欲求を満たすからこそ、人類はみずから国家を求め、相互的な合意をつうじて国家を設立したのである。

ホッブズは、こうして、国家の基礎として契約論的仮定を提起する。国家の起源となる契約は次のことを規定している。多数の人びとが自然状態においてもつ自分に帰属するすべてのものへの無制限の権利を放棄することをきめる。またそれを、第三者（それは、ひとりの自然人ではなくひとつの合議体であろう）に委譲することをきめる。その目的はふたつある、すなわち相互に他人を傷つけうる主要な武器を相互の手からとりあげること、および全員の防衛のためにその武器を使用できるだれかに委任することである。しかし本当は、もし人類が前述のことすべてをのぞむことができるためには、すでに引用したふたつの人間本性のほかに、人間本性の第三の原理が前提されなければならな

☆13　モールズワース版『英語版著作集』第七巻、一八三―四ページ。ホッブズはこの議論を『人間論』（OL, II, 10, 4）においてより明確にあつかっている。
☆14　モールズワース版『英語版著作集』第七巻、一八三―四ページ。

い。ところがホッブズはその第三の原理にまったく言及していない。なぜなら、ホッブズにとってその存在を疑うことなど思いもよらないことであったし、だれかがそれを疑うだろうということもかれには考えられなかったからである。すなわち、わたしたちの出発点とすべき第三の仮定とは、人類は理性的であるという仮定である。言い換えれば、人類は理性的存在のみがおこなうことのできる計算によって、戦争がすべてのものにたいする無制限の権利の結果として起こることを理解し、またそのような無制限の権利を放棄することによってのみ戦争が回避されうると理解することができるという仮定である。

しかし、おそらくは、功利主義的ではあるが形式的には厳密なこの推論が、ホッブズがえがいたような人びとの本能によって動かされる人類のなかでどのように具現化するのかを想像することは容易ではない。この仮定が信じがたいという理由で、ホッブズはしばしば非難されてきた。とくにホッブズによる国家の合理的構築を国家の歴史的起源にかんする研究ととりちがえる人びとによって非難されてきた。しかしホッブズの推論が、ホッブズの言う人間を国家の創設へと導くことはまちがいない。戦争は人間の性向の産物である一方で、平和は「正しい推論による命令」すなわち、ある前提からある結果を演繹すること、あるいは資料にもとづく事実から出発して第一原理を再構築することを人類に可能ならしめる能力の命令である。たしかに、もしもホッブズが自然状態において描写しているような孤独な人間観という立場から考えるならば、情念的・暴力的・本能的・利己的な存在者が理性に賛成してその自然的性向を放棄しうるのかを不思議に思うだろう。しかし、ホッブズの仕事は、社会進化の諸相に一般的な概説を与えることを目的とした社会の歴史的研究ではない。かれの仕事は自然状態の論証であり、その論証は厳密であることを要求しているのである。この論証でホッブズは、かれの同時代人たちにホッブズが正しいと考える道を選択し、〔その論証が〕まちがっていると考えることを放棄するように説得しようとする。この企図自体が、人間が理性的存在であることに信をおいているというあかしである。ホッブズは、正しい推論の説得力を確信している。なぜなら、かれは、人類は理性的だという仮定から出発しているからである。もしそうでなければ、ホッブズ自身が権威に従うであろう。こうしてかれは、原始的な人間がその理性に従いながら国家の設立にかんする合意点にまでたどり着くかどうかをたしかめることに関心をもたないことがわかる。ホッブズが相手としているのは、かれの同時代人たち、あるいはもっと正確に言えば、誤った学説によりまどわされているかれの同胞たちにである。そしてかれらが脱却すべき自然状態はイングランドで生じている宗教的・政治的争いであり、内乱へと導くところのものである。ホッブズが説明したいとのぞむのは、国家は人間によって、より正確に言えば、理性的な被造物としての人間の意志によってつくられるということであり、そのことは人類の合理的意志によってつくられると言っても良いであろう。こうして人間は、自分自身に矛盾するという犠牲を払うか、あるいは理性的存在であるというその卓越した特質をあきらめるという犠牲を払うことをのぞけば、国家を望まないでいることはできないのである。

ホッブズが人間性の合理的部分に訴えているのは、政治社会の基礎的特徴は主権者へ服従することにあるということを示さんがためである。ホッブズの全学説は、論理的諸命題の鉄の連鎖から成り立っている。そしてその命題とは、主権者が実際に命令しているのであれば、それがどのようなものであれ、わたしたちは主権者に従わねばならないということを論証しようとすることであった。ホッブズの政治学的著作の核心にあるのは服従にかんする説教であり、その服従は、心情よりもむしろ理性の方向をとることが重要であると説いているのである。要するに、この説教は、熱情的というよりむしろ理知的であり、熱狂的というよりむしろ計算高いものである。グーチ〔一八七三—一九八五、イギリスの歴史学者、政治家〕が正当にも指摘したように、もし『君主論』が統治術の手引書だとすれば、『市民論』は服従の入門書」なのである。☆15

ホッブズの政治学は権力の統一性の命題からはじまり、格別に厳密な推論の糸によって導かれ、それまで政治学説史が知っていた服従理論のなかでもっとも根本的なもののひとつとして織り上げているのである。ホッブズの理論とくらべるならば、絶対主義すなわち服従論を基礎にした国家支持のための同時代の王権神授説でさえ、穏健なものと考えられたであろう。王権神授説は少なくとも受動的服従は認める。すなわち、市民法が神の法に反したときには、不服従者が法の侵犯にたいしてなされる処罰を自発的に受け入れて、その不服従がつぐなわれるのであれば、市民法に従わなくてもよいことを承認しているのである。ホッブズは受動的服従を認めず、それをまちがいとしてきびしく糾弾する。この首尾一貫した論理学者〔ホッブズ〕が臣民にたいして許している唯一の道は、積極的不服従だけである。臣民は、自分の生命自体がおびやかされる場合をのぞいては、どのような場合にも服従しなければならない。ホッブズは、服従の基礎としてふたつの恐るべき議論を提供する。第一の議論は、個人は、統一の信約をつうじて、主権者の命令すべてに従うことを義務づけられるというものである。言い換えれば、個人は、命令の内容とは無関係に服従する義務をもつのであり、したがって命令が正当か不当かを判断するすべての権利を失ったのである。第二の議論は、主権者がたとえそうのぞんだとしても、宗教の教えに反する諸行為を命じることはできないということである。なぜなら主権者以外のだれも宗教的問題を決定しえないからである。

したがって、服従・不服従の問題をめぐっては、合理論的、反神学的な諸仮定にたつ首尾一貫した論理学者が優位となる。そのためホッブズは、自分の論証を支えるために、主権者権力を人間の協定に基礎づけている自分の論敵によって与えられた議論さえ採用する。臣民たちのみるところでは、神授説に支えられた君主は、自分に権力をさずけた至高の権威に従属し、それから完全には解放されえないだろう（まさにここから、王権神授説の理論家たちは受動的服従への可能性を残しておく必要性をみいだすのである）。反対に、ある権力が、その行使対象である諸個人の意志から生じるとするならば、倫理的あるいは宗教的制約から完全に独立しているということは簡単に理解できる。なぜなら、これらの諸個人はその保有者に法的権限を認めるだけではなくて、あらゆる責任を免除するからである。しかし、この説明が有効なのは、臣民のあいだの同意が結ばれるや改変できないということが示されうる場合のみである。

まさにこの点を論じるさいに、ホッブズは全洞察力を用いて、自分の公式のうちもっとも驚くべきもの、すなわちホッブズ全体系の鍵となる公式を案出することに成功する。国家の基礎にある協約

☆15　G. P. Gooch, *Hobbes*, p. 17.

は、民主派の社会契約論的著作家たちが想像するのとは異なり、臣民たちと主権者とのあいだの契約ではない。さらにまた、主権者がみずから引き受けた義務に従わない場合に、臣民たちが解消できるような契約でもない。契約は臣民たち相互のものであり、それを約定する目的は第三者のために各人の自然権を放棄することである。この契約を解消するには、すべての契約当事者が全員一致で合意し(しかしどのようにして全員一致はえられるのか)、その受益者も合意する(しかしどうしてこの譲歩をしなければならないのか)必要がある。抵抗権の支持者たちが、絶対主義の鎖を断ち切るために用いた契約を、ホッブズはその鎖を強化するために用いる。ホッブズは抵抗権の理論をそれ自身の武器でもって破壊する。そして服従の理論を擁護するために、まさにその破壊のために用いられてきた議論を用いている。

ホッブズ自身よくわかっているように、論敵を粉砕し躊躇しているひとを説得するもっとも有効な方法は相手の論法を逆用することである。ホッブズの契約理論は形勢逆転をはかる独創的で鋭敏な策略である。こんにちわれわれがそれをみれば、その歴史的意味は別にして、それは論証的で弁証法的な技術の傑作であることに驚かされる。ホッブズは科学的教育によって仕込まれた方法論的明快さだけをたよりにして、このような結論にたどりつくことができた。かれの直近の先行者の有名な著作、たとえばボダンの『国家論』でさえ、複雑で重苦しく感じられる博学な歴史的引用と参照文で満たされている。しかし、ホッブズの著作とこれらの著作とをくらべれば、『方法序説』はヨーロッパ文化にとって無駄な書物ではなかったことがわかる。ホッブズが学者ふうな方法にたいして悪意ある無礼な敵対者であることは偶然ではない。ホッブズは、アリストテレス派の重苦しい書物にたいして、毒矢を放つどんな機会をものがさない。ホッブズは自分の標的を的確に単刀直入に狙いたいのだ。その結果生まれたのが『市民論』である。それは、明晰さ、簡潔さ、知性、情熱のモデルであるが、しかし同時に、強固な論理と途切れない速度で規制されている。『市民論』という著作は、その概念的内容を拒否する者をも感心させ、『市民論』にきわめて偏見をもつ読者の心さえもとらえるので、読者たちは『市民論』の〔概念の〕なかの逆説的なもの、過剰なもの、混乱させるもの、嫌悪を抱かせるものなどのすべてを忘れるか大目にみるのである。

にもかかわらず、われわれは、ホッブズの服従理論は幸運な推論の調和的結論にすぎないと考えて、その弁証法的計略に負けてはならない。服従の原理はホッブズの人間観および世界観に根ざしており、それゆえ一連の推論の結論である以上に、哲学人ホッブズの直接的な表現である。服従の原理がホッブズの道徳哲学のふたつの構成的原理、すなわちホッブズの倫理学的な協定尊重主義と人間学的悲観主義に密接に根拠づけられていることを理解しなければ、かれの原理の意味を把握することはできない。

ホッブズの倫理学は、神の〔人知を〕超越した道徳性であれ、あるいは神の人知に内在するという道徳性という意味であれ、絶対的諸価値を認めない。諸価値は、神の意志をも圧倒する永遠の真理でもなければ、人間の意志に押しつけられる自然的真理でもない。それぞれの価値の源泉、したがって善悪、正不正の評価のあらゆる基準の源泉は人間の意志それ自体にある。より正確に言えば、その源泉は人間の意志が同意したものである。すなわち、人間が非人間的な自然状態を放棄して生きるように強制される社会状態を獲得する協約なのである。この倫理学における協約主義は、ホッブズの論理学における唯名論の帰結である。ホッブズの唯名論は、かれのもっとも理論的な諸著作のなかにつねに現前しているとは限らず、またホッブズの論理を厳密に分析すれば、かれの唯名論はそれほど一貫していないと主張する人がいるかもしれない。しかし、ホッブズの政治的諸著作において唯名論が明示的にかつ執拗なまでにくりかえされるありかたとその理論的機能とを見落としてはならない。「真理は真の命題と同じである」とホッブズは『市民論』のなかで断言する、「しかし、命題が真であるのは、その命題において、論理学者たちによって述語とよばれる後件〔「SがPなら、QがRである」という仮言的判断の「QがRである」の部分〕のことばが、その意味のなかに主語とよばれる前件のことばをふくむ場合である。真理を知ることは、普通にことばを使うなかで真理がわれわれによって作られるということを想起することと同じである[☆16]」。

　命題にかんする具体例として、二プラス三の合計は五である、という命題をあげよう。「この真理を知ることは、それがわれわれ自身によって作られるということを認めることにほかならない。なぜなら、われわれの意志によって、そして言語の法則に従って、数字の二は2とよばれ、三は3とよばれ、五は5とよばれる。人間の意志によって、二プラス三の合計は五になるという命題が真であるということになる。[☆17]」論理学における真理は、政治学では正義に当たる。永遠の正義とか自然の正義とかは存在しない。「正義」とは、人間がそうよぶことに同意したもののことである。自然状態を脱するために、人間は自分の意志を第三者の意志に服従させることに同意した。その第三者が人間の同意した信託者なのである。したがって「正義」は、結局のところ主権者の意志である。

　こうして、論理学的唯名論に支えられた倫理学的協定尊重主義のおかげで、ホッブズは法の主意主義〔意志的なものを世界の本質とみる学説〕的概念を確立するように導かれた。立法者たちの使用のために、十九世紀の法実証主義者たちがつくった学説のみが、ホッブズと同じ見解であると考えられる。正義のこの協定主義的な概念、したがって正義の反自然主義的な概念（自然ではなく協定による正義）は、主意主義的で反合理論的な法律構成を生みだす（意志が理性のまえに立ちはだかる）。服従について、この選択はふたつの重要な結果をもたらす。第一に、個人はひとたび国家の構成員となったならば、何が正義で何が不正義であるのかを自分自身で決定する権利を（そうする力をもたないのだから）、もはやもたない。個人の唯一の義務は主権者に従属することである。なぜなら、主権者は、共通の合意によってその権限を可能にする権力をすでに与えられているため、主権者のみが正義と不正義とを区別する権限をもつからである。第二に、共通の合意によって主権者だけが正しいものと正しくないものとを決定する権利と権力を保持するので、主権者に命じられた行為のほかにはいかなる正しい行為も存在しえず、主権者が禁じた行為のほかには不正の行為も存在しえない。したがって、主権者が命ずるものがすべて正しいのは、じつにそれが命令されたものだからである。また、主権者が禁じたものがすべて不正であるのは、じつにそれが禁止されたものだからである。

　絶対的諸価値はいっさい評価しないという世界観においては、人間すら絶対的価値をもつとはみなされない。ホッブズにとっては、人間には自分自身や他人を道徳的人格として明らかにしようとする道徳的善悪の理念はまったくない。また、人間が絶対的価値を明らかにしようとする道徳的感覚もな

☆16　『市民論』第一八章第四節、二八四ページ。
☆17　前掲書、二八三ページ。

い。人間は、自然の被造物であり、機械的な法則によって決定され、世界における人間の位置を決定的なしかたで規定する生得的で抑えきれないほど激しい諸情念によって支配される。虚栄心はホッブズの人間学において、人間のおそらくもっとも特徴的な情念である。☆18 それは利益を考えることよりもむしろ虚栄、すなわち他人から利益を引きだす喜びよりもむしろ、他人から敬意を払われ尊敬されることの喜びなのである。虚栄は魂の喜びであり、であるがゆえに利益は諸感覚の喜びである。虚栄と利益はいずれにせよ、自尊の気持ちの表われであり、したがって人間の利己的性質の証拠である。見栄を張る心は自分自身の自然的能力を愛することである。利益は自分自身の物質的繁栄を愛することである。これらの支配的な両方の情念のせいで、人間は生まれつき非社会的存在となる。人間が他の人間仲間を求めるのは、自然で自発的な傾向からではなく、むしろ尊敬と物質的財産への欲望を満たすためである。

自尊心より強い情念は人間にはひとつしかない。死への恐怖である。人間は虚栄心が強く利己的であるばかりでなく、臆病でもある。自尊心は、自負、野心、慢心、傲慢という態度をとり、有益性を追求しようとする。したがって自尊心にもとづく行動には絶対的な価値はなく、方法手段としての価値があるのみである。しかし、自尊心は自身の生命にたいする執着心には勝てない。自己愛はどれほど生命を愛するかでわかる。こうして、生命愛は道徳力学の最高善の基準になるが、その行動基準はたえず転倒され、無能の証明となる。死への恐怖だけが、人間を説得して自然状態における栄誉と利益を諦めさせ、市民社会を受け入れさせる。そしてこの非社交的な存在たる人間が恐怖のために社交的になる。諸王国の基礎は正義にではなく恐怖によるものなのである。

このような見解において、自由、尊厳、知識、信念とは、何をあらわすのか。原初的人間の条件である万人の万人にたいする闘争のなかで人間にとって重要なことは、かれ自身の生命の安全をはかることである。君主だけが人間を救えそうに思える。万人の同意にもとづく権力である国家のみが安全を保障できるのである。したがってわれわれは国家に身をゆだね、服従しなければならないのである。もし生命の保存が人間の最初のすぐれた本能であるならば、また生命〔の価値〕が最高善であるならば、生命のために他のすべての善きものを犠牲にすることができる。素朴な人間学あるいは偽善的に楽観論的な人間学がもろもろの道徳的善とよんでいるものなどなおさらのことである。これらの犠牲にできる道徳的善のなかには、尊厳と自由もふくまれる。したがってホッブズにとって、尊厳とは、自分自身の過大評価の結果、また虚栄の結果以外のなんであろうか。また自由とは、われわれの際限のない欲望を満足させる口実以外のなんであろうか。苦痛、弱さ、あやまち、本能以外の何を国家にたいして犠牲にするというのか。もしわれわれがさして重要でないものを犠牲にして、唯一重要事と思えるわれわれの生命が安全であるという保障を受け取るのであれば、たとえ国家が絶対権力をもち、それにわたしたちが絶対服従するとしても、どうして国家を受け入れてはならないというのか。

こうした人間観には、たしかにどこか人間をばかにしたような態度がある。そこでは、衒学的で学究的な倫理学の長い伝統がきまえよくつけてくれた装飾品のすべてを人間から奪ってしまっているか

☆18　L・シュトラウスは、*The Political Philosophy of Hobbes*, pp. 11ff.〔前掲『ホッブズの政治学』一五ページ以下〕でこの点を強調した。

らである。しかし、ホッブズの冷笑的な態度は、人間の邪悪さよりもむしろ卑劣さを明らかにするものである。それは、人間の情念のなかに、悲劇的なものよりも途方もなくばかげたものをみてとっているのである。ホッブズの冷笑的な態度は、無遠慮で下品な上着の下の傲慢な空虚さや、他人を傷つけようとする衝動の底にある臆病さがみえるようにする。しかしこのことは、ホッブズの全著作に広がりを見せている人間主義的人間学は、人の心を善導する側面よりも、むしろ風刺的側面を吸収していたことを示している。またホッブズには、健康な反文化・社会的な禁欲主義〔cynisim〕もあり、少なくともそれが伝統的哲学思考が美辞麗句を弄する理想主義的な楽観主義的嗜好や、道徳問題をその自然的形態を変形して一定の型にはめる傾向に陥るのを救っている。こうしたすべての伝統をつよく軽蔑する思想が、伝統的な哲学環境においては物議の種を引き起こすようになったとしても、それは正しいのである。またそれは、無神論、異端、不道徳という口実のもとに、伝染病患者同様に隔離されるようにさだめられてもいたのである。言い換えれば、ホッブズに反対するさいに用いられた武器は、真理をまったくもたないのに、審判と有罪宣告の基準としての真理を自分で考えることをのぞまず、あるいは他人が考えることものぞまない者たちが合意ということばをもちだしてホッブズを批判する典型的事例である。

人間にたいするこうした不信の態度からはじめたので、ホッブズが非人間的な国家しか設立できなかったのは明白である。これはまたホッブズの原理主義の帰結でもある。かれの原理主義は肯定と否定との妥協を知らず、二者択一を知るのみであり、もろもろの極端なできごとにたいして極端な合理主義でもって答えるのである。すでに述べたとおり、ホッブズは国家を自然状態にたいする解毒剤として理解している。あるところでホッブズはきわめて厳密にこの対比をおこない、次のように結論づけている。「それ〔国家〕の外側では情念、戦争、恐怖、貧困、怠惰、孤独、野蛮、無知、残虐が支配する。その内側では、理性、平和、安全、富、品位、社交、上品、学問、善行が支配する」[☆19]。国家は、自然状態におけるもろもろの意志の多様性にたいする意志の統一性、また、主観的諸権利にたいしては客観的諸規範、恣意にたいしては義務、自由にたいしては権威をあらわす。しかし、それぞれの対概念の一方と他方とのあいだに弁証法的関係は存在しないので、自然状態は完全な自由であるならば、それは自由以外のなにものでもないならば、国家は完全な権威であり、権威以外のなにものでもない。幾何学の精神は、姑息な手段を認めない。

ホッブズは自然状態を放縦と混沌という人間の状態としてえがき、国家を規律と秩序の状態としてえがく。かくも乱暴なこの対立図式において、機械のなかの機械である国家、すなわち合理論的哲学者がたくみに作ったこの機械論的モデルの特徴が、ますます人を恐れさせる相貌をもつにいたったとしても、驚くべきことではない。われわれのすぐ目のまえで国家が怪物リヴァイアサンに変化するのをみる。リヴァイアサンとは、ヨブ記〔第四一章〕のなかでこの世に「それにならぶ権力はない」と言われている。実際のところ、怪物は非人間的な存在であり、すくなくとも自然状態における狼のような人間である。しかし、狼のような人間が人間以下であるのは、それがより非人間的であるからであ

☆19 『市民論』第一〇章第一節、一七一ページ。

るのにたいして、リヴァイアサンが非人間的なのは、それがより人間的であるからである。徹底的に首尾一貫した合理論者ホッブズは、ある怪物的状態にもうひとつ別の怪物的状態を対立させることになった。結局ホッブズは、自分が人間すなわち人間という人格を飛び越えたことに気づかなかった。そしてホッブズ自身の国において権限をもつ人格が、自由、宗教的寛容、思想の自由を要求しているのである。これらの諸要求が、絶対主義が断ち切ろうとした古い結び目を、その後ほどくことになる諸定式である。それらは、諸個人が自然的諸権利をもつとして特徴づけられる自然状態と、諸個人にたいして権力を行使することを特徴とする市民社会とのあいだの妥協をあらわしている。しかしホッブズのみるところでは、自由には社会の解体の原因しかなかったから、ホッブズは自由を抑圧した。思想の自由は不和をまき散らすものとみなされ、それゆえ思想が管理され、へこまされることをかれはのぞんだ。ホッブズは宗教を不服従と諸国家の解体の主要な源泉と考え、したがって宗教をおとしめ、世俗的権力への服従の一道具にすぎなくさせたほどであった。最後に、ホッブズによれば、人間はつねに恐怖をいだく存在とみなされ、また恐怖には恐怖をもってしか対抗しえないと考えた。だからこそホッブズの国家は、あれほどの威嚇的相貌をもっているのである。それは、〔自然状態の〕放任された恐怖にたいして〔国家状態の〕組織された恐怖を対置させたものである。そこでは恐怖がその本質である。

ホッブズは崩壊途上にあった中世社会を統一する原理として打ち立てられつつあった近代国家形成の無慈悲な諸過程を、無慈悲なみずからの論理でもって跡づけた。しかし、国家のうちに宗教的権威の独立性がおびやかされるとみた伝統主義者たちも、個人的諸自由を抑圧するとみた改革主義者たちも、国家形成の意味を把握できなかった。実際には前者も後者も、国家を自分たちに害をなすものとして戦っていたのである。しかし、いまやわたしたちは、政治的そして法律的統一の実現過程は必ずしもつねに平和であるとは限らないし、またつねに利益をもたらすとは限らないが、国家の必要性をよりよく理解できる地位にある。ホッブズの構築物は最初にみえるほどには矛盾したものではない。このことがわかればわれわれは、ホッブズが国家に力を与えた理由とその価値が不滅なものであることを理解できる。近代国家は、まさにホッブズが画き、それに名前を与えたような怪物的な支配力をもち、また巨大な機械である。ホッブズがみたとおり、国家は人間をむさぼり食《くら》うリヴァイアサンであり、また人間を魂のない歯車にかえる人工的人間である。人間の歴史は、人間であると同時に超人的であるこの力〔国家〕を十分に知っているから、ホッブズ思想の価値は国家の性質についての正確な理解と、国家のもつ権力について力強いことばで警告している事実をみのがしはしないのである。

政治学の問題は、思想家としての長い生涯をつうじてホッブズの関心の中心を占めてきた。ホッブズは円熟期に書いた三つの異なる著作のなかでこの問題を体系的に取り扱っている。

一　『法の原理、自然法および政治体について』。これは一六四〇年に書かれ、それぞれ独立したふたつの論文として出版された。題名は『人間の本性あるいは政治の基本的諸要素』と、『政治体についてあるいは道徳的・政治的な法の原理』であり、一六五〇年に出版されている。[☆20]

二　『哲学原理第三部　市民について』。フランスにおける亡命生活の最初の年（一六四一年）に書かれ、一六四二年にパリで少部数が〔ラテン語で〕匿名で出版された。その後サミュエル・ソルビエールによって編集〔仏訳〕され、アムステルダムで一六四七年に再版された。この再版には、解説的でまた論争的な注がつけられている。またそのまえがきは、一六四六年十一月一日付けのデヴォンシャー伯爵ウィリアム・キャヴェンディッシュ宛ての書簡体献辞と、重要な方法論的性格をもった読者への序文からなっている。[☆21] それは、著者自身によって一六五一年に忠実に英語に翻訳され、『政府と社会にかんする哲学原理』と題された。[☆22]

三　『リヴァイアサン、あるいは教会的また社会的コモン－ウェルスの質料、形相、権力』。内乱の終りごろ、フランス亡命生活末期の一六四九年に書かれ、一六五一年にロンドンで出版された。そのラテン語訳は、のちに一六六八年に、最初のホッブズのラテン語著作集の完全版としてアムステルダムで出版されたが、削除されたところがあり、表現もやわらげられている。

ホッブズは『市民論』を自分の哲学体系の第三部および最後の部として考えていた。かれの哲学体系は、第一部は自然哲学（『物体論』）の基本要素、第二部に倫理学（『人間論』）の基本要素からなると考えていた。しかし、ホッブズが「読者へのまえがき」で述べているとおり、自分の体系をたんねんにしあげているあいだに、自分の国がきわめて重大な政治的諸問題によって混乱させられ、短期間のうちに内乱になってしまった。そのためホッブズは、当時の政治的・宗教的論争に独自の解決策を提起する第三部に取り組むために、最初の第一部と第二部の最終稿を作るのを延期するほうがよいと考えた。最初の二部は、ずっと後年になって出版（第一部は一六五五年に、第二部は一六五八年に）

された。ホッブズが『市民論』を書いたのはフランスへの到着直後であった。フランスには、長期議会のはじまるまえの一六四〇年に、みずからの意志で亡命していた。王党派を支持していたホッブズは議会派から迫害され不法な圧力を加えられることを恐れていた。イングランドにいたあいだに、ホッブズは、最初の政治的著作を書いていたのだが、まだ出版はしていなかった。その著作においてホッブズは、議会派が主張する制限混合王政の原理に反対して、〔主権の〕絶対性原理を支持した。こうしてホッブズは王党派の敵対者たちから注目されていた。したがって議会派が勝利すれば、かれには危険な結末を恐れるに足る十分な動機があった。ホッブズ自身は、もしも国王が議会（一六四〇年の四月から五月まで開かれた短期議会）を解散しなかったならば、自分の命は危険にさらされていただろうと述べている。この危険が現実に起こったにせよそうでなかったにせよ、ホッブズは長期議会の始まるずっとまえにイングランドを去り、フランスで安全な避難所をみつけていた。その地でホッブ

☆20　サー・ウィリアム・モールズワース版のホッブズ全集は、『英語版著作集』と『ラテン語版哲学著作集』と題されるふたつのシリーズに分けられている。そのなかで、この著作は『英語版著作集』第四巻の第一部（全二二九ページ）に入れられている。それはF・テニエスによってホッブズの手稿から直接に校訂されて、オリジナルの形式で、すなわち著作としての原題をつけられて再刊された（Cambridge: Cambridge University Press, 1928）。

☆21　モールズワース版では、本書は『人間論』とともに『ラテン語版哲学著作集』第二巻に所収（*OL*, vol. II, pp. 133-423）。

☆22　『英語版著作集』第二巻所収。ソルビエールによる仏訳は、二年前の一六四九年に出版されていた。それは、デンマーク国王クリスチャン四世の義理の兄弟であるウルフェルド伯爵にささげられている。

ズが当面の目標としたのは、イングランドにおける国王の大義をひろめうる考え方を体系的に入念にしあげなおし、出版することであった。その成果が『市民論』であり、長期議会の開会と内戦の勃発とのあいだ、イングランド史における重大な時期に書かれた。それは、煽動的な文献によって惑わされた人びとにたいする警告のようにもみえ、またその後、実際に生じたずっと大きな災厄を予言するかのようにもみえた。

『市民論』が世に出て公表されたのは狭いサークル内であったが、そのときすでに内乱は勃発していた。ホッブズは、煽動的で無秩序を増大させるための書物（諸物を混乱させるために生まれたもの）を書いたというかどで告発する人びとにたいして、自分の書物が出版された時期には、「イングランド全土で内戦がおこなわれていたので、すでに混乱の状態にあった諸問題が、あの書物によって〔さらに〕混乱させられることはできない[☆23]」と皮肉たっぷりに答えている。かれの著作は、もろもろの興奮の度合が最高潮に達した状況のなかにまかれた新しい不和の種ではなかった。それはむしろ失敗にたいする告発であり、無秩序を良しとして流布する者たちを告訴したものであり、したがって平和へ貢献したものであった。あるところでホッブズは次のようにつけ加えている。自分が『市民論』を書いたのは、「あなたやあなたたちと盟約を結んでいる人たちがイングランドでしていたことを、あらゆる諸国民が知れば、あなたたちを嫌悪するであろう」からだと[☆24]。

とはいえ、ホッブズは国王の大義よりも平和の大義に関心をもっていた。ホッブズの目的は、第二版刊行の事情が示すとおり、〔内戦が〕どのようなしかたで終わるのであれ、戦争を終わらせることである。一六四五年に、王党軍にとって事態が悪化したのちに、イングランド皇太子〔のちのチャールズ二世〕がフランスに避難し、その地でホッブズがかれの数学教師となった〔一六四六年十月〕。ソルビエールは、オランダで第二版を出版するために、すでにホッブズから、『市民論』に注釈のついたテクストの入手に成功し、またホッブズの肖像に彫られた「イングランド皇太子の教師」という題銘をえていたのである。皇太子の教師ということにホッブズは重きをおいていなかったようである。一六四七年三月二十二日付けソルビエール宛ての手紙のなかで、ホッブズは、イングランド皇太子の教師でなく、また王家の一員でもないとひとこと述べているからである。ホッブズがソルビエールに知らせようとしたのは、自分が君主政体と妥協しすぎることをのぞんでいないということであり、いつもの冷静さでもって次のようにつけ加えた。「もし国がともかくも平和をみいだしたならば、わたくしが帰国しない理由はみあたらない」☆25。第二版は、すでに述べたとおり、同じ年にアムステルダムで出版された。かれが異議をとなえた「イングランド皇太子の教師」という題銘は除去されたが、しかし貴族政体と民主政体は服従にかんするかぎりは君主政体と同等であると強調する序文を付して出版されたのである。数年後、イングランドの内戦が国王処刑〔一六四九年〕でもって終結したとき、すなわち『市民論』が痛烈に非難していたと思われる行為でもって終結したとき、ホッブズはかれの政治学の第三番目の著作〔『リヴァイアサン』〕を書いた。帰国の機会がまったく失われないようにというのがその主たる目的であった。実際にかれは、十年の不在〔亡命〕ののちに帰国したのである。そのときまで

☆23　*OL*, vol. I, p. XLIX.『ラテン語版哲学著作集』第一巻、四九ページ。
☆24　*Considerations upon the Reputation*,『英語版著作集』第四巻、四一五ページ。
☆25　F. Tönies, *Tomas Hobbes: Leben und Lehre*, Stüttgart, F. Frommann, 1925.

にかれは、宮廷の寵愛を失っており、一六五二年のはじめにイングランドに帰ったときは、ホッブズはオリヴァー・クロムウェルの忠実な臣下としてであった。

ホッブズの政治的著作のなかでは『市民論』がもっとも体系的で、均質のものである。『法の原理』第一部の最初の一三章には、人間本性にかんする短い論文をふくむ。『リヴァイアサン』は人間本性にかんする論文(第一部の最初の一二章)で始まり、そのほか、聖書批判と哲学批判にあてられた第四部をふくんでいる。『市民論』は三部に分けられ、そこではホッブズは国家の起源、構造、教会との関係において観察される国家の問題だけを探求した。この小作品は、哲学体系を統合する部分とみなされるという点でたしかにすぐれている。すなわち他のふたつの著作とくらべるとより体系的であり、したがってより簡明であり、ときにより明確であるからである。

『リヴァイアサン』ははるかに内容豊かであり、より精力的な著作である。それにくらべると『市民論』は、『リヴァイアサン』がより複雑になったために失われてしまった正確さと厳密さを保持している。『リヴァイアサン』はホッブズの偉大さとかれの独創性をより鮮明にしている。結局のところ、かれの思考の鋭さ、正確さを追求する強い熱意、鋭い論理的精神を示す。『市民論』はかより鋭くより説得性をもつようになったのは、その著作のさまざまな部分が均整がとれて、判断基準が調整されてきたからであり、またその議論が簡潔かつ判断が迅速になったからである。『市民論』はまさに正確な論証、緻密な推論、幾何学の精神の勝利である。ホッブズは哲学体系の一部をなす『市民論』をあらゆる諸国民の学識者にむけて書いていた。他方で、『リヴァイアサン』は、ホッブズの同国人たちへ向けられていた。二冊の本はこれらの意図のちがいによってその特徴をかなり明確にしている。『市民論』が『リヴァイアサン』にくらべてよりよく統御され、また秩序立ったものになったとすれば、『リヴァイアサン』のほうは歴史的な言及と経験が豊かにえがかれている。自分がひとつの新しい科学を創設したと信じるほどに方法論に大きな重要性を与えた著作家ホッブズのもろもろの著作のなかで、『市民論』は方法論的に卓越した知のモデルとなっている。このため、『市民論』は政治学説史上において取り替えがたいほどの位置をこんにちにいたるまで維持してきたのである。このことは、たとえホッブズのそれにつづく著作〔『リヴァイアサン』〕——それは同じことについてより思いのままにまたより豊かな内容でもってあつかい直しているが——とくらべたとしても、そうなのである。

ホッブズの同時代人たちは、かれの基本書〔『リヴァイアサン』〕よりもこの小さい簡潔な書物をしばしば好んだ。プーフェンドルフ〔一六三二—九四〕は、ヨーロッパじゅうで読まれた自然法にかんする諸論文によって、ホッブズの著作の最初で最大の伝達者となった。プーフェンドルフは、『リヴァイアサン』の出版の数年後に書かれた最初の著作のなかで、自分とホッブズを結びつけることになった学恩への感謝を示しつつ、ホッブズのあの主要な著作よりもむしろあまり知られていないこの著作をすでに引用していたのである。「わたしたちはトマス・ホッブズに多くのことを負っていることを明言する。『市民論』におけるホッブズの命題は、なにか不敬・異端的な感じがするかもしれないが、にもかかわらず、その内容は鋭く妥当なものである。[☆26]」自然法にかんするプーフェンドルフの重要な論文

☆26　*Elementorum Iurisprudentiae Universalis Libli Duo*, Aia, 1660. への序文。

のなかで、かれがしばしばおこなうホッブズからの引用のほとんどはすべて『市民論』からの参照である。『市民論』において、ホッブズは方法論的な正確さにおおいに意を用いているので、その諸命題にはより正確な模範的な価値が与えられているのである。ホッブズ自身はかれに特有の傲慢とも言えるほどの自信をもちながら、自分が栄光を主張できる基礎である功績を示すさいにもっとも重要なものとしてあげていたのは、自分は政治学の創設者であるということであった。というわけで、ホッブズが『市民論』にもっとも満足していたのは当然なことといえよう。ここでは、かれの体系化への努力がよりいっそう成功しているのである。だから、ホッブズは、その『ラテン詩自伝』のなかで、やや誇張して次のように書くことができた。『市民論』は「この本のすべてが新鮮であったため、多くの学者たちを喜ばせ、さまざまな言語に訳され、賞賛をもって読まれた。そのため、わたくしの評判が広く知られるようになった」と。[☆27]

しかしこの特異でかつきわめて有名な著作は、ホッブズ思想の進展と政治思想史の両方を見るうえできわめて重要であったにもかかわらず、イタリアではそれほど知られていなかった。バーリのラテルツァ出版から出版された『リヴァイアサン』のマリオ・ヴィンチグェッラによる全訳（一九一一年から一二年）は大成功をおさめた。ホッブズのより大衆向けに書かれたこの著作は、その著名なタイトルのゆえによりセンセーショナルなこの著作への研究者たちの注意をひきつけたことは言うまでもなく、教養のある読者、大学生、政治家たちの注意をもひきつけたのである。その一方で、抄訳ではあるにせよ、P・ダッビエーロによる入念で原文に忠実な『市民論』の訳は、カラッバ・ディ・ランチャーノ出版から一九三五年に刊行されたが、ほとんど注意をひかないままだった。わたくしは、この不当な無視を、一九四八年に出版した『市民論』のわたくしの最初の監修版によって埋め合わせようとした。それは、ラテン語から翻訳し、英語版と対照したうえで、[28]解釈上の注と史実にかんする注をつけ、はじめてイタリアの読者に全訳を提供したものであった。またこの間《かん》に『リヴァイアサン』の新訳も出版された。[29]そしておよそ一〇年後に、この『市民論』のわたくしの翻訳も再版されているという事実からみて、わたくしの努力もむだではなかったということ、そしてこのあまり有名ではない著作、とはいえ『リヴァイアサン』と同じくらいの注意を払ってしかるべきこの著作も、いつもの二五人をちょっと超えた読者をイタリアで獲得したことにわたくしは思い至るのである。[30]

補　論　『哲学者と法学徒との対話――イングランドのコモン・ローをめぐる――』入門

『哲学者と法学徒との対話――イングランドのコモン・ローをめぐる――』というホッブズの小さな

☆27　*OL*, I, p. XC.『ラテン語版哲学著作集』第一巻、XCページ。
☆28　どちらのテクストも、すでに引用したモールズワース版に依拠した。
☆29　R・ジャンマンコによる訳、解説と注解つき、二巻本、ウーテットゥ出版、トリノ、一九五五年。（第三の翻訳は、一九七六年にラ・ヌオーヴァ・イタリア出版からG・ミケーリ監修で刊行された。同じ出版社からは、一九六八年に『法の原理』の最初の翻訳がA・パッキ監修で刊行されている。『市民論』の新訳は、T・マーグリ監修で一九七九年にローマのエディトーリ・リウニーティ出版から刊行された。）
☆30　英訳者注　マンゾーニの『いいなづけ』の序文からとられた一文である。

著作は、ホッブズの同時代人や後世の人びとにはなじみのうすいものであり、それは、『市民論』がよく知られていたのとは正反対であった[☆31]。わたくしは、ホッブズの政治思想および法思想のより完全なイメージを提供するため、この著作をイタリア語訳『市民論』の第二版に付け加えた。ホッブズはこの対話を晩年（一六六六年、ホッブズが七八歳の頃）に書いたが、未完のままにしていた。それは、一六八一年に出版され[☆32]、そのとき以来、わたくしの知るかぎりでは、陽の目を見たのは二回だけである。最初はホッブズの倫理学と政治学にかんする著作集の一七五〇年版においてであり、二回目はしばしば引用されるモールズワース版においてである[☆33]。またイングランドの法律の専門用語で充満するホッブズの言説を他の言語に翻訳するという冒険的でむくわれない骨折りに従事するほどの向こうみずな翻訳者もこれまでいなかったのである。

読者あての短いまえがきのなかで、編集者は次のように述べている。「一方の作品『コモン・ローをめぐる対話』は、イングランドの法にかんする言説であり、公刊される何年もまえからしあげられていた。そのなかで著者は、自分の政治学の一般的な考え方をイングランドの特別な君主政体にあわせようとつとめていた。このくわだてはけっして簡単なものではなく、それが成功すればきわめて名誉なことであり、万一失敗したとしても、軽く頭を下げればいいほどのものである。しかしこの作品は、最高にすぐれた法律家たちから大変評価されるという幸運に恵まれ、それゆえ、内容的に優秀なものであるとみなされてよいであろう。しかしながら、すべての人びとがホッブズの意見に従うべきであるということが期待されていたのではなく、むしろこれらの諸文書は現在出版されてもだれかを傷つけることはないだろうと考えられているのである。というのも、この作品には、新しい空想的な観念はいっさいみられず、ホッブズ自身や著名な学識者たちがすでにきわめて論証的なかたちで主張してきたことしか書かれていないからである。有能な文筆家が著名な論敵にたいする勝利に当然ともなう名声をえたいという欲望につきうごかされて、論争をくわだてる利益は、少なくとも明らかであろう」(『英語版著作集』第六巻、四二一ページ)。

編集者は、この作品『コモン・ローをめぐる対話』が出版の何年もまえに書き上げられていたと述べているが、著作としては未完であることは確実である。それは突然終わり、結論づけられていないのであり、また次のことも考慮に入れなければならない。もしホッブズの計画がもともとはクックの四巻本の *Institutions* への批判的注釈を書くことであるとしたら、われわれに伝えられたものとしての『コモン・ローをめぐる対話』は、大部分がクックの第二巻と第三巻だけに言及しているにすぎ

☆31　実際には、すぐれた法律家のサー・マシュー・ヘール(一六〇九―七六¥・)は出版するずっと以前から、『哲学者と法学徒との対話』を知っていた。かれは本書にかんする重要な考察を書いたのだが、それは草稿のままにとどまった。それがはじめて出版されたのは、W・S・ホールズワースの『イングランド法の歴史』第五巻の「ホッブズ氏の法にかんする対話についての裁判長ヘール氏の省察」という題名をつけた補論においてである。W. S. Holdsworth, *History of English Law*, London: Methuen & Co., 1904, pp. 500-513 with the title *Reflection by the Lord Chiefjustice Hale on Mr. Hobbes His Dialogue of the law.*

☆32　この作品は、論文「レトリックの技術」とともに次のものに収録された。*The Art of Rhetoric, with A Discourse of the Laws of England*, by Thomas Hobbes of Malmesbury, London, printed for William Crooke at the Green Dragon without Temple Bar, 1681.

☆33　『英語版著作集』第六巻、一―一六〇ページ。

ず、ホッブズはようやくその最後の数ページで第一巻のコメントをはじめているのである。クックの第一巻はそのテーマ（所有権）を考慮すると、もっとも長くもっとも複雑なものなのである。しかしホッブズは、まさにこの最後の章の冒頭においてこう述べているだけである。「では次に、マグナ・カルタその他の制定法についてのサー・エドワード・クックの注解を検討いたしましょう」（田中浩・新井明・重森臣広訳『哲学者と法学徒との対話』岩波書店、二二八ページ）。しかし対話は数ページ先で途絶え、予告された検討はでてこないのである。

サー・ジェイムズ・フィッツジェイムズ・スティーヴン（一八二九―一八九四、イギリスの裁判官、哲学者レスリ・スティーヴンの兄）は、ホッブズのクックにたいするきびしい評価に賛同しつつ、この「ほとんど忘れられた」作品について論じ、「ベンサムとオースティンの時代以前において、それが言及している主題にかんするもっとも力強い思索である」と述べている。[☆34] だが近年ますます広まり深まってきたホッブズにかんする文献編集は、まだこのことを考慮に入れていない。しかし、研究にとってより良い機運が近づいているきざしもある（歴史的批判の作業にとっても、時が熟するというものがあるのだ）。かくも長い沈黙ののちに、ふたりのイタリア人研究者が最近になって『コモン・ローをめぐる対話』に注目している。[☆35] 不思議な偶然の一致ではあるが、わたくしがこの本を書き上げようとしているあいだに、わたくしの知るかぎりではじめて、典拠にもとづいた詳細な研究が公表された。それはまさにこの『コモン・ローをめぐる対話』にかんするものであり、またイングランドのコモン・ローを論じたホッブズにかんするものであった。[☆36]

『哲学者と法学徒との対話――イングランドのコモン・ローをめぐる――』執筆の着想がホッブズの

心に生じたのは、作品の冒頭から明らかなとおり、自己弁護を書きたいというのぞみからであった（「必要なことは、わたくしにとっては、他のだれかではなく、このわたくしを弁護することであった」☆37）。一六六四年から六五年にかけての冬に流行したペストと、とりわけ、それにつづく一六六六年の九月二日から六日までのロンドンの三分の二を焼失させたロンドン大火で、（しかしまた、オランダとの戦争が悪い方向にむかったことも手伝って）、眠り込んではいたがけっして消えてはいなかった〔ホッブズへの〕憎悪にふたたび火がついた。かくも多くの惨事をもたらしたかどで、スケープゴー

☆34 *A History of the Criminal Law of England*, London, Macmillan, 1883, II, p. 106, note 4. クックについてスティーヴンは次のように書く、「クック以上に混乱した精神や、かれ以上に日常語を分析できない人をみつけることは不可能であろう」(*Ibid.*, note 1) と。同じ著者については、*Horae Sabbaticae* の第二集 (London, Macmillan, 1892), とくに第三章 "*The Dialogue of the Common Laws*", p. 46. もまた参照のこと。そこでかれは「『コモン・ローをめぐる対話』はおそらく、哲学的精神とよびうるものによって英語で書かれた、イングランドの法律を批判した最初の企てであった」と述べている。

☆35 T. Ascarelli, "Interpretazione del diritto e studio del comparato" (1954), in *Saggi di diritto commerciale* (Milano, Giuffre, 1955). また、B・レオーニのクレアモント大学における一九五八年夏学期連続講義の第四回目の講義を参照。現在これは B. Leoni, *Freedom and Law* (New York: D. van Nostrand, 1961), pp. 92ff. 所収。『コモン・ローをめぐる対話』の原文は、G・ベルニーニの注釈をつけて次のものに所収。T. Ascarelli, *Th. Hobbes e G. W. Leibniz*, Milan, Giuffre, 1960, pp. 73-195.

☆36 E. Campbell, "Thomas Hobbes and the Common Law", *Tasmanian University Law Review*, 1958, pp. 20-45.

☆37 『英語版著作集』第六巻、三ページ。

トを探しだし、長老派教会、無神論者、カトリックを順次告発してゆく声に、人びとはますます耳を貸すようになった。大火の数日後の九月二十一日には、何人かの議員がそのいきどおりを表現しようとして、また同時に責任者とみなされる人びとにたいする流言を静めようとして、無神論にたいする法案を議会に提出した。十月十七日付け『下院議事日誌』には、「無神論と瀆神にたいする法案を付託された委員会は、無神論、呪詛、瀆神への傾向をもつ書物にかんする情報、あるいは神の本質と属性にさからう書物にかんする情報、とくにホワイト某[☆38]という名で出版された書物や『リヴァイアサン』という題名のホッブズ氏の書物にかんする情報を収集し、下院にたいして委員会としての意見を報告する権限を与えられた」という記事がでた。幸いなことに、その告発はそれほどひろがりをみせなかった。というのも、法案は下院では承認されたが、上院では否決されたのである。しかし、ホッブズは異端として告発されるおそれがあったので、年老いていたが、イングランド法における異端という犯罪の歴史を研究しはじめた。そうして自分を弁護する準備ができた。かれはすぐに「異端とその処罰にかんする歴史的叙述」と題する短いエッセイを書いた。[☆39] その結論によれば、『リヴァイアサン』にたいして司教や長老派が容赦なく攻撃をしているが、異端を犯罪とすることは、イングランド法においてはとっくの昔にとだえていた、というのである。

しかし、すぐれた法学者たちはこの論点についてどう考えていたのか。サー・エドワード・クックの名声はすばらしかった。なぜなら、かれはイングランドのコモン・ローの弁護者であり、再興者であったからである。かれの『イングランド法提要』(*Institutes*) という重厚な四巻本は、一六二八年から一六四一年のあいだに出版され、何度も増刷された。それらはあらゆる法律問題にかんする百科全書的集大成であり、私法から公法、刑法から手続法にまで及んでいた。『イングランド法提要』は、疑いなく十七世紀の主要な法律著作であって、現在でもなおコモン・ロー形成史における里程標である。ホッブズが自分の役割にかんして十分に理論武装するためには本書にたよったのは当然であった。そのうえ、ホッブズは本書を知っていて、すでに本書を調べる機会があったから、なおさらである。☆40 クックが、本書の第三巻で反逆罪（五二七頁）のまえに異端の犯罪をおいたという事実にホッブズは悩まされたにちがいない。ホッブズはこの点についてきわめて不満足であった。クックは法律文書にかんする偉大な専門家であったのだが、異端のような領域では歴史的、神学的知識が必要とされるので、かれは陸に上がった魚のような門外漢であった。かれは、他の犯罪をあつかうときはすぐに定義からはじめるのだが、その一方で異端についてはその構成要件を論じることすらできなかった（四九五頁）。最後になされた異端の有罪宣告は、エリザベスとジェームズ一世治下で執行されたのだが、それが違法であったということもクックは知らなかったのである。反対に、クックは、歴史的物語や前例を法律ととりちがえることで、繊細ではあるが重箱の隅を突っつくような議論でもってその違法な有罪宣告を正当化していたのである（五〇八頁）。

☆38　このトマス・ホワイトは、カトリックの司祭で、ホッブズの友人であり賞賛者であった。この告発された著作は、「魂の中間状態について *Of the Middle State of Souls*」（英語版一六五九年、ラテン語版一六八二年）であり、魂の不滅性に疑いをはさんでいた。

☆39　『英語版著作集』第四巻、三八五―四〇八ページ。

☆40　『リヴァイアサン』におけるクックの著作の三つの引用を参照。第一八章一一九ページ、第三〇章二二二、二二九ページ。

ホッブズはあれやこれやの解決策にかんしてだけクックと一致しなかったというのではなかった。むしろ、その不一致の根本は原理的なものであった。ホッブズが、すべての法律は主権者の命令に帰せられるという立場のもっとも厳格な理論家であったのにたいして、クックはジェームズ一世の要求に抗してコモン・ローを復興させた。クックは国王によって司法権をもつ行政長官としての重職を罷免された。かれが国王大権を無視し、〔反国王〕闘争の初期における議会側の諸要求の扇動者だったからである。論敵クックにたいしてホッブズは長いこと論争をしたがっていた。クックの異端にかんする見解は誤謬に満ち、ホッブズをいらだたせるものであったが、それがおそらくは、つねに延期されてきたがけっして忘れられることのなかった戦いをはじめるための口実となったものと思われる。

ホッブズが、『イングランドのコモン・ロー要綱』〔一六三〇年出版〕というベイコンの著作を読んで、自分の法律研究を深化させるよううながされたことをもまちがいない。ホッブズの友人でかれの最初の伝記作家であるサー・ジョン・オーブリー〔一六二六—九七〕は、一六六四年にベイコンの本をホッブズに贈ったと述べている。☆41 この逸話を後代の伝記作家たちは認めている。しかし、わたしたちはこれに重きをおきすぎることはできない。なぜなら、イングランド法にかんするもっとも有名なもろもろの著作がホッブズの『コモン・ローをめぐる対話』のなかで引用されているにもかかわらず、そこにベイコンの影響の痕跡はないからである。

『コモン・ローをめぐる対話』はサー・エドワード・クックとの長くつづいたまたしつこい議論である。ホッブズは、ときどききびしい調子で、クックが優秀な推論家・文法学の達人であること、いや聡明な法学者であることすら否定している。この著作のなかで、ホッブズはもっとも得意とする命題をふたたび主張する機会をえた。主権、法・正義・公平の性質、コモン・ローにたいする成文法の優位、議会にたいする国王の優位、裁判官たちの決定にたいする国王の命令の優位などを再度、主張した。ホッブズは君主による統治形態を賞賛し、新旧の煽動政治家をあざけり、とりわけコモン・ローにかんする自分自身の解釈を示している。かれはコモン・ローを自然理性すなわち公平と同一視し、その唯一の正当な解釈者は裁判官ではなくて、主権者であるということをかさねて主張している。こうしてホッブズは、法学者たちがコモン・ローを成文法と同様に考えていたのとは異なり、成文法以外のいかなる実定法も認めなかった（これがかれの推論の核心であるとわたくしは思う）。それゆえ自然法だけが生き残るが、これは主権者の意志をつうじてのみ法的妥当性を獲得する。『コモン・ローをめぐる対話』の歴史的な価値はホッブズがこの立場をとったという事実にある。この立場が生まれたのは、ホッブズによる批判にもかかわらず、その後のイングランドの法学者たちの通説となる強力な法律学説に直面したからである。こうしてホッブズの『コモン・ローをめぐる対話』は、イングランドの社会史や思想史においてもっとも決定的であった三〇年間をつうじてホッブズが一貫して追求してきた思考の流れの最後の証拠である。

なぜわたくしがこの新しい仕事に従事するようながされたのかと聞かれれば、イタリア語版の初版の序文の終わりに書いたことをくりかすことでしか答えられないだろうが、そのほうがより正当で

☆41 J. Aubrey, *Brief Lives*, ed. Andrew Clark, Oxford, Clarendon Press, 1898, I, p. 341.（橋口稔、小池銈訳『名士小伝』、一九七九年、冨山房百科文庫）

さえあるだろう。あのときわたくしが注意をうながしたのは次のことである。ガッサンディはソルビエールに、『市民論』以外にもホッブズという天才の産物を出版するように催促の手紙を書き、「君がホッブズの書いた他のものもホッブズから引きだし出版することで、君が哲学者たちの国全体に幸福をもたらすように、神が配慮してくださらんことを」と述べている。わたくしも同意見だった。それはとりわけ、ガッサンディがホッブズについて与えたきわめて的確な評価をわたくしも全面的に共有できると思われるからだ。ガッサンディは言う。「哲学することにおいて、ホッブズほどに偏見から自由で、またかれほど諸事物を深く探求した人物をわたくしは知らない[☆42]」、と。

☆42　*OL*, I, p. XXXIV.『ラテン語版哲学著作集』第一巻、XXXIVページ。

第四章　ホッブズの政治哲学における自然法と市民法

一

トマス・ホッブズ〔の政治哲学〕は、事実上、自然法の歴史的伝統の流れの延長線上にある。かれの哲学を自然法論の典型的表現のひとつとみなさず、またそのような観点から分析もしないような法思想史、政治思想史の文献などはなにひとつない。しかしその一方で、ホッブズは法学上は法実証主義の歴史に属すると言える。かれの法律観と国家観は、きわめて驚くべきことに十九世紀における法実証主義者の諸理論を先取りしているのである。これらの実証主義的諸理論のなかには、ロマン派的歴史主義の反‐自然法的諸傾向がきわめて先鋭なかたちで表現されているのである。たとえばオースティンが論じられる場合、ホッブズはかれの（孤立した）先駆者であるとつねに思われていたのである。自然法論と法実証主義は、たえず相互に論争しあうふたつの対抗的な潮流であり、一方は他方をつねに否定している。であるならば、ホッブズがこれらふたつの潮流に同時に属することがどうして可能であるのか。自然法論を研究する歴史家たちは『リヴァイアサン』の著者を、グロティウス、スピノザ、プーフェンドルフとひとまとめにして十七世紀の偉大な四人の自然法論者とみなしている。もし歴史家たちが正しいのであれば、その影響力が中断することなくほとんど一世紀にわたってつづき、しかも自然法論のはげしい反対者でもあった法実証主義の定礎者たちは、どうしてホッブズの理論を自分たちの歴史上のモデルとみなすことができるのか。また、もし法実証主義者たちが正しいとするならば、自然法論の伝統的理論家たちの主張を見直して、かれらからトマス・ホッブズの名を削除すべきときがきているのではないだろうか。

近代自然法理論史の徹底的な検討が必要とされていることは、いまではよく知られているところである。その好例は近年になっておこなわれているグロティウスについての、他方ではカトリックの宗教改革に反対する自然法論についての精力的な解釈作業によって示されている。研究者たちは、グロティウスが中世の伝統と結びついていたこと、そしてカトリックの反宗教改革派が後続する自然法論者たちに影響を与えていることを強調している。この再検討により、プーフェンドルフやトマジウスがグロティウスの信奉者であるかどうかがあやしくなり、それ以後自動的かつなんの疑いもなくくりかえされ、かたくなに再生産されてきた革新的な先駆的グロティウスというイメージが色あせたものになっていった。しかしながら、ホッブズ解釈の問題はおそらく歴史的なあらさがしの問題だけではけっしてすまされないだろう。ホッブズは実際に自然法論の伝統に属しており、しかも現実に法実証主義学派の創始者だからである。ところで歴史家たちのあいだでいくぶん使い古された「パラドックス」ということばをいまだに使うことが許されるならば、ホッブズ〔の理論〕はまぎれもなくパラドックスそのものである。このパラドックスを理解するためには、ホッブズの広大で一見すると攻撃のすきのない体系に根気よくわけ入って綿密に分析することが必要である。かれの体系のもっとも繊細なつなぎ目の部分を注意深く観察し、その体系の支点を検証し、その体系がなぜいまあるような姿をとることになったのかの理由を掘り起こすことが必要である。わたくしの意見では、ホッブズの明快で体系的な理論装置のもっとも核心的な部分を把握することを可能にする根本的な諸問題のひとつは、自然法と市民法の関係という問題である。第一に、この問題はあらゆる自然法論にとって根本的に重要である。第二に、のちにみるように、この問題はホッブズのあらゆる法学的・政治学的著作においておおいに議論されるべき問題のひとつとみなされうるほどに多くの側面をもっているのである。

二

われわれは自然法と市民法との関係の問題を簡潔に以下のように公式化することができる。ホッブズは法的正義についてこれまで主張されてきたもののうち、もっとも典型的で厳密なひとつの概念をみずからの体系において表現した。法的正義〔形式的正義〕によって意味されるのは、正義とは、たとえ義務の内容がいかなるものであろうとも、義務を遵守することにある、ということである。そして（国家にたいする市民の義務のように）特別な種類の義務を考察する場合、法的正義〔形式的正義〕とは、たとえ法の内容がいかなるものであれ、法を遵守することにある。ホッブズはこの概念をよく知られた章句で提示している。そこでホッブズは、なんらかの協定あるいはある約束を結んだ相手とのあいだでしか不正義はありえない、したがって正義とは協定あるいは約束の履行を意味し、不正義とは協定あるいは約束の不履行を意味すると述べている。[☆1] この定義から導かれる結論によれば、人類がいかなる協約によっても拘束されていない自然状態においては、われわれにとっては正しい行為とかあるいは不正な行為とかはありえないのである。[☆2] しかしながら、客観的な統一のために相互の考えで信約を結んでひとたび市民社会が設立されると、正しい行為とは法に従うことであり、不正な行為とは法に従わないことである。したがって法とは社会契約によって確立された諸条件を基盤にした主権者の意志に由来するものである。このことは、だれもが理解できるように、法的な正義概念の明確な公式化であり、それは形式的な観点からのみ正義をとらえる概念の特徴である。

法学的な正義概念の本質的な特徴は、法は命令を発する正当な権力を保持する唯一の人格からの命令であるがゆえに、法が正義と不正義の唯一の、そして変更することのできない基準である、と考えることにある。命令する権力をもった人間が命令したという、ただそれだけの理由でも、命令されたことは正しいし、禁止されているというただそれだけの理由でも禁止されたことは正しくないのである。法学的な正義概念が法実証主義のためのイデオロギー的な枠組みを提供していることは明らかである。法実証主義は何が正義であり何が不正義であるのかにかんする自己完結的基準として実定法を考える法的概念である。法実証主義は、実定法が是認し、否認しようとする行為をきめる諸原理あるいは規範とするさいに、自然法をもちだすことをいっさい認めないのである。しかしながら――そして先に示唆した批判的問題がここで生じるのだが――ホッブズの全法学体系は、自然法が存在することを認める点に立脚しているのであって、よく知られているとおり、かれの政治学的諸著作[☆3]において、広範囲にわたる特別の検討がこの自然法の研究に当てられている。ここから疑問が生じる。自然法を受け入れることからはじまった法学体系が、どのようにして正義の形式的概念の典型的表現たりうるのか。

別の方法で問いかけても、われわれは同じ困難に直面する。ホッブズ体系の目的と成果は、国家権力の絶対性の理論、すなわち人間が考えだしうるかぎりのあらゆる制約と限界をいっさいもたない権力をさずけられた国家理論を作りだすことである。ホッブズの〔理論〕探求の顕著な特徴のひとつは、国家権力の制限あるいは限界を構成するあらゆる事柄を体系的にかつ執拗に追いだすことである。ホッブズは、能力、厳密さ、そして合理的情熱をもってこの追放劇をなしとげ、ついに国家が法を独占する過程を、極限の帰結にまで導いた国家概念をわれわれに提示することに成功した。ホッブズは、法すなわち主権者の意志以外の規範（とくに（*in primis*）コモン・ロー）のすべての源泉、そして国家の命令以外のすべての法的命令（とくに教会や国際社会や国家より小さい結社組織の命令）を除外した。しかしながら、もし自然法が実定法、また実定法規範性がとりうるさまざまな形態と並立して存在しつづけるならば、国家が法を完全に独占しているとは言いがたい。言い換えれば、自然法の存在と正当性を認めるのであれば、国家権力は絶対的すなわち制限がないものであると言うことはで

☆1　『市民論』第三章第四節、三一―二ページ。
☆2　語りうるのは、有益な行為と損害を与える行為についてだけである。
☆3　『法の原理』第一巻、第一五章、第一六章、第一七章、第一八章。『市民論』第二章、第三章、第四章。『リヴァイアサン』第一四章、第一五章。

きない。なぜなら、自然法と実定法の関係においては、実定法は自然法に適合すべきだから、自然法は実定法に優越するからである。それでもなお、ホッブズは、前記で指摘したように、自然法という伝統的な台座の上にかれの国家をおいているのである。さらに、かれは機会あるごとに自然法を実定法とならべている。またかれはたえず自然法に言及し、すでに注3でとりあげた諸著作〔『法の原理』、『市民論』、『リヴァイアサン』〕の諸章で特別な分析を加えた以外にも、かぞえきれないくらい多くの各節で自然法をもちだしている。したがって、まえに述べた問いと同様の問いが提起される。主権者の意志が自然法を考慮にいれなければならないとしたならば、国家の権力はどのようにして絶対的なものになりうるのか。ホッブズがあらゆる実定法のもっとも危険な敵対者である自然法を残しているとするならば、なぜかれは国家以外の諸規範のあらゆる源泉を除去するのか。

ここにいたってわれわれは、ホッブズ思想のこの基本的な二律背反を以下のような言葉で提起できるのである。ホッブズの探究は自然法によってはじまり、それゆえに当然に自然法論者たちはかれを自分たちの仲間のひとりとみなした。他方でホッブズは国家を実証的概念ではっきりと基礎づけて構築するにいたったのだから、それゆえこれまた当然に法実証主義者たちはその理論をみずからのものとみなしたのである。ホッブズの出発点と到着点のあいだには明らかなずれがある。ホッブズの理論はとりわけその強固な構成力と厳密な論理力で知られているが、一定の前提からその前提を否定する一定の結論へと移行するために、どのような道をとおりまたどのような経路にそってホッブズの分析は展開されているのだろうか。本章の目的は、ホッブズがたどったすべての道を分析することと、ホッブズ法哲学の歴史的理解にとって決定的と考えられるこうした問いに答えることにある。

三

ホッブズの自然法の定義は形式的には伝統的な諸定義とちがいはない。ホッブズにとっても、自然法は正しい理性からの命令だからである。[☆4] 自然法それ自体は実定法とは異なる。なぜなら、後者は意志によって生みだされるものだからである。他の自然法論者たちが提示する定義とホッブズの定義との違いは、かれにとって理性の意味が異なるのである。ホッブズにとって理性とは、われわれがみずからの考えを表現し、示すために同意した名辞から結果を引きだすさいの熟慮のことなのである。理性は論理形式的なものにすぎず、実体的な価値ではない。それはわれわれに本質を明らかにしてくれるものではなく、一定の諸原理から一定の諸結論を引きだすことを可能にするものなのである。理性は、われわれが第一原理の明白な真理を習得する能力ではなく、推論能力なのである。つい最近まで、ホッブズの理性はなんら存在論的意味をもつものではなく、方法論的な意味しかもたないと言われてきた。[☆5] 〔ホッブズの言う〕推論とは明白な諸原理を学んで成り立つものではなく、むしろ思考の方法なのである。ホッブズの理性の概念は形而上学的なものではなく、手段の助けとなるものである。かれ自身は前述した自然法を定義したさい、こうつけ加えている。「自然状態下にある人間の正しい理性については、わたくしは、他の多くの人びとのように、誤ることのない能力とは理解しない。それ

☆4 『市民論』第二章第一節、一六ページ。『法の原理』第一部第一五章第一節、五七―五八ページ、『リヴァイアサン』第一四章、八四ページも参照。

☆5 R. Polin, *Politique et philosophie chez Th. Hobbes*, Paris, PUF, 1952, p. xi.

は推理の行為すなわち、周辺の人びとに損害や利害を帰することになるかもしれない人びとの諸行為について、すべての人びとがもつ特有のまた真の推論である」[☆6]。

ホッブズの概念と自然法の伝統的な諸概念とのあいだの根本的なちがいは、理性の意味が異なっている結果から生じる。他の自然法論者たちにとって自然理性（*naturalis ratio*）もしくは正しい理性（*recta ratio*）とはそれ自体で善あるいは悪である。その反対に、ホッブズにとっては、理性はある一定の目的にとって善か悪を示すものである。「われわれが自然法とよぶものは、……なされるべき事柄、あるいは排除されるべき事柄にかんして、理性によって引きだされたある種の結論にほかならない」[☆7]。そしてさらにはっきりと、「自然法とは自己保存と防衛に役立つものについての結論または定理以外のなにものでもない」[☆8]と述べている。さらに、ホッブズ哲学のような唯名論的哲学においては、それ自体で真であるような原理はありえないのである。ホッブズ哲学によれば、「真理はことばにかんするものであって、ものごとにかんするものではないからである。したがって、ことばのないところには、真理も虚偽もない」[☆9]からである。

ホッブズによれば、自然法は一定の目的にとっての何が善かあるいは悪かを示すものであるから、自然法理解にさいしての根本問題は、その目的が何であるかの確認と理解へと転じる。ホッブズ主義的概念と伝統的なそれとのあいだのちがいは大きい。ホッブズの功利主義的観点からみれば、人間の最高目的は平和である。他の自然法論者たちにとって、それは（道徳的）善である。したがって、伝統的な自然法論者たちにとって、自然法とは、われわれが法に従うことで引きだしうる功用あるいは損害とは無関係に、何が善であるか規定し、なにか悪であることを禁止するのである。であるから、かれらは、それ自体で何が正しいかあるいは誤っているかについて論じることができるのである。ホッブズにとって、自然法とは、最高の功用を意味する平和という目的の達成にとって、何が有益であるかあるいは何が有益でないものかを示すものである。それゆえに、基本的自然法は、平和の希求を規定しているのである。それゆえにその他のすべての自然法は実践理性の第一原理と考えられるこの根本的な法から導きだされる。ホッブズは、数理科学の知識の結果である非形而上学的合理主義の基準に従って、自分の体系が既知の一般原理から未知の特殊原理を引きだす演繹的なものであることを示すために、まさにそれらの自然法を「派生的〔本源的なものから引きだした〕自然法」とよんでいる。かれは、みずからの先行者たちについて、次のように批判する。「かれらは、諸行為の善良さはその諸行為が平和の達成にむけられているかどうかに依拠しており、諸行為の邪悪さは不和をもたらすことにむけられているかどうかに依拠しているということを理解していないから、道徳律から完全に離反しておりつねに道徳的とはかぎらないような道徳哲学を構築してしまった」[☆10]。注意すべきは、究極の目的である平和についての認識でさえ、自明の真理を理解する能力である自然理性から直接に引きだされる認識ではないということである。ホッブズの認識論と合致する知識ですら、諸原理から帰結を

☆6 『市民論』第二章第一節、一六ページ。強調は引用者であるボッビオ。
☆7 前掲書、第二章第三三節、一六ページ。
☆8 『リヴァイアサン』第一五章、一〇四ページ。強調は引用者。
☆9 前掲書、第四章、二一ページ。
☆10 『市民論』第三章第三二節、四八—九ページ。強調は引用者。

引きだす推理能力に由来するものだということである。ホッブズによれば、平和という人間の目的は、人間本性についての実証的研究から引きだされたものである。この研究によれば、自己保存の本能が優位を占める人間は生命を至高の価値とみなすということを示している。

ここは、生命を至高の価値であると考えることにおいてホッブズが正しいかまちがっているかを議論する場ではない（さらにこうした言いかたをなされたら、そのような議論は結論がだせないであろう）。重要なのは、ホッブズが、方法論的に正しいしかたで自然法について問題を組み立てた点を強調することである（自然法は他の自然法論者たちと同様にかれにとっても道徳律とまったく同一のものである）。自然法あるいは道徳律は、最高善と考えられる善に由来する一連の諸規定と同一のものである。この規定は、他のすべての人びとが目的にいたる手段として従うべき善なるものである。こんにちわれわれは、あらゆる道徳体系は人間にとって最高のものとみなされる目的の達成のための行為を規定する規範の体系であることに気づいている。またわれわれは各人が最高とみなす価値が異なるのに応じてさまざまな道徳体系も異なる、ということを知っている。ホッブズはさきに引用した文章のなかで、「諸行為の善良さは、その諸行為が平和の達成にむけられているかどうかに依拠している」と述べている。われわれはかれが平和を究極の目的として考えたことを批判することはできる。しかし、われわれは自然法論者たちをなやませた自然法の問題を明確に提起したことに賞賛を惜しまないわけにはいかないだろう。ホッブズによれば、このむずかしい問題とは、それ自体善であり悪であることを発見するという（問いのたてかたがまずいために）、解決が不可能な問題のことである。しかし、ひとたびひとつの目的が最高の目的として与えられ、それが受け入れられたならば、人間がとるべき行動とはどのようなものであるかを確定する（さまざまな解決策があるが）解決可能な問題なのである。

四

以下ふたつの点に注意しておきたい。（一）諸自然法はそれ自体で善なる行為を規定することはなく、一定の目的にとって善なる行為を規定する。（二）この目的は平和（もしくは生命の保存）である。これらふたつが、ホッブズが自然法の伝統的な観念を修正することによって、自然法理論に由来する前提から出発しながらも、いかにして〔法〕実証主義的な結論にいたったかを理解するのを助ける。平和が目的として提示されるや、☆11 そこから派生する第一の自然法は、「すべての人のすべてのものにたいする権利は保持されるべきではなく、そのいくつかの一定の権利は譲渡もしくは放棄されるべきである」というものである。☆12 しかしながら、あらゆるものにたいする権利を放棄し、その権利を他人に譲渡することによって、人類は自然状態を離脱し、市民社会を設立するのである。第一の自然法とはこのように、国家の設立を命じるものなのである。このことは、国家が平和を獲得する（そして生存を保持するという最高の価値を実現する）もっとも有効な手段であることを意味している。し

☆11　平和の確立をホッブズは基本的自然法の命令とみなす。

かし、もしも国家が平和を獲得するもっとも有効な手段であるならば、このことは、人類が国家をつうじて――すなわち当該する実定法の行使を託された機関をつうじて――、自然法によって課された至上の目的を実現するということを意味している。国家はこのように、自然法そのもののうえに設立され、当該実定法は国家からうまれるから、それらはみずからの正当性を自然法から引きだすのである。言い換えれば、人間は自然法によって命じられている目的を達成するために、実定法によって統治されなければならない、と自然法は言明しているのである。このことは、自然法は〔実定法のまえでは〕なにもなしえないということを意味する。実際、他の点を考慮しなければ、自然法は、ただ良心の領域に義務を課すだけであり、ホッブズの功利主義的概念に従えば、諸自然法はなにものにも義務を課さないということである。そしてこの〔自然法の〕表明は、実定法の力をまえにその権力を放棄することを意味しているのである。

このことをさらに根本的なかたちで説明するならば、自然法は、平和を獲得したければ、実定法にのみ従うことを人間に示唆するあの理性の命令なのである。こうしたホッブズ体系へ最初から接近すると、自然法は、国家の誕生とそれによる実定法の誕生を正当化しようとする以外のなんらの機能ももっていないという印象をわれわれに与えるようにみえる。言い換えれば、自然法は結局は、すぐあとに姿を消すためにのみ出現したかのようである。したがって、自然法の機能は、諸実定法とはかかわりなくそれを超えて効力のあるような、人間行動の規則を打ち立てるもの（これは自然法の機能の伝統的な解釈である）ではない。もっぱら自然法の機能は、実定法体系への、すなわち国家への合理的な基礎を提供することにある。タランティーノが、ホッブズ体系のなかにふくまれている自然法はけっして法的効力をもつように予定されていないと述べるとき、われわれは、タランティーノは正しかったと言いたくなるであろう。このことはｆ自然状態にも市民社会にも当てはまる。なぜなら自然状態では力がものをいうとき法は沈黙する（*inter arma silent leges*）からであり、実定法が市民の行動に課せられる制約として自然法にとってかわるからである。☆13

　ホッブズは、このように諸自然法——それらは政治思想の伝統において長期にわたりかつ権威をもって使われてきたのでますます有効であった——を道具としてだけ利用したのである。ホッブズは、主権者権力の絶対性に、従って実定法の明白な至高性に基礎を提供するために自然法を利用したのである。しかし、ホッブズは自然法をたんに道具として利用したために、自然法の内容をまったく空虚なものにしてしまい、その威信をすべてうばってしまった。たとえいっときのことであれ、みずからの敵対者たちの概念範疇を、まさにかれらに対立する主題の論証のために用いるということが、ホッ

☆12　これは、『市民論』第二章、第三節で提示された公式であり、それは、わたくしの見解では、もっとも洗練されたものである。『リヴァイアサン』では以下のような公式を読むことができる。「すなわち、人は、他の人びともまたそうである場合には、平和と自己防衛のためにそれが必要だとかれが思うかぎり、すすんですべてのものごとにたいするかれの権利を捨てるべきであり、そして他人が、かれにたいしてもつことをかれが許すような自由を、他人にたいして自分がもつことで満足すべきである」（第一四章、八五ページ、強調は原文）。とはいえ、より明快なのは『市民論』における基本的な自然法と派生的な諸自然法とのあいだの区別である。この区別は『リヴァイアサン』ではみられなくなり、右に引用した法律が第二の自然法として提示されている。

☆13　G. Tarantino, *Saggio sulle idee morali e politiche di T. Hobbes* (Naples: Giannini, 1900), p. 116.

ブズのもっともこうかつな策略のひとつであるということは、おおいに指摘しておく価値がある。そしてこうした策略は、論争家としてのかれの才能のもっとも華々しい魅力に満ちた特徴である。そのことは、民主主義の著述者たちにとっての原理的な論拠となってきた社会契約論について考えてみればよい。ホッブズは社会契約論を絶対性的組織のかなめ石に転換することに成功しているからである。同様なやりかたで、わたくしがこの論文の第一節で提起した自然法解釈は、かれの論敵たちが国家権力の制限を主張するためにわがものとしていたもっとも手ごわい論拠のうちのひとつを、まさにみずからの側に引き込むために、ホッブズが特別な意図をもって自然法を用いたと思われるふしがある。

制限国家観の支持者たちは主としてふたつの議論に依拠している。国家は、契約による基礎の上にたち、自然法は実定法に優越する。ホッブズは契約も自然法も否定していない。かれは、当時フィルマーら君主政体の擁護者たちのようにひとつの方法を単純に否定しながら同時に、別の方法を選ぶといったような安易な道を歩まなかった。ホッブズは、かれの敵対者たちと同じ素材を使いながらも、反対の結果をえるようにそれらを結合させるといった、きわめて魅惑的な、しかし困難な道をとるのである。かれは、自然法は、自由主義者や急進派やアナキストたちが主張するような抵抗権の基礎〔理論〕ではなく、それは絶対的で無条件的な服従の基礎理論であることを提示しようと試みている。もしこれが成功していたとするならば、絶対主義の大義を達成しようとくわだてて、洞察力と説得力をすっかり失った古い教義や古代のテクストを躍起になって掘り起こそうとしている人びと以上に、かれは巧妙かつ効果的なしかたで振る舞ったということになろう。かれの敵対者たちは、主権者権力が契約によって成り立っているという理由から、定義上、転覆可能だと主張していただろうか。ホッブズは、市民たちが主権者権力を設立するために結んだ契約は、主権者の同意なしには市民たち自身によって転覆不可能であるということを示すことに成功するほどまでに、連達の法律家のように問題となっている用語を巧みにあやつっているのである。かれの論敵たちは、自然法は実定法に超越するから、圧制にたいする市民の抵抗権を正当化しているとまで主張していただろうか。そこでホッブズは、絶対で無条件の服従が自然法自体の第一の基本的な命令にほかならない点を示して形勢を逆転することに成功したのである。

五

しかしながら、ホッブズの学説における自然法の機能はこの点にとどまるだけのものではない。自然状態において人間が享受している絶対的な諸権利の放棄をさだめる法に、他のいくつかの〔自然〕法がつづく。これらの他の諸法に共通する特徴は平和を維持しあるいは回復するのに必要な行動をさだめることである。さて、これらの法のうち、第二の法は「約束を遵守すること」をさだめており、したがって第一の法の派生的命題である。その第二の法だけが、第一の法と同様に、政治社会の設立に言及している。その他の法は、政治社会の設立とは独立に、それ自体で効力をもつ行動をさだめている。それらを分類するとすれば、ふたつのグループにわけられる。第一のグループは平和に不可欠なさまざまな徳をさだめる法をふくんでいる。『市民論』での〔自然法の〕番号で説明すれば、感謝の気持ち（第三）、社交性（第四）、慈悲心（第五）、節度（第九）、公平さ（第一〇）である。このグループは不和あるいは戦争が引き起こす悪徳を非難する法から成る。復讐（第六）、狭量さ（第七）、傲慢さ（第八）という悪徳である。これらすべては実体的な法とよんでいいであろう。第二のグループは、万一平和が破壊されたときには、平和を回復するのに必要な行為や態度をさだめる法から成り、広義の意味で手続き的な法とよぶことができよう。それらの法は、それ自体が平和の仲介者（第一四）、調停者（第一五、第一六、第一七、第一九）、証言者（第一八）に関連している。（第一一、第一二、第一三の法にかんしては、これらは公平さをさだめた第一〇条の派生的命題とみなすことができる[☆14]）。

ここでひとつの問いが生じる。政治社会の設立とは無関係に、もろもろの行動をさだめるこれらの法は、政治社会の外部においても効力をもつのだろうか。もしこの回答が正しければ、先に提起した厳密な法実証主義のうえに立つ構築物は崩壊するだろうし、ホッブズを自然法論者のうちにかぞえあげる人びとが正しいことになろう。それではこの新しい難問をとりあげることにしよう[☆15]。

まず第一に、諸自然法は良心にのみ義務を課すという、法としての効力を弱めるような自然法のもつ一般的な特徴がある[☆16]。たしかにこの特徴はホッブズの学説に固有のものではなく、むしろあらゆる自然法理論に共通している。そして諸自然法の優越性という主張を維持している諸理論とさえ共通しているのである。しかしこの特徴はホッブズにおいて特別の価値をもつ。なぜならホッブズの道徳理論の基礎が功利主義的であるからである。その特徴は義務を人の良心に限定するという通常の意味を大きく修正し、無効にさえするのである。倫理的で宗教的な起源をもつ諸自然法論にとって、自然法は絶対的な道徳的諸価値をもつ。良心的義務は無条件的義務であり、それゆえ、それは実定法に固有の外的な義務〔の重視〕よりも強いものである。実定法それ自体は、内的態度と外的行動との完全な一致を求めることなしに、指示された行為に合致するような態度をとることを義務づけるにすぎないからである。しかし、自然法の命令が神聖な世界秩序に関連する場合には、この法の強制力は、たとえ直接的にではないとしても、だれしもその強制力からのがれることはできないのである。神法の強制力は無謬の正義にもとづくのにたいして、世俗権力の強制力はたんに外的義務を侵害するにすぎず、したがってそれから逃れることができるのである。しかしながら、伝統的な自然法論者たちにとっては、内面の法廷における（*forum internum*）義務づけが、外部の法廷における（*forum externum*）義務づけよりも強い拘束力をもつという共通の見解（*communis opinio*）に従えば、実定法☆17は、良心をも義務づけると考えているということだ。別の言いかたをすれば、無謬の裁判官によるのがれることのできない強制力と良心にたいする義務づけは一体であると考えているならば、それは避けること

☆14 この列挙は『市民論』のものである。近年になってこれとは異なるグループ分けがなされている。すでに引用した次のものを参照。Polin, *Politique et philosophie chez Th. Hobbes*, pp. 200-1.

☆15 ホッブズにかんするこの難問は、次の著作にくわしく検討されている。G. Bianca, *Diritto e stato nel pensiero di T. Hobbes* (Naples: Casa editrice libraria Humus, 1946), cap. 3, pp. 73-103.

☆16 『法の原理』第一部第一七章第一〇節、七一―二ページ、『市民論』第三章、四五―六ページ、『リヴァイアサン』第一五章、一〇三ページ。

☆17 少なくとも諸犯罪法をのぞく実定法の大半。

の可能な誤まりやすい世俗権力のみが課すことのできる外的な義務づけを強化するのに役立つのである。

これにたいして、ホッブズの場合には、内的義務づけと外的義務づけの関係は完全に転倒されている。ホッブズにとり無条件だと思われる義務は、市民が世俗権力にたいする義務だと思うものである。この点についてのかれの立場はよく知られている。ひとたび主権者権力が設立されたら、市民は国家にたいして絶対的な服従義務を負う。すなわち、主権者の命令にたいしては、その命令の内容が何かに関係なく、それが命令であるというだけで、それに服従しなければならないのである。この点について述べたきわめて重要な一節は『市民論』第一四章の第二三節である。そこでホッブズは消極的服従の理論に反駁している。この理論は、王権に神的根拠を与えている絶対主義的理論――ホッブズも主権の絶対性を唱えていたが――によって広く支持されていた。[☆18] それとは逆に、ホッブズは市民たるものは国家にたいして積極的な服従を負うていると主張している。ホッブズはこのテーゼを主張するさいに、実定法のもつ法の強制力は命令に従うか服従するかにかんして市民が自由に選択できるような仮言〔条件〕的規範でないことをわすれてはならない。むしろ積極的服従は市民たる者は命令に従わなければならないことを無条件的に命じる定言的〔絶対的〕規範なのである。[☆19]

ホッブズは、一方で実定法が無条件的効力をもつことを示したがっているが、他方では、諸自然法はたんに条件つき効力をもつにすぎないという正反対のテーゼに疑問の余地を残すこともものぞんでいない。ホッブズにとって、諸自然法が良心に義務を課すということは、自然法の実現をのぞむようにわれわれにさせるということにすぎないのである。実現をのぞむことから実際に実現することへの移行は、われわれが自分たちに損害を与えることなく諸自然法を実現できると確信しているときにのみ生じるのである。このことは、諸自然法が条件つきで義務を課すということ、言い換えれば自然法の実現によっていかなる損害も生じないという条件において自然法は義務を課すということを意味している。またこの点から、ホッブズ倫理学の功利主義的な原則がここでもひとつの役割を演じている。諸自然法はそれ自体で善的行動を命じることはなく、またけっして神罰でわれわれをおどすことなく、ただたんに生存に必要な一定の目的（平和）を達成するための手段にすぎない。したがって、もし諸自然法に従う人が、効用よりもむしろ損害を引きだすとすれば、それは矛盾であろう。言い換えるならば、自然法は絶対的なものではなく、ある目的に応じて相対的なものにすぎないから、自然法に由来する義務づけは無条件なものではなく、目的達成にとって条件づけられているのである。さて、なんの損害もなしに、自然法と合致した行動をするための、人間にとっての最良の状態をみつけるのはいつの日であろうか。それは、他人も同様のことをするのが確実になったときである。ホッブズは『リヴァイアサン』の一節で説明している。「だれもが謙虚でも従順でもなく、約束を履行しない時代や場所において、ある人がそのようにするとすれば、それはかれ自身を他人の餌食とし、かれ自身を確実に破滅させることにほかならず、それは、自然を維持しようとする、すべての自然法の基礎に反する」[☆20]。この確実性は政治社会においてしか手にいれることができないのである。人間のもろ

☆18　王権神授説の特徴としての消極的服従については、次のよく知られた著書を参照せよ。J. N. Figgis, *The Divine Right of Kings* (Cambridge: Cambridge University Press, 1922), pp. 208ff.

☆19　『市民論』のこの一節に対応する節は、『リヴァイアサン』にも『法の原理』にもみあたらない。

もろの行動が無条件でない、条件付きであるような状態にある。このことは、わたくしが自然法の命令を完遂すべく義務づけられるということを意味し、すなわちこれらの自然法が市民法に変えられるときにのみである。しかしながら、この点で明らかなのは、今後わたくしが従う法律は諸自然法ではなく、市民法だということである。ここで再度、ホッブズが諸自然法に割り当てる道は国家に行きつき、いや国家へと落ち込むのである。そしてひとたび国家が設立されるや、諸自然法はもはやなんの存在理由ももたなくなるのである。

六

諸自然法はもはや法としての、すなわち、行為を予測し規制する命令としての存在理由をもたない。しかしながら、諸自然法はその内容のゆえに、すなわち諸自然法が命じているもののゆえに、効力をもちつづけるとの異議をとなえることもできよう。たとえば、調停者あるいは裁判官に公平であれと命じる自然法をとりあげよう。たしかに、その自然法が課す義務は、法律を公布しその法律を遵守させる権利を唯一もっている世俗権力が受け入れるかぎりにおいてのみである。しかし、当の世俗権力は公平であれという命令を自然法から引きだしたのではないとするならば、ほかのどこから引きだすというのだろうか。別の言いかたをすれば、実定法は規範の形式を与え、自然法は規範の内容を与えるのである。

もしこの異論が受け入れられるならば、自然法はまったくその権威を失ってはおらず、法体系においてきわめて重要かつ代替不可能な機能を保持していることになる。いやそれどころか、実定法が国家の強制装置をつうじて義務づける行為のさまざまなタイプをきめているのは自然法なのだ、というこの図式を最後まで押しすすめるならば、ホッブズの体系はロックの体系となんら変わるところはないという結論になる。なぜなら、ロックの体系においても諸個人が世俗権力を設立するのは主として、諸自然法を平和的に実現するのを保障することだからである。ロックの国家の特性は、まさにそれ自体で国家の誕生に先行するような一連の自然権と自然的義務とにもとづいているということである。国家は、強制権力の執行をつうじて一連の諸自然権と諸義務とを最大限に実現するという唯一の、とは言わないまでも主要な課題をもっている。しかしながら、自由主義国家は、当然に制限国家である。制限国家とは諸自然法を前提とし、みずからの法的活動の内容を自然法から引きだしているという意味である。ひとつの絶対的な国家に生命を与える[☆21]というホッブズの構想は、国家の諸権力を制限する理論にとっての諸前提をなすような、自然法と実定法の関係についてのこの理論とを、どのように両立させるのだろうか。

実際のところ、厳密な実証主義的学説をとる思想家〔ホッブズ〕にとって、自然法を受容することは危険である。かれがひとたびそのような学説を承認したら、そうした考え方を取り除くのはむずかし

☆20 『リヴァイアサン』、一〇三ページ。

☆21 かれの政治学的諸著作が国家の諸制限についての理論にたいする批判的攻撃に満ちていることは周知のことである。

い。この点では、ホッブズですらその理論体系全体を危険にさらしかねないようないくらかのあいまいさを示している。すなわち、そのうちの一方が他方に優越するようなふたつの法秩序〔実定法と自然法〕の存在を前提とする二元論に立つ自然法理論の論理に圧倒されているようにみえる。『市民論』の一節で次のように言う。「自然法の遵守は平和を維持するのに必要であり、自然法の遵守には安全保障が同様に必要である」[☆22]。この一節が意味するものは、世俗権力の機能、すなわち安全の保障は諸自然法を実施することにあるということである。この一節に従えば、諸自然法は実定法に規範としての内容を与えることになるであろう。言い換えれば、実定法は形式的かつ素材的な面での法律であるのにたいして、自然法はたんに素材的な面でのみ法であるにすぎない。

実定法は、いわばつねにかれら〔法実証主義者たち〕の主張では、自然的でなければならないということであろう。われわれは『リヴァイアサン』のなかに同じ主張をよりいっそうひろいかたちで、そしてそれゆえにより誤解をまねきかねないかたちでみいだす。そこでは率直に「自然の法と市民法は、相互に他をふくみ、その範囲をひとしくする」と、そしてさらにきっぱりとしたかたちでは、「市民法と自然法は、ちがった種類の法ではなくて、法の異なる部分であり、そのうちの一方は書かれているので市民的とよばれ、他方は書かれていないので自然的とよばれるのである」[☆23]。けっして明快とは言いがたいこれらふたつの文章に与えることのできる唯一の意味は、もしまちがっていなければ、次のようなものである。諸自然法はそれ自体では命令遵守を義務づけず、命令遵守を義務づけるのは市民法だけである。したがって、諸自然法が義務的なものになるためには、ある市民法によって強制される必要がある。しかし、そうであるならば、市民法は自然法を義務的なものにする法律だということになる。別の言いかたをすれば、法律とは、形式的な意味で、すなわち拘束力をもつ法規範を創出するために正当な権威によって課されたという意味で実定法ではあるけれども、みずからの規則の内容を自然法の命令から引きだしているという事実のために、素材という意味で自然法なのである。こうした点にもとづいてはじめて、ホッブズも言うように、自然法と市民法はその範囲をひとしくし(そして実際、市民法は、自然法がふくむもの以上のものも以下のものもふくんではいない)、同一の法律の異なる部分なのである。そこで、市民法は同じひとつの法律のいわば形式をなし、自然法はその内容をなすのである。ここで明らかなことは、ホッブズが伝統的自然法学説とくらべて、自然法と市民法の関係を完全に転倒していることである。実際、自然法論者にとって実定法は自然法と合致するかぎりにおいてのみ拘束力をもつのにたいして、ホッブズにとって自然法は実定法と合致するかぎりにおいてのみ拘束力をもつのである。

七

これらの主張にもかかわらず、ホッブズ体系の構成が要求する以上の譲歩を、自然法にたいしてなしたと断定するにはとくに慎重であるべきだとわたくしは考える。これまで引用した諸節、とりわけ

☆22 『市民論』第五章第三節、六四ページ。
☆23 『リヴァイアサン』第二六章、一七四ページ。強調は引用者。

『リヴァイアサン』から引いたことばに従ってわれわれが引きだせそうな結論は、ホッブズは自然法を実定法の内容とすることで自然法に本質的な役割を与えたので、自然法を自分の体系から追放しなかったということである。しかしながら、他の諸節に従えば、そしてホッブズ体系の精神に従えば、実定法、すなわちこんにち言うところの法的妥当性は諸自然法に関連するだけにとどまらず、自然法は実定法の規範の内容を決定するさいにきわめて深く関係していることがわかる。諸自然法は一般的なものであり、世俗社会の平和を構築し維持するために世俗の権威が必要とする行為や行為の様式すべてを決定するわけではない。諸自然法は、世俗権力だけがその特定の内容をきめる資格があるような空虚な形式なのである。ホッブズは、『市民論』のいくつかの節において、主権者がみずからにとって有利なように、そしてみずからの好むとおりに、諸自然法を柔軟に操作しうる意味を述べている。

「窃盗、殺人、姦通、そしてすべての侵害は、諸自然法によって禁じられている。しかしながら、市民のあいだで何が窃盗とよばれるべきであり、何が殺人とよばれるべきであり、何が姦淫とよばれるべきであり、何が侵害とよばれるべきなのか、これは自然法によっては決定されず、市民法によって決定されるのである。なぜなら、他人の所有物をとりさるのがすべて窃盗なのではなく、ただ、他者の財産をとりさる行為のみが窃盗だからである。何がわれわれのものであり、そして何が他人のものであるかということは市民法に帰属する問題なのである。同じように、人間を殺すことがすべて殺人ではなく、ただ、市民法で禁じられている人殺しだけが殺人なのである。同様に、女性との出会いすべてが姦通なのではなく、市民法によって禁じられているものだけがそうなのである[☆24]」。

ここで自然法にたいするホッブズの攻撃は、高度の強さにまで、あるいはこう言ってもよいかもしれないが、もっとも悪意に満ちたものにまで達している、と思える。自然法と実定法のあいだの関係の問題をこのように定式化したあとでは、自然法〔の役割〕にまだ何が残るというのだろうか。これまでは、自然法が実定法にたいして内容を与えるかのように思われてきた。いまや両者の関係が何から成り立つのかが明白となる。自然法は殺人を犯してはならないと命じるが、市民法は何が殺人かをきめることで、たとえば戦争において敵を殺害することは殺人ではないこと、それゆえ戦争における敵の殺害は禁止されていないことが確定される。こうして自然法が市民法にもっていると思われる関係は撤回されている。このやりかたによりホッブズは、そうと気づかずに、純粋に法実証主義的な概念へと到達しているのである。なぜなら、いわゆる諸自然法は一般的すぎてまったく有益でないという事実についての批判がかれの見解のなかに言わず語らずのうちに潜在しているからである。ホッブズは当初、自然法は存在する、しかし拘束力をもたない、と述べるにとどまっているようにみえた。いまや自然法の格下げはそれ以上にすすむ。自然法は存在する、しかし自然法は適用不可能であるほどに漠然としている。第一の命題によれば、ホッブズは諸自然法から実効性をうばった。第二の命題に

☆24　『市民論』第六章第一六節、一〇一ページ。これと同様の文章が『市民論』の他の章にある。そのうちのひとつが第一四章第一〇節（一七四ページ）である。「たとえ自然法が窃盗、姦通などを禁じていても、もし市民法が何か権利の侵害を犯すように命じるならば、そのような侵害は窃盗、姦通などではない」。もうひとつは第一四章第一七節（一七八ページ）にある。「しかし、われわれが問題とするのは、窃盗が罪であるかどうかではなく、なにが窃盗とよばれるべきかということであり、他のことについても同様である」。

よれば、ホッブズはそれら自然法を無用なものにした。事実、窃盗、殺人、姦通となることをきめるべきなのは市民法である、と述べることは、市民法はみずからの内容を——自然法から引きだすのではなく——自分で決定すると述べるにひとしい。それについてはホッブズ当人が例示したほどに適切なものはない。「かつてスパルタ人は、他者の財産を持ち去ることを法律により未成年に許可し、それらの財産はもはや他者のものではなく、それらの財産を手にした未成年の所有物であると命じた。したがって、このような不正は窃盗ではなかった」[☆25]。この例は、許されるものと許されないものを——いかなる上位の法にも依拠することなしに——きめるのは世俗権力だけであるということ以外の何を示すというのか。こうした立場は、現代の法実証主義のもっとも厳密な理論家であるハンス・ケルゼン〔一八八一—一九七三年〕が完全に賛同できるような立場である。ケルゼンによれば、実定法に先行して構成されているような素材は存在しないが、どのような行為も、確立した規範に従ってなされるならば、禁止されうるしあるいは承認されうる。

八

一方で、もしホッブズ体系のうちに自然法への突破口があると認めることには慎重であるべきだとするならば、他方で、かれの体系をあまりにも単純化して、法実証主義に何世紀も先駆けるものとして、厳密な意味での法実証主義的な体系に還元してしまわないように注意すべきだと思われる。この点については、もう少し考察する価値がある。これまでに分析してきた命題は『市民論』にかんしてだけ妥当する。ホッブズはその命題を『リヴァイアサン』から削除しただけでなく、明らかにより大きな役割を自然法に割り当ててもいる。たとえホッブズが進路を変えたとはいえないにしても、ホッブズが自然法論の伝統的諸命題への傾向をより多くもっていることは認めなければならない。『リヴァイアサン』においてホッブズがあつかうのは、自然法と実定法の複雑な関係をあばくような問題である。これは、法秩序における〔法の〕欠缺《けんけつ》〔適用すべき法の規定が欠けていること〕という問題である。

周知のように、真の法実証主義者はこの問題にたいする既成の解決策をもっている。法秩序における欠缺は、実定法体系から抜け落ちないようにうめられなければならない。そのためにはよく知られたふたつの方法を用いることができる。類推という方法と、施行されている法律の一般原則へと訴えるという方法である。この解決策はホッブズにとっては想像もつかない。なぜなら、かれが法実証主義者をめざしたとしても、自分の体系の基礎を選択するときには自然法論者だったからである。ホッブズと十九世紀の法実証主義者とのあいだには、根本的な差異が存在する。十九世紀の法実証主義者にとっては実定的な法体系は自己充足的であるからである。ホッブズにとって実定的な法体系は、すでに存在する自然的（あるいは合理的）秩序によって正当化されている。この点を要約すれば、すでに存在する自然的（あるいは合理的）秩序は、実定法秩序が欠ける場合には必然的にふたたびあらわれるということである。まさにこれが法の欠缺のさいに起こっていることである。実定法秩序では想

☆25　『市民論』第一四章第一〇節、二一〇ページ。

定されてこなかった諸争点の解決策をみつけるためには、裁判官は自然法に依拠しなければならない、とホッブズは信じている。[☆26] この主張からは別の結論が引きだされ、それは『リヴァイアサン』においてだけ明確に定式化されている。すなわち諸自然法は、諸実定法が沈黙しているときはいつでも拘束力をもつのである。

わたくしが思うに、この点が重要であるのは、そのおかげで厳密に実証主義的な法理論とホッブズの理論の相違をできうるかぎり明確に示すことに役立つからである。ホッブズの理論は自然法の存在と妥当性にだれしも異議をとなえてこなかったような文化的環境においてこそ作られた、実定法に法を還元するもっとも重要な試みである。法実証主義者の主張によれば、実定法ではまだその管理下においていない、いわゆる法の欠缺がある。すなわち多かれ少なかれ広範な行為の自由のすきまがある。これに反してホッブズの主張によれば、実定法がまだその命令を発していないときは、諸自然法が効力をもっているのである。したがって、そこでは、実定法的諸規範とは異なる諸規範で法的にうめられるすきまが存在するのである。このことは、ホッブズにとっては、実定法秩序が自然法を組み入れるという事実の論理的帰結である。これまでみたとおりに、実定法秩序の機能は自然法を効力のあるものにすることである。そしていまや、この意味するものが何かが、われわれにもよりよく理解されるのである。諸自然法が、われわれの内面のみならず外的行動にたいしても拘束力をもつのは、諸自然法が実定法秩序に組み込まれるときのみだということである。すなわち、諸自然法は、契約によって国家の構成員になったものにたいしてだけ拘束力があるのである。換言すれば、諸自然法は自然状態のままでは拘束力をもたない。なぜなら人類は自分たちを傷つけるまでして諸自然法に従うことはできないからである。しかし、政治社会においては拘束力をもつ。なぜなら、諸自然法が侵害された場合には、主権者はそれらの法を執行するように強制しなければならないのである。

以上のことについては、『リヴァイアサン』からのいくつかの章句が真にホッブズの考えであることを証明している。それ以前のかれの諸著作においては、この章句に類似したものはない。しかし、それらの章句は、ホッブズが前言を撤回したことを表明したものではない。むしろ、それは、ホッブズが自分自身の体系の基礎を十分に承知するようになったことを示しているのである。法律が拘束力をもつためには告知されなければならないという原則を議論しながら、ホッブズが述べていることは、いかなる公布も発布も必要としないでも、「あらゆる臣民を例外なく義務づける」法が存在するということである。これらの法が自然法である。[☆27] さらに、「自然法を知らないということはだれにもいいわけにはならない。なぜなら、理性を使用するにいたった人はすべて、自分にたいしてなされるのをのぞまないことは他人にたいしてなすべきではない、ということを知っていると考えられるからである」[☆28]。こうして臣民たちにとって法的義務の源泉がふたつあるように思われる。ひとつは、主権者の明示的意志あるいは黙示的意志の産物である諸実定法からなる。[☆29] もうひとつの源泉は諸自然法か

☆26 『法の原理』第二部第一〇章第一〇節、『市民論』第一四章第一四節、『リヴァイアサン』第二六章を参照せよ。

☆27 『リヴァイアサン』第二六章、一七六―七ページ。強調は引用者。

☆28 前掲書、一九一ページ。

☆29 語の厳密な意味における法律は表明された主権者の意志の産物である。他方で、主権者が黙示的に認める諸規範はコモン・ローに属するものである。

らなる。もしこれらの自然法に違反したならば、実定法の場合同様にひとは罰せられるのである。さきにあげた引用によれば、諸自然法は実定法の中心部にまで浸透するので、実定法は自然法を守るはずであり、自然法を拘束力をもつ規範へと変えるのである。また別の一節がこの点を確証している。「しかし、ひとつの領土のあらゆる属州において、ある不文の法が一般に守られていて、それを使用してもなんら不法でなければ、その法は、全人類をひとしく義務づける自然の法にほかならないのである」[☆30]。この引用は、これらの不文法は自然法であり、自然法とならぶ成文法と同様に、拘束力をもつということを意味しているのである。

こうして諸自然法は実定法と同様な方法でまたそれと並んで効力をもつのである。もしこのことが正しければ、特定の実定法体系の内側においてのみ効力をもつならば、実定法が明示的に規定していない事例に法的解決を与えるのは諸自然法であるべきだ、ということがこうして明らかとなる。〔すなわち、そこでは、〕自然法への明示的な言及は必要ないのである。〔なぜなら〕、ホッブズ体系の論理こそがわれわれをこの結論へと導くからである。そして国家がひとたび創設されるや、諸自然法は国法たる法律になる。平和的な法秩序の創造をつうじて、市民たちに正しい理性の命令に自主的に従うことを可能にするのはまさに国家のつとめだからである。したがって、国家が法律を制定していなければ、だれもが自然法にかなうように行動することが義務づけられている。このことは、裁判官が判決をくだすときに実定法が助けとならなければ、裁判官は自然法の諸命令を適用して臣民の行為を評価することはまったく正当であるということである。ここで、思いつくままに例をあげてみよう。ホッブズが受け入れたある自然法によって、わたくしは隣人を侮辱することを禁止される。すなわち実定法秩序において法律が存在するかどうかとは無関係に、わたくしは侮辱しないように義務づけられている。なぜなら自然法は、法律が存在しないときにも、まちがいなく効力をもっているからである。もしわたくしの行動がこの自然法に適合しないならば、裁判官はわたくしを罰することができるのである。

しかしながらわれわれは、この〔法律がないときでも自然法は効力をもつという〕原理は、自然法へ敬意を払うこと、またそれは、実定法に課せられた制約であるということを真全に確信できるだろうか。もしそうであるならば、ホッブズの法実証主義を強調したわれわれの最初の命題をややゆるめなければならないだろう。しかしながら、そうだとしてもホッブズの〔自然法への〕敬意が表面的であり、むしろ逆に自然法の価値を低くしていることをかくしていると信じるに足る十分な理由をわれわれはみるのである。

自然法は、実定法とならんで効力をもつとされているが、そう解釈されないならば、実定法が想定してこなかった[☆31]具体的訴訟事件に適用されることはできない。しかし、だれが自然法を解釈する権限をもつのか。ホッブズによれば、国家が裁判官という人格をつうじて自然法を解釈する権限をもつということは疑いえない。ホッブズの説明によれば、自然法の解釈は道徳哲学の書物にもとづくものではない、なぜなら、それらは哲学者の個人的見解を述べたものであり、しばしば矛盾しているからである。「それにかんする論争を審理し決定するために、主権者の権威によって任命された裁判官の判

☆30　前掲書、第二六章、一七五ページ。
☆31　この場合だけ、自然法が拘束力をもつ。

決」[☆32]こそが自然法の正しい解釈を確立する。しかしながら、もしそうであれば、実定法が想定していない具体的な訴訟事件が自然法によって規定されるかどうかを決定することは、裁判官すなわち主権者だけに属するのである。また、どのような自然法を適用すべきか、また自然法は何を命じているかを決定するのも、裁判官だけに属するのである。こうして、自然法の内容を確認し、特定することは完全に裁判官の自由裁量である。しかしこれが意味するのは、主権者が自然法を効力あるものにし、その自然法にある異なる内容をもたせるということである。主権者は、法の内容を二重の操作で同一のものとみなすことによって、またその内容を特定することによって、自然法を効力あるものにするのである。こうして、実定法秩序のすきまをうめることにおいて裁判官は、主権者が自然法の内容を決定するときと同じく、自然法を操作する権力をもつことをわれわれは知るのである。立法者としての主権者が、諸実定法を作るときに、諸自然法からなんらかの意味をいただくと言ってもよいだろう。それはまた裁判官としての主権者が、立法権力が規定してこなかった問題に直面したときに、諸自然法からその内容をいただくと言ってもよいだろう。[☆33]

九

これまでに述べてきたことは、自然法と個々の市民の行動とのあいだの関係を考察する場合に当てはまる。しかし、ホッブズの政治的学説は主にふたつの主体（あるいは人格）すなわち、市民たちと主権者を考究している。いまや探求すべきであるのは、自然法と主権者の行動との関係である。この点についてもまた、ホッブズは自然法論のもっとも正統的な用語によってその論点を定式化している。主権者は諸自然法を尊重するように義務づけられる、とかれは主張している。この主張は、数多くの批判によって、もはや決定的に打倒されたと思われていた諸自然法を元気づけるものである。

諸自然法が諸個人と主権者との関係においては存在することをやめたとしても、だからと言って、諸自然法が人間的諸関係から完全に排除されてしまったというわけではない。政治社会においては原初の自然法と市民たちの諸行為とのあいだには――自然権の放棄と譲渡というよく知られた信約によって――主権者が介在する。社会契約の効力が発生するときから、主権者は法的諸規範を定める権限を与えられた唯一の資格者となる。〔しかしながら〕、もし市民たちが実定法に服するのならば、主権者もまた同じ法に服するのか。この点について、ホッブズの答えは必ずしも明確ではない。〔なぜなら〕、主権者は市民法に服するよう義務づけられていないし、また主権者は、古来の定式によれば、法律にいい

☆32　『リヴァイアサン』第二六章、一八一ページ。
☆33　われわれが同じ推論をたどれるのは、諸慣習が「まさしく法」（『リヴァイアサン』第二六章、一八六ページ）であるならば、自然法に対立してはならないとする主張をホッブズが分析するさいである。しかし、だれがその慣習の適合性を判断する権限をもつのか。それは明らかに主権者であり、それは次の引用から判断することができるのである。「わが国の法律家たちは、合理的なもの以外の、いかなる慣習をも法とはみなさず、悪しき慣習は廃棄されるべきだとみなしている。だが、何が合理的であるか、また何が廃棄されるべきかについての判断は、法を作る者すなわち主権合議体か君主に属するのである。」（『リヴァイアサン』第二六章、一七四ページ）

縛られない（*legibus solutus*）から、[☆34]主権者権力はなにものにも義務づけられず、したがって好き勝手に行動できるということであろうか。この問いにたいしてはホッブズの答えはきわめて明確である。主権者は自然法を遵守するように義務づけられているが、諸自然法は市民たちにたいしては沈黙しているが、主権者にたいしては〔義務を〕守らせるということである。

オーソドックスな自然法論者は、君主の義務のなかで自然法に高い位置が割り当てられるならば、ホッブズが自然法の権威を徐々に国家の領域へとうばいとる場合でも、かれに従うことに困難をみいださないだろう。結局のところ、明らかになったことは、ホッブズがそのときまであやまってあつかってきた自然法をおおいに評価しているということである。なぜなら、ホッブズが自然法に割り当てているのは、自然法論が自然法にたくしてきた基本的で代替不能な機能、すなわち主権者権力の制限と矯正という機能だからである。ようするに、自然法学説が、からっぽの外皮、実質のない名前、あるいは別の実質をもつ名前のようにみえるほどに、ホッブズはみずからの弁証法によって自然法学説を腐食してきたので、いまやホッブズは自然法にとどめの一撃を加えるところまでやってきた。それなのにホッブズはいまさらもと来た道を立ち戻り、先達《せんだつ》たちのとおった道を歩もうとするのはなぜか。諸自然法はホッブズにとってもまた、君主たちのための行動規範であるだろうか。それは、もしおのぞみなら、法規範というよりも道徳規範と言ってもよいが、人間の法廷がなければ、良心においてまた神のもとにおいて拘束力をもつひとつの規範なのだろうか。しかしながら、ホッブズがみずからの論究のはじめに示した諸自然法の長い一覧表〔一九の自然法〕は、けっして不必要なものではなかった。正しい理性の諸命令は、少なくとも主権者たちを義務づけるからである。

そのことをもう少し厳密にみてみよう。ホッブズは主権者たちが諸自然法を遵守するように義務づけられていると何度も主張しているが、それは明らかに重要だが、二次的なものとしてついでに述べているのである。『市民論』のある注において、主権者は不法行為をおこなえるかどうかという問いにかんしてホッブズは次のように述べている。「第一に、主権者は、たとえそうするとしても、すなわち、たとえ人びとにたいする侵害行為とはみなされないとしても、主権者はそれを正当な行為としてなすことはできない、すなわちかれはそうした行為によって諸自然法を侵害せず、また神に危害を加えていないということはできない」[☆35]。『リヴァイアサン』では、「〔主権者は〕自身が神の臣民であって、そのことから自然の諸法を守るように拘束されていることをのぞけば、いかなるものにたいしても権利を有している」。また「たしかに、主権者たちはすべて自然の諸法に服従する。こういう法は神のものであり、いかなる人やコモン-ウェルスによっても廃棄されえないからである。しかし、主権者自身すなわちコモン-ウェルスが作る諸法には、かれは服従しないのである[☆36]」。ホッブズはこの論点にたいして本格的な論考をおこなっていない。しかし、もしこの問題を注意深く研究すれば、これがホッブズ体系におけるみかけ上の問題にすぎないことがわかる。

☆34 『市民論』第六章第一四節。八三―八四ページ。ホッブズは、主権者は諸市民法に服するというこの意見を煽動的な理論のひとつとしてあげている。『法の原理』第二部第八章第六節。『市民論』第七章第四節。『リヴァイアサン』第二九章、二一二―三ページ。

☆35 『市民論』第六章第一三節、一四三ページ。

☆36 『リヴァイアサン』第二一章、一三九ページ、第二九章、二一二ページ。

一〇

主権者は、本質的にいうと、二種類の間主観的〔二人以上のひとが同一の事象をみているときの複数主観の認識論的関係〕な——他の主権者たちとの、またみずからの臣民たちとの——関係から成り立っている。主権者は自然法を遵守するよう義務づけられるというとき、他の主権者たちにたいして、また自分の臣民たちにたいしてこの義務をもつことを意味している。ところで、国際関係にかんしても、自然状態における諸個人間の諸関係についてホッブズが展開した推論と同じ推論をくりかえすことができる。すなわち主権者は自分自身を傷つけずに自然法を遵守できる場合にのみ、自然法を遵守するよう義務づけられるということができる。しかしながら、主権者がそのことを確信するのは、かれおよび他の主権者たちがすべての主権者たちに優越し、また自然法に従わない主権者にたいする強制的権力を行使できる権力を創設したのちに、なのである。ところで、自然状態が国際的諸関係[☆37]において存続するあいだは、主権者は崇高ではあるがふつごうな理性の命令に一方的に服して自分の生命や国家の存続を危険にさらす義務はない。したがって、自然法は、他の主権者たちとの関係における行動にかんしては、それ自体ではいかなる効力をもたないのである。

では、自然法は、主権者と臣民たちとのあいだの諸関係においては、他の主権者との関係以上の効力をもつのであろうか。主権者が自然法を遵守すべき義務は法的に意味があるというのであれば、主権者がこの義務に違反するときは、臣民は主権者に従わない権利をもつこと、すなわち自然法に反する主権者の命令には抵抗する権利をもつことを認めなければならない。しかし、われわれがこの帰結を受け入れるならば、一方では国家の絶対性という理論を放棄し、他方では、法の実証主義的概念と正義の法学的概念、すなわち、少なくとも現在までのところ、われわれにできる理解は、ホッブズが可能なかぎりの工夫でもって支持しようとしたこれらの理論を放棄することになる。

しかし、今回の場合ですら、ホッブズは、自然法が国家の絶対性という理論の堅固さを掘りくずすためにしかけた策略におちることはない。ホッブズの学説はこの点については明確である。かれは主権者が自然法に違反すれば、臣民は服従しないということを正当化していない。この命題を支持するためにホッブズが用いる基本的論点は次のようなものである。社会契約へ署名することによって、すべての臣民は、主権者が命じることはすべておこなうこと、また主権者が禁止することはすべておこなわないことをみずからに義務づけているのである。すなわち、すべての臣民は、何が正義であり何が不正義かの決定権力を主権者に与えたのである。すなわち、社会契約の帰結として、すべての臣民は、主権者の諸行為を自分自身のものとみなすからというわけである。したがって、命令されたものは、それが命令されたというだけの理由で、すべて正しい。こうして、主権者は臣民にたいしても、悪あるいは不正をなしえないのである。もし主権者が自然法に違犯したとしても――たとえば、罪を犯していない人に死刑宣告しても[☆38]――主権者は神にたいして悪をなすのであり、臣民にたいしてなす

☆37　ホッブズは、国際的諸関係が自然状態の典型例であるとみなす。

のではない。そしてかれは臣民にたいしてなんの悪もなしていないのだから、不正で違法であると判断される行為にたいする正しく合法的な対応である抵抗の権利を臣民はもたないことは明らかである。ここでホッブズは、この微妙な点について、自分の立場をきっぱりと述べている。

「主権者たる君主あるいは主権合議体の大部分が、かれら自身の良心に反し、かれらの情念を遂行しようとして——それは信頼および自然の法に違反することだが——、多くのことをなすように命じることはたしかにある。しかし、これだけでは、臣民がその主権者にたいして戦争をしかけたり、あるいは、かれが不正な行為をしたと告訴するとか、なんらかのしかたでかれの悪口を言おうとするほどまでの行為をしたりすることを臣民に権限を与えるには十分ではないのである。なぜなら、かれらは、主権者の全行為に権限を与えるのであって、主権者権力を与えるときに、かれらはそれらの行為を自分たちのものとしたからである[☆39]」。

たしかに、これにたいするよく知られた例外はある。主権者の命令が臣民の生命を危うくするときには、服従の義務は終わるという例外である。これが意味するのは、臣民は自分自身を危険にさらす命令(たとえば、死刑宣告)をのぞいては、すべての命令に従わなければならないということである。この例外が認められる理由は、ホッブズ体系の前提を思い出せば明らかである。人間にとって基本的価値は生命である。人間は全面的な戦争によって生命がつねにおびやかされる自然状態を廃止するという唯《ただ》一点の目的から国家を設立する。すべての個人は自分自身の生命を守るために国家のきびしい規律を受け入れる。それゆえかれは、生命の権利をのぞいて、自然状態において所有するすべての権利を放棄する。したがって、すべての個人は、国家が生命を危険にさらすのであれば、服従の信約にもはや義務づけられなくなる。ルソーの用語では、ホッブズにとっては譲渡不可能な自然権、すなわち生きる権利が存在すると言えよう。それはルソーにとって自由権が譲渡不可能であるのと同じものであり、同様の重要性をもっているのである。しかし、忘れないで欲しい。この臣民の抵抗権は、主権者が死に値いすると判断する臣民にたいしても死刑宣告をしてはならないとする主権者の義務とはまったく同じものではないということである。

チェーザレ・ベッカリーア〔一七三八—九四〕は、ホッブズと同じ仮定を共有しつつも、死刑は受け入れがたいという結論に達する。かれは問う、「あらゆる財産のなかでももっとも大きな財産である生命を各人の自由にとって最小限の犠牲であると考えられようか」[☆40]と。これにたいしてホッブズは、臣民は判決を執行する者に抵抗できることは正当であるということを認めているにすぎない。もっともホッブズは、主権者が臣民に有罪判決をくだす権利と頑固に抵抗する臣民（たとえ合法的であれ）にたいして有罪判決を執行する権利をもつことを否定しない。主権者の権利とは、それに対等で対立する臣民の権利が衝突すればどうなるか。この場合に生じることをどのように説明すればよいか。主権者と臣民とのあいだの信約は破棄されたと注釈できよう。両者ともに、自然状態すなわち自分がもて

☆38　『リヴァイアサン』第二一章、一三九ページにおけるように。ホッブズが別のところでしている説明では、罪のない臣民にたいしてなされた処罰は三つの自然法に違反する。復讐にさいして将来の利益を求めることを命じる自然法、忘恩を禁じる自然法、衡平を命じる自然法に違反するのである。（『リヴァイアサン』、第二八章、二〇七ページ）

☆39　前掲書、第二四章、一六二ページ。

☆40　Cesare Beccaria, *Of Crimes and Panishments* (New York: Bobbs-Merrill, 1963), XVI, p. 45.

るだけの権力を各人がもつ自然状態にもどるということである。死刑を宣告された臣民は、死刑執行を避けるためにその力を行使する権利をもつ。主権者は、自分の命令を実行するための力を行使する。自然状態におけるのと同様に、強いほうが勝つ。臣民の反抗は第一の自然法によって正当化されるが、それは「平和を求めよ」という命令なのである。しかし、その同じ自然法は、主権者にたいしては義務をまったく課していない。〔そのことは〕自然法がほんの一吹きの風（*flatus vocis*）にすぎない程度のものであることを再度確認しているだけである。すでに述べたとおり、政治社会においては自然法は実定法によって完全にとってかわられているので、効力をもたない。また自然法は自然状態においても効力をもたない。なぜなら、自然状態では功利性と力という本能以外に有効な法律はないし、人間が生存可能な第三の状態はないのだから、自然法が履行される特別な領域をもたないからである。自然法は自然状態においてはまだ存在していない。政治社会においてはもはや存在しない。自然法はどの場所、どの時代においても現前しないのである。

二

この点で自然法の有効性の問題はもはや存在しないように思われる。なぜなら、自然法は自然状態においてはまだ効力をもたず、政治社会においてはもはや効力をも有しないのだから。しかし、いまやわれわれは、自然状態から政治社会への移行、すなわち国家が設立されるまさにそのときに、何が生じるかをみなければならない。主権が設立されたならば、主権の権威によって発せられる規範だけが有効であるということ、これがホッブズ学説の真骨頂である。[☆41] ところで、主権者の権威の源泉は何か。換言すれば、臣民たちを主権者に従うよう義務づける規範の正当性は、何によって基礎づけられるのか。

ここでわれわれは、もしある規範がそれ自体で当然のものとみなされないときには、みずからの正当性になんらかの基礎をもたねばならないこと、またある規範の正当性の基礎は、別の法規範つまり上位の規範とよばれるものであるというケルゼン[☆42]〔の主張〕に同意する。ホッブズの体系では、臣民たちが主権者に従わなければならないと命じる規範はそれ自体で議論の余地のないものであるか、あるいはそれに優越するある規範のうちにみずからの基礎をもたなければならない、とされている。そしてホッブズは後者の解決策を選択している。事実、ホッブズによれば、臣民たちが主権者に従わなければならないことを確立する規範の正当性を引きだすのは、次のような事実、すなわち臣民たちは社会契約をつうじて自分たちの権利を放棄してそれらを主権者に譲渡し、主権者が法規範を発することを権威づけたという事実である。したがって、臣民たちの服従を命じる規範の正当性の基礎は、臣民たちが命令する絶対的権力を主権者に帰属させなければならないことを命じる規範なのである。しかし、ホッブズにとってこの規範とは自然法である。『市民論』[☆43] のテクストに従ってより正確に言えば、

☆41　これは、すでに述べたとおり、純粋な法実証主義にもあてはまる。
☆42　H. Kelsen, *General Theory of Law and State* (Cambridge, Harvard University Press, 1945), pp. 110-11.〔尾吹善人訳『法と国家の一般理論』、木鐸社、一九九一―五ページ〕。

その規範は、第一の自然法、すなわち他の規範を生みだす自然法なのである。したがって、実定法体系全体の正当性の基礎に自然法の存在があるのである。

たしかにホッブズは、みずからの体系に残存する自然法論の遺物と執拗に闘い、緻密で一貫性のある実定法理論をねりあげた。しかし、ホッブズは、実定法体系全体の正当性の基礎を提供するものは何であるかを自問せずにはいられなかった。さて、下位の実定的規範は、それら自体が実定的である上位規範を引き合いにだす。しかし、われわれは最上級の規範をみつけうる地点にまで到達しなければならない。この規範は他の規範によってはみずからの正当性の基礎を与えられず、逆に他のすべての規範の正当性の基礎であるような規範である。この最上級の規範は実定法体系の究極の基礎であるから、それ自体は実定的規範ではありえない。なぜなら、最上級の規範は、自分から派生する諸規範が基礎づけられるのと同じ仕方で基礎づけられることはできないからである。

近代の法実証主義者は自分の研究にさいしては自然法論へ言及することをあからさまに拒否するか、あるいは少なくともしばらくはふれないでこの最上級の規範が特定の法体系の基本的規範であると述べるにとどまり、またかれは、この基本的規範はもはや絶対的に正当な規範ではなく、むしろひとつの仮定的規範であり、それは実定法を客観的科学にさせるにすぎないと述べている。反対にホッブズは気分的にはまた推論の仕方においては法実証主義者であるが、必要性があって自然法論者つまり実定法体系を支える最上級規範が自然法であると考えているのである。こうしてホッブズは、実定法体系が設立されるや否や自然法からの介入をすべて排除するにもかかわらず、実定法体系の基礎に自然法をおかないわけにはいかないのである。すなわち、ホッブズは自然法論から決定的にのがれたかにみえたときに自然法論の手中にはまってしまっているのである。

この立場の諸帰結は近代的法実証主義者の諸帰結と比較すれば、次のように要約できよう。近代的法実証主義者は法秩序上の最上級の規範にもうひとつの仮定的規範をみてとるので、自分の研究対象たる特定の法秩序を、存在可能な諸制度のひとつにすぎないと考える。自然法がみずからおびている普遍性と絶対性という要件のゆえに、ホッブズは法秩序の基本的規範に自然法の性格を与えるので、自分が描写した法体系を唯一可能な法秩序と考える。われわれはこのちがいに驚くことはないであろう。なぜなら、法実証主義者の背後には現代科学の相対主義的概念があり、ホッブズの背後には十七世紀の合理主義に固有の科学にたいする絶対的な概念があるからである。近代の科学者は自分の研究の諸前提に関心をもたない。科学者は、みずからの研究に妥当するかぎり、それらの諸前提を受け入れるのである。しかし、ホッブズは、慣例尊重主義と唯名論を信奉していたにもかかわらず、同時代の合理性を重んじる天職意識から、幾何学と同程度に絶対的な、より正確に言えば幾何学がもっと考えられていたのと同程度に絶対的な正当性をもつと人びとが考える政治学体系を確立したいという野心をもっていた。しかし、ホッブズには、自分の体系に絶対的正当性を与えるためには唯一の方法しかなかった。それによってかれは自然法という台座の上に、すなわち数学の公理と同様に自明であるか、あるいは他の自明な自然法から合理的に導出可能であるようなひとつの法の上に自分の体系をおいたのである。

☆43 『リヴァイアサン』において、この規範は第二の自然法として言及されている。第一四章、八五ページ。

一二

ホッブズにとって国家の基本的規範、すなわち諸個人が自分の主権者的諸権利を放棄し、それを他人に譲渡することに合意するということに基礎をおく法律が絶対的正当性をもつ規範である。そしてその規範がこの絶対的正当性をもつのは、この法が他の自然法、すなわち人類に平和を求めることを命じる第一の基本的な自然法の論理的帰結だからである。[☆44] しかし、ホッブズは第一の基本的な自然法をそれ自体で自明なものとして提示しているのではなく、むしろ利己的な人間の本性の研究をつうじて、それを正当化しているのである。その研究は自然状態の有名な描写となっており、そこからホッブズは、自然状態はたえがたい状態なので、人間はそこから政治社会へと必然的に移行すると結論づけたのである。

したがってホッブズは、近代の法律学者と異なり、自分の探求の仮定に関心をもっていたといえよう。そのため、かれが構築した自然法の合理的体系は実定法秩序にとっての基礎を提供することができたのである。しかし、そのことは、ホッブズが合理主義者として自然法にたいして少なからざる譲歩をしているといえよう。真正の自然法論者には、自然法の問題はたんに実定法の基礎づけの問題ではなく、すなわち、実定法の問題は普遍的な（自然）法にか、あるいは制限された妥当性かという諸原理にか、さらには協定に基礎づけられるにか、といった単純な問題ではないのである。なぜなら、自然法論者にとってその問いはきわめて重要なもので、その問題が関係する論点は、実定法と並行して実定法と同等か優越さえする別の法が存在するのか、そして実定法がその法に反する場合には、市民、裁判官あるいは他の権威が上訴しうるような他の法があるのか、ということだからである。すでにわれわれが示そうとしてきたことであるが、このような伝統的な自然法概念をホッブズは認めなかった。ホッブズは、ふたつの法が存在するということ、すなわちかれは唯一効力をもつ実定法とならんで、こんにちにおいても滅びることなくふたたび活気を取り戻した自然法論者たちが述べるような、拘束力をもつ自然法が存在するということを受け入れない。ホッブズは実定法の基礎としてしか自然法を受け入れないのである。そうすることによって、かれは、自分自身の考える実定法の絶対的価値を正当化する機能だけを自然法に割り当てているのである。したがってホッブズにとって、自然法はそれ自体で法規範であるのではなく、もっぱら論理上の根拠にすぎない。自然法は人間の行動をさだめるのではなくて、人が他のやりかたではなくまさにこのやりかたで行動しなければならない理由を合理的に論証するのである。

この最後の言説により、われわれは出発点に連れ戻される。ホッブズにとって諸自然法は法律ではなく、むしろ定理である。より正確に言えば、諸自然法は法規範ではなく、むしろ科学的諸規則である。自然法は命令せず、むしろ論証するものなのである。自然法は義務づけず（あるいは強制せず）

☆44　第一の自然法から第二の自然法が派生するが、その生じかたは、ある実定法が別の実定法から派生するときのしかたとは異なる。実定法の場合は、ケルゼンの用語法に従えば、派生は形式的あるいは委任によるものであるのにたいして、自然法の場合の派生は実質的である。

むしろ説得しようとするのであって、当為の領域（ここでもケルゼンの用語法による）に属するのではなく、むしろ存在の領域に属するのである。すなわち諸自然法は拘束力ある法規範ではなく、法規範の体系の合法性を論証するのである。しかし、くりかえし述べるが、これが意味するのは、語《ことば》の古典的意味での自然法の解体、すなわち合法的な法規範の一体系としての自然法の解体である。にもかかわらず、たとえホッブズが諸自然法の体系を規範的価値よりもむしろ論証的価値をもつ科学的命題の体系に還元したとしても、実定法体系はたんに合理的に正当化されなければならないだけでなく、規範的基礎をもたなければならないのである。ホッブズにとっては、ケルゼンにとってと同様に、法秩序は根本規範にもとづくものである。ホッブズにとってこの根本規範はたんなる規範的仮説ではなく、むしろそれが自然法なのである。すなわち、諸自然法の定理への還元は完全なものでなく、自然法は、ホッブズ全体系の軸《かなめ》であるという一点において、すくなくとも規範的価値をもつのである。

　この根本的自然法は第三者による社会契約を国家の法秩序の規範的基礎として確固たるものとするのである。この規範の正当性が含意するのは、別の規範の正当性、すなわち諸契約は守られねばならない（*pacta sunt servanda*）ということを確立することであるとつけくわえてもよいであろう。したがってホッブズは、この規範を派生的な諸自然法のうちの第二のものとみなす。[☆45] 国際法の分野における信頼すべき学説によれば、同等者が構成する法秩序では、諸契約は守られねばならない（*pacta sunt servanda*）という規範をみずからの基礎として認めないわけにはいかない。ホッブズは、同等者が構成する国家の法秩序という契約論的概念を受け入れているのである。たとえば国際関係論の科学的伝統においては、ホッブズと同様に、このような根拠―規範を自然法の原理とみなしてきた。しかし、こんにちでは、この規範を認める厳格な法実証主義者はこの規範ですら〔自然法にではなく〕実定法の規範にもとづくということを示そうとつとめるであろう。ところで、諸契約は守られねばならない（*pacta sunt servanda*）という規範の正当性は、当事者間の合意から――すなわち実定法から――は生じえない。なぜなら、その規範自体がその合意の正当性の前提だからである。したがって、法実証主義者はこの規範の正当性は慣習から生じると主張する。しかし、たとえホッブズが大胆不敵な者であったとしても、この十七世紀の哲学者にして法学者たる人物にたいして、こんにちのもっとも大胆かつもっとも一貫している法実証主義者と同じように思考せよと求めてはならない。

　ホッブズにとって、統一のための信約を確立する規範と諸契約は守られねばならない（*pacta sunt servanda*）という規範のどちらも自然法である。このことは次の事実によっても確証される。ホッブズの考えるところでは、大逆罪すなわち『市民論』の一節において示されているとおり、あれこれの法律への不服従ではなく原初の信約への違反を本質とするあの犯罪は、自然法にたいする罪、「市民法ではなく自然法それ自体に違反するもの」とみなされている。[☆46] したがって、大逆罪を犯すものは市民法によってではなく、むしろ自然法によって罰せられなければならない。すなわち、悪しき市民としてではなく、国家の敵として罰せられなければならないという結論になる。

☆45　『市民論』第三章第一節、二九―三〇ページ。『リヴァイアサン』においては、この規範は第三の自然法として導入されている（第一五章、九三ページ）。

一三

いまやわれわれは、第四節で述べたことの含意をきわめてはっきりと理解する準備がととのった。ホッブズ体系の根本規範あるいは根本的諸規範は自然法であるという命題からは、ホッブズの法実証主義に対立する決定的論拠は生じない。反対に、この特徴がかれの法実証主義を根拠づけるのである。

第一に、われわれはかれに問いたい。ホッブズがもつ正義の形式的概念と、諸自然法が正当性をもつのは実質的にそれが正しいからであるというかれの主張とがどのように両立可能なのか。いまやこれについてはただちに次のように答えることができる。両立は困難ではない。なぜなら、存続する諸自然法は、特定の内容を命じないし、また単純でかつみずからの力によってのみ特定の内容をもつことになる実定法秩序をたてるべしということを命じるだけだからである。

第二の問いについて。ホッブズの主権の絶対性を唱える国家理論と、国家に先行する自然法の存在を容認することとをどのように両立させることができるのか。この場合にもまたわれわれは、両立可能であると答えられる。なぜなら、ホッブズは、自然法が課せられるときはいつでも自然法を実定法の諸規範でもって中和するからである。結局、ホッブズの体系においては、自然法がもつ機能は、実定法しか認めない国家にたいして正当性の基礎を与えることにほかならないのである。

最後の問いについて。自然法体系によって構成されるホッブズ体系の出発点と、実定的法体系の構築物たるその到着点とのあいだには、対立がないのかどうか。ここでもやはり両者のあいだに対立はないと自信をもって答えることができる。なぜなら、たとえこのような陳述が逆説的にみえようとも、まさにホッブズの自然法の機能は、実定法以外に法は存在しえないということを人びとに確信させることにあるからである。ホッブズ自身のことばでは、この逆説は次のとおりである。

「信約違反を禁じる自然法のおかげで、自然法はわれわれにすべての市民法を遵守することを命じる。実際、われわれに命令されることは何かがわかる以前に服従することが義務づけられている場合、例外なくわれわれはすべてのことにおいて服従するよう義務づけられているのである。そこから、どのような市民法も（……）自然法に反することはまったくありえないということが導きだされる」[☆47]。

☆46 『市民論』第一四章第二一節、二二七ページ。ホッブズは、『リヴァイアサン』においては、大逆にかんするもろもろの罪の問題を真正面からあつかっていない。かれは、さまざまな犯罪をその結果との関連において比較する節で大逆にかんするもろもろの罪をとくに重大な犯罪として列挙している（第二七章、二〇〇ページ）。しかし、それらの犯罪が自然法の侵害をその特徴としていることを強調してはいない。おそらく、このように述べると、同じ章でかれが断言していることと矛盾するかのようにみえるからであろう。犯罪とよべるのは市民法の侵害だけであるのにたいして、自然法の侵害は、どれほど罪深いものとしても、犯罪とはよばれない（第二七章、一九〇ページ）。ホッブズのこのような見解と、主著『リヴァイアサン』でなされた政治学的考察全般とのあいだにどのような関係があるのかということは、当時の国内情勢が変わり、すでに王党派が敗北していたのだから、別途に検証されるべきであろう。

われわれのことばで言えば、市民法と自然法とのあいだに対立はない。なぜなら、自然法はすべての市民法に服従するように命じつつ、同時に、自然法に反する法への服従をも命じるからである。しかし、ふたつの法が対立しないのは、市民法を自然法と対立させてはならないからではない。国家への服従を命じる根本的自然法が、あらゆる個別の自然法に優先して効力をもつからである。すなわち基本的自然法が、国家が制定されるや、すべての自然法がその拘束力を失うということを教えてくれるのである。

ホッブズの全行程は完結した。しかし、われわれはいまや、矛盾もしなければ、逆説もないということを理解した。なぜなら、自然法の真の機能、その消去不能の唯一の機能は、実定法以外には妥当な法はないとする規範にたいしてまったく絶対的な根拠を与えることだからである。ホッブズが伝統的自然法学説から抽出することに成功したのは、〔自然法は〕国家の必要性に資する論拠であること、またわれわれが実定法に絶対的に服従する義務に資する論拠にほかならない。ホッブズはたしかに自然法を受け入れるが、その自然法は矛盾なく首尾一貫した実定法理論に役立つためである。あるいは、こう言ってもよい。ホッブズは、いかなる歴史上の論拠も用意できない論拠でもって実定法を絶対的に正当化する方策として自然法を用いていると。ホッブズ以前とホッブズ以後の自然法論は、〔自然法と実定法という〕ふたつの異なった法的領域を、たとえ相互にさまざまなかたちで関連させているにせよ、はっきりと区別してきたしこれからもそうするだろう。これにたいしてホッブズの自然法論は、法についての一元的な概念へと、言い換えるならば実定法体系に優越する法体系としての自然法の存在を否定することへと帰着するのである。

☆47 『市民論』第一四章第一〇節、一九〇―一ページ。強調は引用者。この逆説の別の説明を第一七章第一一節、二六七ページで読むことができる。「われわれの救い主は、自然法すなわち服従の命令のほかには、都市国家の支配のためのいかなる法も臣民たちには示されなかった」。強調は引用者。

第五章　ホッブズと自然法論

一

一般に自然法論の歴史はふたつの時代に区分されると考えられている。第一の時代は古典的〔アリストテレス的〕自然法論と中世の自然法論に対応し、第二の時代は近世自然法論に対応している。しかしながら、たとえどちらの自然法論の擁護者もそのことを十分に自覚していないとしても、このふたつの時代の変化がいつ生じたのかという評価については、近年、動きが生じているように思われる。ほんの数年前までは、すでにプーフェンドルフやトマジウス、そしてジャン・バルベイラック〔プーフェンドルフの仏訳者〕の著作によって、十七世紀末から十八世紀初頭において確固として定まった支配的学説は、近世自然法論の創始者はグロティウスであったということであった。しかし、いまやこのような見方には変化が起こっている。すなわち近世自然法論は、グロティウスではなくホッブズとともに始まるという強い考えが広まりつつある。一方では、グロティウスの哲学上の独創性が疑問に付され、また研究者たちはグロティウスをよりいっそう注意深く研究し、さらにグロティウスと前近代的な伝統とのつながり、とりわけ後期スコラ哲学とのつながりが確認された。[★1] 他方では、ホッブズの法思想が表面に現われ、興味をもって研究されるようになり、彼の法思想は、良かれ悪しかれ革新的とみなされる諸理論の先駆を構成すると信じられるようになってきた。

中世自然法論と近世自然法論のあいだの区別を確定し正当化するために、どちらの側からももっともひんぱんに用いられている諸基準を検証してみよう。[☆1] これらの基準はすべて、その参照点をホッブズ哲学とする場合にのみ、きびしい歴史的検証にたえうるのである。これらの基準は、もしグロティウスの自然法理論と比べるならば、その論議のための威力をほとんどすべて失ってしまい受け入れがたいものとなってしまう。冗談めかして言うならば、新旧自然法論者たちの論争にみられるすべての議論は、いやおうなしにまた必然的にホッブズへと還元されると言うこともできよう。

ひんぱんに用いられる四つの基準を考察してみる。これらの基準は、近世自然法論にたいする中世自然法論の優位性を主張するのか、あるいはその逆のことを主張するのかによって、またイデオロギー的、方法論的な論議が利用されるかどうかによって分類できよう。これらの四つの基準を（一）aと（一）b、（二）aと（二）bに分類しよう。わたくしがこれから検証する四つの基準のうち、最初のふたつは中世自然法論の擁護者たちによってもっともひんぱんに採用されている。他のふたつ

★1　G・アムブロセッティ『グロティウスの法律観の神学的思弁的前提』（ザニケッリ出版、ボローニャ、一九五五年）を参照。

☆1　古典的〔アリストレス的〕自然法論は除外して考えるのがよさそうである。なぜなら古典的自然法論は、状況しだいで中世自然法論と近世自然法論のどちらをも強化することに貢献しうるからである。

は、近世自然法論の擁護者たちによってもっともひんぱんに採用された。どちらの組合せにおいても、第一の論点はもっぱら方法論的性格のものであり〔(一) aと(二) a〕、第二の論点はもっぱらイデオロギー的性格のものである〔(一) bと(二) b〕。

(一) a　中世自然法論は近代自然法論よりすぐれている。というのは中世自然法論は諸規定の完全なる体系を確立しようとはしなかったからである。近代自然法論の体系は抽象的な人間性から、より幾何学的な方法によって引きだされ、最終的には確立されることになるやもしれぬ体系であるにすぎない。中世自然法論が考える自然法はいくつかの一般的な諸原則からなっていて、「善をなし、悪を避けよ」という一原則にだけ立っているとも言える。そしてこの原則は歴史的に完成されるべきもの、明確化されるべきものなのである。[☆2] 近世自然法論は、人類の歴史的発展をまったく考慮しない抽象的合理論の成果であるのにたいして、中世自然法論は真理を普遍的理性への人間理性の発展的同化とみなすことにより、人類の歴史的発展を受け入れ、正当化する穏健な合理論の成果である。みずからの負けを認めず、それどころか近年になってこれまで以上に攻撃的になってもっとも戦闘的なカトリック系自然法論者たちは、近世自然法論は反歴史的であり、それにたいして歴史と和解したスコラ哲学の自然法論はみずからを近代的とよばせている近世の学説よりもずっと近代的であるということを執拗に主張しているのは、よく知られているところである。

　さて、この議論を考えれば、原初的な倫理学的公理（基本的自然法）と二次的な諸規定（派生的な諸自然法）によって演繹的な法律体系を確立しようとした最初の思想家は、グロティウスではなくホッブズであったと言えるであろう。グロティウスは〔『戦争と平和の法』の〕緒言（第八節）において、永遠の法典を制定するなどという思い上がりはいっさいもたずに、おおまかでゆるやかな一般的な諸規定のリストを描くにとどめている。それらの諸規則とは、他人のものには手をださないこと、他人のものは返すこと、約束を守ること、損害を与えたら賠償すること、法律違反にたいする刑罰には従うべきなどである。これにたいしてホッブズは、『市民論』の第二章、第三章と『リヴァイアサン』の第一四章、第一五章において、断固としたまたやや無遠慮な態度で、自然法の具体的な一覧表を提案しており、そのなかには『市民論』でとりあげられているように大酒飲みの禁止までふくまれている。人びとが、〔かれの理論は〕十八世紀の抽象的合理論である、またさまざまな自然権の内容をいったん確立したら固定するというかれの主張について、なんと言おうとも、普遍的な立法者についての骨の折れる困難な役割を引き受けるさいに、ホッブズほどに大胆であった著述家をわたくしは知らない。

（一）b　近世自然法論は、人間はほんらい社会的であるという仮定からもはや出発せずに、人間は利己的であることを強調し、社会における個人よりもむしろ自然状態における孤立した個人を考慮する。こうして、中世自然法論は近世自然法論よりもすぐれている。なぜなら後者は人間の概念が偏狭

☆2　二次的な自然法をつうじて、あるいは人間の手になる実定法をつうじて。ロンメンは、人間の立法者を不必要にするわけではない枠組みを諸規範に与えるものとしての自然法について論じている。*Lo stato nel pensiero cattolico* (Milano: Giuffrè, 1959), pp. 78-79. 参照。

で、特殊的で、原子論的だからである。そして近世自然法論は、特殊な政治理論、すなわちいたるところで衰退するリベラリズムを生みだしたのである。ここでスコラ哲学の自然法論の支持者たちは、啓蒙主義と功利主義の典型である個人主義的倫理学にたいして人格主義的倫理学として自然法理論を提起する。かれらはまた原子論的社会概念にたいしてコミュニタリアン的な社会観を提示したのである。そしてかれらはこのような考え方は近代国家の課題——それはもはやたんなる消極的な課題ではない——により適合した人間観と歴史観を用意するものであるとして満足しているのである。

この点からみても、また一方の点から言えばよりはっきりとするが、転換の契機を示すのはホッブズであって、グロティウスではない。もしもわれわれが中世的自然法論と近世的自然法論とのあいだの区別の新しい基準とは何かを考えてみるならば、重要なのは明らかにグロティウスではなく、まぎれもなくホッブズのほうである。グロティウスの厳密な仮説の出発点となったと思われるのは、社会的欲求という仮説である。これはアリストテレスや聖トマス・アクィナスのゾーン・ポリティコン〔人間はポリス的動物であるという概念〕という概念をよりあいまいにした考えであり、それは十六世紀のスコラ哲学者たちによっても共有されているものである。〔これにたいして〕ホッブズは自然状態にある非社交的な個人から出発している。つまりホッブズの考える個人は、自分は他人にだまされ傷つけられはしないかとたえず疑い、また自分が契約をするまえに他人がそうするのではないかと恐れて自律性を守ろうとせず、さらには他人を傷つけようという意志によってたえず突き動かされている（社会的欲求どころの話ではない）のである。ホッブズは『市民論』の冒頭から、いつもどおりにきっぱりと、伝統論者たちがかれになした反対意見の大合唱にたいして返答している。「というのも、かれらは、人間が集いお互いの交際に喜びを感じる原因をより狭く理解するのだろうし、またまさにそうなるのは自然によってではなく偶然によってであると容易に見抜くだろうからである」[☆3]と。

（二）a　近世自然法論が中世自然法論よりもすぐれているのは、前者が新しい理性概念すなわち宇宙のなかでの人間についての新しい概念により柔軟に適合していることにあった。同様に、近世自然法はもはや神によって創造された普遍的秩序ではなく、たんに諸個人が自分たちの社会生活を規制するためには考慮に入れておかなければならない――一連の環境的、社会的、歴史的な――諸条件である新しい自然観に適合していたためである。理性観、自然観が変化することによって、「自然法は、人間共同体が宇宙秩序に参加したり宇宙秩序に貢献することを可能とするような道程であることをやめて、社会生活の合理的技術になる」ということである[☆4]。

もしホッブズ哲学が存在しなかったら、古い自然法論と新しい自然法論とのあいだのこうした区別の基準は考えられなかっただろう。もう一度言おう、ここでもホッブズは〔自然法論の区別を考えるさいの〕不可欠の通過点である、と。計算を可能にした理性の理論を初めて構築したのはホッブズである。とくに理性は社会に生きる人間にとって、功利的計算が必要であり、この計算によってわれわれ人間は契約をつうじ他者と結びつき、政治社会を設立するように導かれるのである。またこの計算〔作用〕は、ほんらいよきものではあるが実効性をもたないさまざまな自然法を、少なくとも効力をもつ、ま

☆3　『市民論』第一章第二節（ウォーリンダー編ラテン語版九二ページ）。
☆4　N. Abbagnano, *Dizionario di filosofia* (Turin: Utet, 1961), s. v. “Diritto”, p. 254b.

た平和という至高の価値の実現を保証するということから、よきものとし、実効性がある実定法に転換するための諸条件をつくるようにわれわれをうながすのである。ホッブズは、グロティウスをふくむかれの先人たちがなしたようなきわめて一般的な諸規定をたんに自然法に帰するだけにとどまらない最初の思想家である。ホッブズは、自然法の長いリスト――それはその大半を戦争法から導出した――をえがきだしている。ホッブズは、自然法は功利性の計算の産物[☆5]、言い換えれば、平和な社会生活を可能にするための理性によって考案されたもの以外のなにものでもないというテーゼを検証している。

グロティウスの著作には、当時の議論をぼんやりと反映したものをべつにすれば、理性についての理論は存在せず、「たとえ神が存在しなかったとしても」という有名な文句にしても、ファッソォがうまく説明しているように、スコラ哲学の焼き直しであった。自然法にかんしても、グロティウスにとって自然法が功利主義と道徳的懐疑論に抗する最大の砦であったのは、自然法が人間もその一部である普遍の合理的秩序の反映とみていたからである。市民法の歴史的妥当性と比較して、自然法は普遍的妥当性を保証するとグロティウスの目にうつったのは、神の秩序[☆6]として理解された自然に自然法が対応しているからであった。

（二）b　近世自然法論が中世自然法論よりもすぐれているのは、後者が自然法をもっぱら自然法に由来する諸義務の視点からみるのにたいして、前者が自然法を自然法が与える諸権利の視点からみているという事実にもとづく[☆7]。自然法論の機能はつねに主権者権力に制限を課することであったが、伝統的観念のなかでの自然法論は、自然法を破らない義務が君主にあると主張することでそうした機能を果たしていたのにたいして、近世自然法論は、最初のうちは、自然法に違背した主権者に抵抗する権利を臣民たちに認め、そうすることで主権者の義務を、未完成なものから完成されたものへ、また内面的なものから外在的なものへと転換したのである。そして次の段階で、近世自然法論は、もはや自然法を重んじる主権者の義務は国家権力を制限するという原初的基礎とはみずに、その代わりにその〔自然法遵守の〕基礎は、多かれ少なかれ国家生成に先んじる一連の個人的諸権利にもとづくものとしたことである。自然法を遵守する君主の側の義務は、そうした自然権から生まれたものとされた。以上の諸権利が自然権とよばれ、主権者が自然法を重んじる義務の理由とみなされているものである。

次の点にかんしては研究者たちの見解は一致している。自然権理論はホッブズとともに生まれ、グロティウスにはそうした痕跡はみあたらないということである。自然法論の創始者とみなされてきたグロティウスが、主権について論じるさいには主権の基礎はつねに人民にありとする人びとの意見に論駁することに主たる関心を集中させているため、アリストテレスが奴隷制度を当然なものとして用

☆5　その意味で、正しき理性の命令である。

☆6　たとえその秩序が神の意志によってではなく、神の理性によって創られたとしても。

☆7　L. Strauss, *Natural Right and History* (Chicago: University of Chicago Press, 1953), pp. 182-83〔L・シュトラウス（塚崎智・石崎嘉彦訳）『自然権と歴史』昭和堂、一九八―二〇一ページ〕、そして同書に引用されている論者たちを参照。また、Alessandro Passerin d'Entréves, *La dottrina del diritto naturale* (Milan, Edizioni di Comunità, 1954), pp. 76ff. も参照。

いた論法まで利用している。ホッブズは『市民論』の有名な一節で、また『リヴァイアサン』においてくりかえし法律と権利の区別の問題に真っ向から立ち向かい、「法律とは拘束であり権利とは自由であって、両者はまるで正反対のように異なっている」と述べた[☆8]。法律(ここでいう法律とは市民法のことであると理解すべし)によって規制された領域に対置される自由の領域とは自然状態のことである。それゆえこの状態は、さまざまな義務ではなく諸権利が存在するのが特徴である。それらの諸権利のうちでとくに目をひくものは、生存権と生命の保持にとって不可欠なあらゆる事物にたいする権利である。そして市民社会の設立とともに、個人はみずからが生まれながらにもっている自由とみずからの生来の諸権利の大部分を放棄するようにしいられるということは事実であるが、しかしこれについては、さしあたりここでわれわれが案じなければならない問題ではない。ホッブズが革新者[☆9]であることを示すうえで重要なことは、ホッブズは自然状態についての完全な理論をねりあげた最初のひとだということである。この〔ホッブズの〕自然状態論は、君主の〔その行為が〕当てにならない義務にもとづくよりも、市民の完全な諸権利にもとづいて主権を制限する理論を確立したい人びとにとっての主要な〔理論的〕装置となるだろう。

さて、これまで提示し手短かに論じてきた命題のすべての結論を引きだしてみせたいとのぞむならば、ホッブズがそしてホッブズのみが近世自然法論の創始者だと結論すべきである。にもかかわらず、法思想史におけるホッブズの思想と立場についてはかれを法実証主義の先駆者とする解釈が――もしわたくしにまちがいがなければ、これは有力な解釈なのだが[☆10]――存在する。この解釈によれば、近世自然法論は自然法論の解体をはじめた思想家をとおして登場したということになる。これはかなりひとを当惑させるような状況におく。なぜならこの状況から抜けだすには、次のようなふたとおりの道を進むことになるからだ。いわゆる近世自然法論は中世自然法論とはなんの関係もなく、いやそれどころか、中世自然法論の反対物であると主張するか(これは近年ピオヴァーニが進んだ道である)、さもなければ、ホッブズが法実証主義にたいしてわずかながら譲歩——それは形式的でなく実質的に譲歩——しているにもかかわらず、自然法理論の勇敢な擁護者であり。あるいはふつう信じられているよりも実際には自然法論者に近いということ(これはウォーリンダーが巧みに進んだ道である)を示せば足りるであろう。これにたいしてわたくしは、より地道ながら次のことを考慮に入れればこの難問は解消できると考えている。

(一)「自然法論」と「法実証主義」という語はかなりあいまいな用語(それは理念の大潮流を分類するすべての用語と同様にたえずくりかえされるが)である。すなわち自然法論者であるということと法実証主義者であると言っても、それにもさまざまなタイプがあり、相互はつねに対立的なわけではない。

☆8　『市民論』第一四章第三節、二〇七ページ。

☆9　たとえホッブズがめざしたものとは反対の結果であったとしても、かれによる革新は、多くの結果をもたらすことになる。

☆10　こうした歴史編纂の解釈について、くわしくは M. Cattaneo, *Il positivismo giurdico inglese: Hobbes, Bentham, Austin* (Milan: Gifurrè, 1962), pp. 46ff. この研究書の著者は、とりわけ自然法の理論家としてのホッブズを強調しているけれども、結局のところ、この著者もホッブズを「イングランド法実証主義の最初の代表者」とみなすことになってしまっている。

(二) ホッブズの観念はりっぱな甲冑で身を固めているにもかかわらず、一見したときにそうみえるほどには、一貫性がなく弱点がある。そしてわたくしも以前の諸研究で一貫性があると信じていたし、またわたくしの読者たちにもそう信じさせたほどには、完璧なものではない。[☆11]

わたくしが「自然法論」とよぶ理念体系には、すくなくとも次のふたつの主張がくりかえされている。

(一) 実定法(この存在をあえて否定した哲学者はこれまでいない)のほかに、自然法が存在すること。

(二) 自然法は実定法に優越する(この意味についてはのちにくわしく説明する)。

わたくしは、歴史的にみて自然法論にとってのこれらふたつの本質的条件は、それぞれ異なる三つの哲学体系と法学的体系へと分類されると考える。この三つの哲学体系と法学的体系は、自然法と実定法の関係において、どちらが優越するかと考えることによって相互に区別され、それゆえ、混乱と誤解を避けるために、三つの一般的な命題を定式化することによって、三種の自然法論体系に区別することが必要である。

(一) 自然法と実定法のあいだの関係は、出発点と結論の関係(あるいは一般的諸原則と具体的応用の関係)である。

(二) 自然法が法的諸規範の内容をきめるのにたいして、実定法はその諸規範に拘束力をもたせることによって、それを効果あるものにする。

(三) 自然法は、実定法的秩序全体の妥当性の基礎となっている。

自然法論についてみられる三つの理論は、実定法にたいする自然法の優越性をどう理解するのかのちがいにかかわるのである。ある法[☆12]が他の法よりも優越すると言明されうるのは、ケルゼンの周知の用語を使うならば、静態的理論の意味においてか、動態的理論の意味においてかである。すなわち、下位の法は、上位の法からその内容（明白な前提からの論理的結論として）を、あるいはその法的効力から引きだすのである。いずれのケースでも、下位の規範は上位の規範を廃棄する権限をもたない。しかし、第一のケースでは、上位の規範と相いれない下位の規範が不正義とみなされるのにたいして、第二のケースでは、それは法的効力をもたないとみなされる。さて、前記の三つの自然法論体系が区別されるのは、実定法にたいする自然法の優越の理由が、前者が後者に内容と法的効力を与えるから（体系一）なのか、自然法は実定法に内容を与えるだけ（体系二）だからなのか、それとも自然法は法的効力の基礎を与えるから（体系三）なのか、というちがいによるものである。

☆11　カッターネオが次のように主張するのは正しい。「ホッブズの思想は、かくも複雑でいくつかの根本的な矛盾をふくんでいるので――とりわけそれはどちらも絶対化の傾向をもつ自己保存の自然権と主権とのあいだの葛藤である――、そこから極端な結論やあまりに一方的な結論を引きだすことはできない」(ibid., pp. 119-20)。

☆12　ここでは「法」という言葉でひとつの規範を意味すると同時に、法秩序全体をも意味する。

（一）聖トマス〔・アクィナス、一二二五—七四〕においては、人定法は自然法のきわめて一般的な原則から導きだされた結論とみなされているが、内容とその法的効力の基礎の両方を自然法から引きだしている。[☆13]

（二）自然法の諸規範の効力を保証する機能が実定法にゆだねられる体系においては、[☆14]実定法の個々の規範は、諸自然法からみずからの内容を引きだすが、みずからの法的効力の基礎を引きだすことはできない。

（三）最後のケース。自然法が総体としての法的秩序の妥当性の基礎を構成するような体系においては、実定法にたいする自然法の優越は、体系二におけるのとは異なり、実定法が内容にかんしてではなく、法的効力にかんして自然法に依存しているという事実に根拠をもつ。

すでに述べられたように、ホッブズ思想は単純であるどころか、表面的にはなめらかにみえるがたいへんに荒々しい内容をふくんでいる。にもかかわらず、ホッブズ体系の意義は、そしてわたくしの意見ではその精神もほとんどつねに、この体系は第三のタイプの自然法論として解釈するようにわたくしにさせるのである。わたくしは、別の機会にこの主張を提起した。[☆15]しかしながら、ホッブズの自然法論はウォーリンダーのような最近の研究者たちによって再評価され、一定の限界を設けることによりカッターネオにも再評価されているから、ここでいくつかの解明と、さらには若干の修正を加えて、この議論をふたたび復興させるのが適当であるとわたくしは考える。[☆16]

二

ホッブズがその政治理論を入念に練りあげた主要な目的は政治権力に堅固な基礎づけをすることであった。当時、自然法理論のイデオロギー的重要性はきわめて強い影響力をもっていたので、政治権力を確立する最良の方法は、主権者に服従する義務が自然法に由来するということを示すことにあるとホッブズには思われた。ホッブズの仕事の主要なテーマは自然法のなかに最小限の抵抗と両立しうる最大限の主権を正当化することをめざすことにあった。しかし、自然法にかんするかれの全言説は、主権者に従う義務は自然法によって確立されるという主張に要約できよう。したがって、ひとたび国家が設立されれば、臣民にとって服従する義務以外の自然的（あるいは道徳的）義務は、特別なケースやそれに外接するケースをのぞき、存在しないのである。この点にかんしては、少なくとも『市民論』のふたつの説がその証明となる。「信約の不履行を禁じる自然法により、自然法はわれわれにすべての市民法を守るように命じている。〔……〕われわれの救い主は、国家統治のために自然法、すなわち服従の命令以外のいかなる法律も臣民たちに示したことはなかった〔……〕」[☆17]。

☆13　自然法の法律的規定とみなされた諸人定法の場合はこれとは異なる。これらの人定法について、聖トマス・アクィナスは「それらの人定法はその効力を人定法のみからえているのである」と言っている。（『神学大全』、一、二、第九五問題第二項）〔稲垣良典訳、創文社、第一三冊、一九七七年〕

☆14　大雑把ではあるけれども、ジョン・ロックの理論をこの種のものとみなすことができる。

☆15　前章参照。

☆16　この修正については、わたくしと異なる考えをもつ人びとにわたくしは負っている。

この主張は、近年発表されたホッブズ政治思想にかんするもっとも重要な著作において再確認されている。[☆18] ハワード・ウォーリンダーの狙いは、ホッブズは伝統的な自然法論あるいは法実証主義の立場なのかを割り当てるという、どちらにしてもあまり役立たない試みにあるのではない。むしろホッブズ思想においては自然法が不可欠な機能をもっているということを示すことにある。ウォーリンダーの目的は、より正確に言うならば、ホッブズには自然的（あるいは道徳的）服従が欠如しているということをくりかえし指摘してきた数多くの解釈者たちに反論することにあった。にもかかわらず、ウォーリンダーがみずからのテーゼを主張するために好んでもちだす議論は、もしもホッブズが市民的義務にさきだつ、またそれと独立している道徳的義務を認めなかったとするならば、ホッブズの政治的服従にかんする理論全体は崩壊したであろう、ということである。また、〔かれの言う〕道徳的義務は、人びとに諸契約を守るように命じる、そしてなによりもまず政治的義務が生じる諸契約を守るように命じるのは自然法に由来するものだということである。

ホッブズの諸著作をみて、かれの自然法論は、自然法が規則の内容を決め、実定法がその規則の効力を保障するという、第二のタイプの自然法論として解釈できるような手がかりや節《ふし》がある。すなわちホッブズはみずからの議論を次のように始めている。自然法は自然状態において存在する。しかしながら、自然法は、〔自然状態での〕諸個人のあいだの関係に特徴的な不安定な状態のために、通常、〔法的〕効力をもたない。そこで、人間が自然法を執行し、かれらの安全を確保できるような堅固で疑問の余地ない権力が必要となる。ここにわれわれは、自然法が実質的なあるいは第一次的な諸規範を構成し、それによって実定法が第二次的あるいは認可的な諸規範を規定するような法体系をホッブズが目標にしていたと信じるにたるものがあるのではないだろうか。法体系の欠陥は自然法に訴えてうめることができると主張したのもホッブズ理論の例のやりかたと解釈できよう。[☆19] 実定法に欠陥がある場合には自然法が再登場してくるのである。もし、このことが正しいとすれば、それは、自然法はけっして実定法にその地位を奪われていないのである。いやそれどころか、自然法の規範はそれに対応するあらゆる実定法規範の基礎となっているし、そうにちがいないということである。事実ホッブズは、「市民法は……承知のうえで現に自然法を侵犯する者たちを処罰する」と述べている。[☆20]

ホッブズは、自然法は行為を規制する実質的諸規範としてつねに〔法的〕効力をもつということをわれわれに理解させようとしているのである。たとえ、自然法が外部の法廷において義務づけることができず、したがって〔法的〕効力をもたないとしても、また立法者がかつていちども自然法を承認しないとしても、まさに〔法に〕欠陥がある場合は、すなわち立法者が予見しなかった事例において、裁判官が自然法を承認しないとしても、自然法はつねに有効なのである。ホッブズのテキストの観点からすれば、それはきわめて複雑であり、そのためウォーリンダーは多くの問題をかかえこむことになった（たとえそれ以外の理由によるものであっても）が、前記の解釈にとくにつごうのよい一節がある。それは『リヴァイアサン』第二六章の一節であるが、そのなかでホッブズは、自然法と市民法

☆17 『市民論』第一四章第一〇節（前掲書二一〇ページ）および第一七章第一一節（同二六〇ページ）。
☆18 H. Warrender, *The political philosophy of Hobbes: His Theory of Obligation* (Oxford: Clarendon Press, 1957).
☆19 『市民論』第一四章第一四節（前掲書二一二ページ）。『リヴァイアサン』第二六章、一八五ページ。
☆20 『市民論』第一四章第一四節（同二一二ページ）。

は相互に他をふくみ、その範囲をひとしくすると述べている。そのときホッブズは、コモン－ウェルスが設立されないうちは、自然法は現実的に法となることはない、「というのは、人びとがそれらに服従するよう義務づけるのは主権者権力だからである」と述べ、次のように結論づける。「市民法と自然法はちがった種類の法ではなくて、法の異なる部分なのであり、そのうちの一方は、書かれているので市民的とよばれ、他方は書かれていないので自然的とよばれるのである」[☆21]。

わたくしの意見では、より決定的な理由によって、ホッブズの自然法論は結局のところ第三のタイプの自然法論だと考えることができる。まずなによりも、この論にはホッブズ体系の精神から推定されるきわめて一般的な論点がある。第二のタイプの自然法論は、歴史的にみて制限された自由な国家と抵抗の諸理論のイデオロギーである。しかしホッブズの狙いは、全力をあげて国家〔権力〕の絶対性の理由を支持するところにある。すなわち〔国家の〕権力は他の者たちの権利から可能なかぎり制限をうけないということである。それは絶対的な服従すなわちこれ以上大きなものはありえないほどの服従がいきわたっている国家である[☆22]。のちにみるように、国家権力の絶対性というイデオロギーを合理的に基礎づける目的にとくに役だつのは第三のタイプの自然法論の考えである。第三のタイプの基本的特徴は、法規の内容の源泉としての自然法を拒否し、もっぱら法規範内容の源泉としてのみ自然法を受け入れる点にある。

政治社会の設立後でさえ、自然法は実質的な規範としての妥当性をもつというホッブズの考えを容易に示す文書がある。決定的な一節は『市民論』にあり、それによるとホッブズは正当にも、倫理的実証主義のもっとも純粋な代表者のひとりに数えられる根拠があるのである。これは、法律は法律であるがゆえに正しいという理論である。
「したがって善と悪とを区別することは、もろもろの王〔の権限〕に属することなのであるから、次のように言うことはよくないことなのである。すなわち、くりかえし言われることではあるが、正当なことをなす者だけが王であるということ、そしてもろもろの王がわれわれに正しいものごとを命じないならば、かれらに従わなくても良いということ、など。しかし、なんらかの統治が存在する以前においては、正義と不正義は存在せず、それらの本質は命令される内容にかかわる。すなわち、すべての行為は、それ自身の本質としては正義、不正義と関係がない。何が正義であり何が不正義であるかは、行政長官〔国王〕の権利に由来する。それゆえ合法的な諸王がみずから命令したことを正しいとするのは、それを命令するという事実によってのみであり、みずからが禁止したことを不正とするのは、それを禁止するという事実によってのみなのである☆23」。

この言説はきわめて重大であるから、われわれはこれをいくぶんやわらげるヒントを探したくなる。ホッブズは可能なかぎりのあらゆる行為に言及しているようにみえる。にもかかわらず、われわれは、主権者の権力は、中立の行為——すなわち自然法によって命令も禁止もされていないような行

☆21 『リヴァイアサン』第二六章、一七四ページ。
☆22 『市民論』第六章第一三節（前掲書一四一—四ページ）。
☆23 『市民論』第一二章第一節（前掲書一八六ページ）。『リヴァイアサン』では「善悪の行為の尺度は市民法であり、判定者は、立法者——かれはつねにコモン‐ウェルスの代表者である——であることは明白である」（第二九章、二一三ページ）という。

為――にかんしてのみ、何が善であり何が悪であるのかを確定することについて問題とするだろう。これは『市民論』の別の一節からそう結論できる。「神の法によって禁止されていることは、市民法によっても禁じられている。また神の法によって命令されたことは、市民法によっても禁止されることができない。にもかかわらず、神の権利によって許されていること、すなわち神の権利ならばなされうることが、市民法による禁止緩和事項に入れられることなどない。なぜなら、下位の法は、上位の法の力を拡張することはできないにしても、上位の法の許す自由に制限を加えることはできるかもしれないからである[☆24]」。

しかしながら、このテーゼとは反対のことを述べている、興味深く論争をよびそうなテーゼが『市民論』にはある。ホッブズはしばしばこのテーゼをくりかえしており、それこそまさに義務づけ的な諸行為、すなわち自然法により命令されているか禁止されているという諸行為について論じているテーゼなのである。これらのテーゼは、たとえ自然法によってすでに規制されている諸行為であっても、その適法性と不法性を確定するのはホッブズからみればただ主権者だけに帰属する権限であることをはっきりと示している。「泥棒、殺人、姦淫、そしてすべての侵害は、自然法によって禁じられている。しかし市民にとって何が泥棒か、何が殺人か、何が姦淫か、何が侵害かは、このことは自然法によっては決定されず、市民法によって決定されるのである[☆25]」。この前提から、ホッブズは驚くべき大胆な結論すなわち「いかなる市民法も、神を冒瀆する意図をもって公布されたものでないかぎり……、自然法に反するものではありえないのである[☆26]」。この主張は、文字どおりにうけとめれば[☆27]主権者が命令すること、また禁止していることは、なんであれ、つねに正しいという意味に解釈されるべきであろう。すなわち、自然法はきわめて一般的であるが、主権者が自然法を解釈する自由はきわめて正確なので、あらゆる市民法はつねに自然法と一致することになるのである。

端的に言えば、第二の自然法論によれば、市民法は自然法を組み込み、それゆえに市民法は自然法に依存しているのである。前記のホッブズの一節によれば、市民法は自分なりに自然法を具体化したものであり、それゆえ自分の目的にあわせて自然法を受け入れているのである。市民法を創る主権者は、すでに完成している機械を始動させる機械工に、どちらかと言えば似ているのにたいして、自然法に従う主権者は、どちらかと言えば原材料から彫像を創りだす彫刻家に似ているといえよう。

市民法が自然法から実質上独立しているというテーゼを支持する最強の論点を提起したのは、(それは『リヴァイアサン』では消えてしまった) 前記のテーゼではなく、むしろホッブズ体系の本質的

☆24 『市民論』第一四章第三節 (前掲書二〇七ページ)。これとは別の解釈がカッターネオによって提起されている。かれはホッブズが、実証主義的倫理学という非難にはあたらないことを証明しようとして『リヴァイアサン』第二六章冒頭における法律の定義や、その他の一節から論点をひきだして、「正義」と「不正義」ということばを「合法的」と「非合法的」という意味で使っていることを示そうとした (*Il positivismo giuridico inglese*, pp. 106ff.)。カッターネオのこの解釈は、『リヴァイアサン』において示される定義としては容認できるとわたくしには思えるのだが、本章でわたくしが引用した一節 (そしてカッターネオが考慮に入れなかった一節) にもそれが適用可能であるとは思われない。

☆25 『市民論』第六章第一六節 (同一四五ページ)。また第一四章第一〇節 (同二二〇ページ)、第一七章第一〇節 (同二五九—六〇ページ) も参照されたい。

☆26 『市民論』第一四章第一〇節 (同二二〇ページ)。

☆27 しかしもっとあとで、いくつかの例外を認める必要のあることがわかるだろう。

諸要素のひとつである服従理論から提示されている。ホッブズはさまざまな箇所で、臣民が主権者にたいして負う服従を純然たる服従とよんでいる。絶対的な主権者と言っても無制限権力ではない（それは神の権力だけである）、想像できないほどの大きな命令[☆28]よりも大きな権力である。同様にまた、ホッブズが絶対的な服従とよぶ純然たる服従とは無制限の服従ということではなく、これ以上なしえないほどの大きな服従のことである。[☆29]さて、ホッブズが純然たる服従ということばによって意味しているのは、その内容とは無関係の命令のような命令への服従である。そのような服従は、命令を委譲した人物が命じたすべての事柄を、問題の余地なくおこなうというわれわれの約束にもとづいている。そのような服従には、召使による主人への服従[☆30]や、エデンの園におけるアダムとイブによる神への服従がある。[☆31]さて、こうしたタイプの服従は、法律を忠告による命令と区別するのである。「さて服従が法律から生じたときには、そのこと自体のためではなく、忠告者の意志によるのだから、法は忠告ではなく命令なのである。したがって、法は、ひとりの人間あるいは宮廷であろうがなかろうが、その規定のうちに服従の理由をふくんでいるような〔代表〕人格の命令なのである」[☆32]。

　伝統的な自然法論にきわだって典型的な特徴のひとつに、実定法は自然法と一致するときにだけ法的な効力をもつという理論がある。聖トマス・アクィナスの有名なことばがある。「法律は正義にかかわるものだけ徳とも関係するので、正しくない法律があるとは思われない[☆33]」。前記のわたくしがそれまで説明してきたホッブズの諸テーゼは、どれもこれも〔アクィナスの〕理論を否定しているようにみえる。第一に、もし何が善であり何が悪であるのかを確定する役割が主権者に属し、それゆえ命じられたことが正義であり、禁じられたことが不正義であるとするならば、ある法律が正しいのは、それがある別のより上位の法と一致するからではなく、正当な主権者によって公布されたからである。第二に、もしいかなる市民法も自然法に反することはできないならば、市民法と自然法のあいだの不一致はない。そしてこの不一致のみが、ある市民法が、たとえ適法的に公布されたとしても、法的に無効であるとみなすことを可能にするものなのである。第三に、もし臣民が主権者の命令にたいして、その内容がどうであれ、とにかく従わなければならないとするならば、主権者のさまざまな命令すなわち法律は自然法とは無関係に法的効力をもつものだということになる。そうならばホッブズにとって、いったん国家が設立されたならば、その諸法律は、自然法に反するものもふくめて、すべて法的効力があるという結論を引きだしてもよいのか。また臣民は、自然法に反するものもさえ、すべての市民法に従う義務があると結論してもよいのだろうか。もしこの質問にたいして肯定的な答えを

☆28 『市民論』第六章第六節（前掲書一三八ページ）。
☆29 『市民論』第六章第一三節（同一四二ページ）。
☆30 「どのようなことが自分にたいして命令されるかがわかる以前に、だれかの命令に服従することを義務づけられた者は、すべての命令がどんなものであれ、単純にそして制限なしにそれを実行するよう義務づけられている。」『市民論』第八章第一節（同一六〇ページ）
☆31 「善と悪の知識の木から食べてはならないという戒律によって……神は命令されたことが善であるか悪であるかを論じることぬきにみずからの命令にまったく素直に服従することを求めたのである。」『市民論』第一六章第二節（同二〇一ページ（二二八ページ?））。
☆32 『市民論』第一四章第一節（同二〇五ページ）。『リヴァイアサン』第二五章、一六六―七ページも参照せよ。
☆33 『神学大全』、一、二、第九五問題第二項〔前出の注☆13を参照〕。

かえすことができるとするならば、ホッブズの自然法論についてまだなお論じることができるのだろうか。むしろホッブズは法実証主義のもっとも徹底した擁護者、いや法実証主義を徹底化した倫理的遵法主義の代表者のひとりに数え上げられるのではないだろうか。

この質問にきちんと答えるには、第三の自然法論に着目し、その質問の意味をすべて解明することが必要であるとわたくしは考える。この第三の自然法論はホッブズ思想によりいっそう対応していたように思われる。前述したように、この形態の自然法論の特性は、いったん国家が設立されたら、あとに残るのはただひとつの自然法を知ることである。これは人間が市民法に服従する義務を課す法のことである。この理論の論理は、政治権力の正当性を基礎づける一般的な自然法は、自然法と市民法とのあいだに起こりうる衝突を解消するという論法をわれわれにもたせることである。このことは、自然法を決定するのは主権者にかかわるというホッブズの特別なテーゼとはまったく無関係である。もし市民法と自然法のあいだに衝突が起こるときに、市民が市民法ではなく自然法に従うとしたら、市民法への服従を命じる普遍的な自然法を市民が侵害することになろう。普遍的な法は自然法と矛盾しない市民法にのみ従うことを命じるのだと答えることができるかもしれない。しかし、本当にそうであるならば、個別的な自然法に従う義務の存在を確立すれば十分だろうから、普遍的な法律はその意味を失うであろう。別の言いかたをすると、もし市民が自然法と一致する市民法にのみ従うように義務づけられているとするならば、市民法に従うことを義務づける自然法をたよりにする必要はまったくないであろう。なぜならば市民法が命じる服従を達成するためには、自然法に従う義務を主張すれば十分だろうからである。

以上の解釈から、実定法を正当化する自然法を明確化することによって個人の不服従を許さない法体系を確保しようとする理論として、第三の自然法論があらわれる。もしこの解釈が正しいとすれば、この第三の自然法論は、伝統的自然法論から法実証主義への移行の一形態と考えられるであろう。このように解釈すれば、ある論者たちがホッブズはまだ自然法論者であると主張し、また他の者たちはそれと同様の確信をもってホッブズはすでに法実証主義者だとなぜ主張することができるのかを説明できるのである。[☆34] そこでかれらが、ホッブズ思想の解釈において実質的に同意していながらこのような異なる解釈を主張しているのがわかるのである。

ホッブズ体系を自然法論のひとつに数え上げるようにさせるのは、われわれが自然法論のあらゆる可能な特徴と信じる二つの条件、すなわち実定法のほかに自然法の存在を認めること、自然法が実定法に超越するという考えであるということである。反対に、ホッブズ体系が法実証主義の諸理論に接近していることを示唆しているのは、実定法にたいする〔自然法の〕優越性が作用するしかたにある。三つある自然法論のうちの、はじめのふたつにおいては、自然法が実定法に優越するというのは、自然法に反する実定的規範は法的効力がないという意味であり、言い換えれば、自然法に一致するとい

☆34 「興味深いことに、ホッブズのテーゼ、すなわち自然法を実定法のたんなる基礎づけ、正当化とみなすことが、一方ではボッビオをしてホッブズを法実証主義の創始者として特徴づけるようにうながしているのにたいして、他方ではケルゼンをしてホッブズを自然法論者とみなすようにうながし、自然法の主要な目的は実定法に絶対的で神聖な基礎を与えることだというみずからの考えを確認するようにうながしている」(Cattaneo, *Il positiuismo giurdico inglese*, p. 49)。

うことが実定法のあらゆる個別の規範の法的効力の基準だという意味である。これが二つの自然法論の意味するところである。第一の自然法では、実定的諸規範は自然法の普遍的諸原則から演繹的に由来すると主張する。また第二の自然法では、実定的諸規範はみずからの対応する自然法の効力を保障すると主張する。どちらのケースにおいても結論は、実定法が法的効力をもつのは、それが自然法と一致する場合だけだということである。これにたいして、第三番目の自然法において、自然法が実定法に優越するのは自然法が実定法の合法性を基礎づけ、実定法を義務的なものとするという事実のためであると主張することには合法性がある。しかし、この立場の帰結は、自然法は実定法の合法性の基礎であり、自然法は実定法秩序全体の義務づけ、それには個人的規範はふくまれないということである。しかし政治権力が設立されると、法体系の個々の諸規範はその法的妥当性をもはや特定の自然法から引きだすのではない。主権者の権威から引きだすのであり、したがって個々の諸規範は自然法と一致しなくても法的妥当性をもちうるのである。また法秩序を正当化するこの原則を支持することは、ケルゼンの法体系における法の効力の原則を支持することである。〔ケルゼンのいう〕法の効力の原則もやはり、個々の規範の妥当性の基準ではなく、法秩序全体の妥当性の基準である。それゆえ効力をもたなくても法として妥当でありつづける個々の規範が存在しうるのである。同様にまた、ホッブズによる〔法の〕正当化の原則も、個々の諸規範にではなく、法秩序全体にとっての妥当性の基準を示すものなのである。それゆえたとえ自然法に反していても、法としての効力をもつ。

法の効力の原則にこのように言及することは、ホッブズ体系と近代の法実証主義との混同を避けるためである。またホッブズ体系を法実証主義の理論とひとまとめにして、ホッブズを現代の法実証主義ととりちがえることを避けるためでもある。法実証主義とは、実定法と並んで自然法が存在することを認めず、実定法以外の法律は存在しないとする諸理論すべてを指すものと考えてよい。すでにみたようにホッブズは、実定法の基礎に自然法をおいている。それゆえかれは法実証主義者ではない。もし近代の法実証主義者が実定法秩序の基本的規範にさかのぼるとしても、その規範は自然法ではなく、仮説かあるいは約定を前提としたものである。もし法秩序の正当性原理を探すとしても、法実証主義者は法秩序を超越するある規範のなかにではなく、法秩序は現実に遵守されているという経験的に証明可能な事実のうちにその正当性を探す。実際、近代法実証主義の理論においては、法の効力の原則がホッブズの一般的自然法の位置にとってかわって、自然法論の最後の痕跡までをも消し去るのである。

三

ホッブズがその前提からあらゆる可能な帰結を引きだすつもりではないということを注意しておかなければ、ホッブズ思想を自然法論と法実証主義のあいだに位置づけるこの分析は不完全と言えるだろう。われわれはホッブズ以上のホッブズ主義者になってはならない。すでに分析したばかりのホッブズの意図や叙述にもかかわらず、かれは不正な法律に抵抗する権利をいくつかのケースにおいて認めている。かれは奴隷による主人への服従にかんして、すでにこう述べている。「したがって、この約束によって、神の法に矛盾することは除き可能なかぎり、被征服者から征服者への絶対的な奉仕と服従がなされるべきである」[☆35]。『市民論』第三部の冒頭でホッブズは自分の思想を手短かに要約して次のように述べている。「主権者には素直に、すなわち神の諸戒律に矛盾しないあらゆることについて服従しなければならない」[☆36]。ホッブズにとっては自然法と神の戒律は同じものであるということを思いだしてほしい。両者のちがいは内容上のものではなく、もっぱら源泉のちがいによる。他の章ではこう言っている。「神の法によって禁止されていることは市民法によっても許されないし、また神の法によって命令されたことは市民法によっても禁止されえない」[☆37]。にもかかわらず、ひとたびこの原則を認めるや、ホッブズはその原則の許容範囲を可能なかぎり限定しようとつとめ、不服従が合法とされるケースを厳密に定義し、不服従を個人の選択の自由にまかせずに、極端な状況においてのみ抵抗権を承認する。

ホッブズは、周知のように、そして何度となく説明したとおり、生命が保持されるべきだとする基本的な道徳律から、生命にたいする自然権は放棄できないという結論を引きだす。しかしながら、ホッブズが擁護しようと意図しているのは現世の生存権だけではなく、〔死後の世界における〕永遠の生存権をも擁護しようとしているということは必ずしも想起されていない。主権者はあらゆることを命令することができるが、現世の生命と永遠の生命を危険にさらすことは除外されている。そのような命令がだされれば抵抗権が、あるいはホッブズの言によれば「不服従の権利」が発生する[☆38]。生存権にかんする諸問題は近年カッターネオによってもくわしく検討されている[☆39]。しかしもしも、ホッブズの諸前提からすべての諸帰結を引きだすことに忠実であろうとすれば、この場合にも主権者が〔抵抗権よりも〕

優越しているということを認めるべきであろう。すなわちホッブズによれば、だれが泥棒、殺人者、姦淫〔者〕であるかをきめる権限は、主権者に属するということが確認できるのである。正当防衛のための殺害、あるいは戦争における敵兵の殺害は殺人罪ではないと決定するのは主権者である。同じ方法で主権者は、それ以外の状況でも臣民を殺害することは、たとえば極刑のケースでも、殺人罪ではないと決定できるのである。

ホッブズは〔教会が〕死後まで権利をもつ〔からという理由で主権者への〕不服従の自由についてはほとんど認めない。神の諸法とは自然法か――自然法の解釈者は国家だけである――、礼拝にかんする法律かである〔とホッブズは言う〕。ホッブズは、後者の礼拝にかんして、神の王国における人間たちの義務を、自然、旧約聖書、新約聖書に従って検討している。自然に従った神の王国における義務は礼拝の様式の習慣的か自然的なもののどちらかにかかわる。前者つまり礼拝の慣習的な様式の場合には、その様式を決めるのは国家である。後者つまり礼拝の自然的な様式の場合にも、公式礼拝の様式を統一するために、またすべての臣民たちにその様式の合法的解釈を与えるためにも、やはり国家が介入すべきなのである。結論はこうなる。「神の法も世俗の法も、すべての諸法の解釈は（神は自然をつうじての

☆35 『市民論』第八章第一節（前掲書一六〇ページ）。強調はボッビオ。

☆36 『市民論』第一五章第一節（同二一九ページ）。強調はボッビオ。『リヴァイアサン』第三一章（同二三二ページ）も参照。

☆37 『市民論』第一四章第三節（同二〇七ページ）。

☆38 『リヴァイアサン』第二一章、前掲書一四二ページ。

☆39 Cattaneo, *Il positivismo giurdico inglese*, pp. 88ff, 103ff.

み支配するので）、政治体の権威に依存するのであり……、神の命令することはなんであれかれの声をとおして命令するのである。他方、神をたたえる方法や世俗の事柄について主権者たちに命令されたことはすべて、神自身によって命令されたものである」[☆40]。

服従義務についてはふたつの例外だけが認められる。（一）主権者が神に背くことを臣民たちに命じるとき、（二）主権者がみずからを神のようにあがめることを臣民たちに命じる場合である[☆41]。『市民論』第一六章においてホッブズは旧約聖書における神の王国にたいする義務を簡単に分析しているが、そこでかれは、ユダヤ人たちは族長の命令が神の摂理を否定することを意味したり、あるいは偶像崇拝を押しつけたりする場合をのぞいては、すべてのことにおいて族長に服従する義務があるということを示そうとしているのである。ホッブズの結論はこうである。「その他のすべての事柄において臣民たちは服従すべきであった。そしてもしも、主権者権力をもつ王または祭司が法に反する以外のなにものでもないことを命令したなら、それは王または祭司の罪であり臣民に罪はなかった。臣民の義務は論争することではなく、かれらの族長の命令に従うことだからである[☆42]。」最後に、他方で新約聖書のもとにおける神にたいする義務について、ホッブズは「臣民は神の命令に反する場合をのぞいては、かれらの君主たちや支配者たちに服従しなければならない」と論じつつ、他方でそれを次のようにすぐさま否定している。「キリスト教国家《シティ》における世俗の事柄にかんする神の命令は……、法や係争中の事柄についての判決をつくる権威を国家からゆだねられた者たちがつくった国家の判決なのである。しかし霊的な事柄にかんしては……共同体《シティ》すなわち教会の法や判決なのである[☆43]。その結論は、「キリスト教国家においては、霊的な事柄であれ世俗の事柄であれ、すべての事柄について主権

者に服従しなければならない」ということである。☆44

おわかりのように、ホッブズは現世の生命を保障するために市民的不服従に一定の余地を残そうとしている。しかし死後の生命の保障が問題となったときには、ホッブズはきわめて不寛容であった。死後の生命について国家が面倒をみてくれるためには、自分で自分の生命の面倒をみよということである。もういちど言うと、服従の原則を確固としたものにするためにホッブズが採用している決定的に重要な規範は、市民法に服従するように命ずるのは自然法であるということである。またこの自然法は、他のすべての自然法と同じように、神の戒律は命令であり、それゆえもしも死後の生命を救いたいと欲するならば、その戒律には従わなければならないのである。死後の生命の安全を保障する条件のひとつが、これへの服従を命じる神聖な自然法に従うことであるというときに、自分自身の死後の生命を安全に保障するために市民が国家に不服従であることなどどうして認められようか。こうして市民は国家に服従することによって、地上の平和と同時に天上の平和も手に入れるというひとつの行為から同時にふたつの利益をえることになる。ホッブズ体系の議論は、かれがむしろ第三類型の自然法論をとることを証明している。あらゆる自然法のうちで、この種の自然法論では、市民法への服

☆40 『市民論』第一五章第一七節（前掲書二三一ページ）。『リヴァイアサン』第三一章、二四〇ページも参照。
☆41 しかしこの例外は『リヴァイアサン』、第四五章四二七ページでは否定されている。
☆42 『市民論』第一六章第一八節、前掲書二四九ページ。『リヴァイアサン』第四〇章も参照。
☆43 『市民論』第一八章第一三節、前掲書二九一ページ。『リヴァイアサン』第四三章も参照。
☆44 『市民論』第一八章第一三節、前掲書二九一―二ページ。

従を命じる自然法が唯一となるということである。この自然法の本質は、ひとたび地上の安全と死後の救済の前提条件として承認され尊重されるや、すべての市民法の法的効力を基礎づけることによって、他のすべての自然法を効力のないものにするのである。「それゆえに、殺害にかんする、その結果としてだれかを傷つけるすべてのおこないにどのような刑罰が加えられるべきかにかんするキリストの法は、国家《シティ》に従うことをわれわれに命じているのである」☆45。

本章の出発点は、さまざまな道をとおって、近世自然法論がホッブズからはじまっているということの確認であった。本章の到達点は、ホッブズの自然法論が伝統的自然法論の建造物を完成させるというよりも、法実証主義への道を切り開く運命を背負ったものであるということの承認である。しかしながら、これで近世自然法論が法実証主義の両腕のなかにからめとられてしまったと結論するのはあやまりであろう。そんなことはまったくない。ホッブズは自然法論のもっとも洗練された構成諸要素――自然状態、自然法、個人の諸権利、社会契約――を発明し、練りあげ、完成させた。かれは前記の諸要素を巧みに用いたのである。ホッブズがかくもみごとに取り扱った自然法論の方法と、ホッブズが論駁し却下した国家権力にたいしてさまざまな制限を課す自然法論に典型的なイデオロギーとが、結びつきあい調和するようになるのをみるためには、ロックの登場を待たなければなるまい。近世自然法論はたしかにホッブズを通過した。しかしロックとともにはじめてみずからを主張するのである。

☆45　『市民論』第一七章第一〇節、前掲書二六〇ページ。

第六章　ホッブズと部分社会

一

この三〇年のあいだ、ホッブズの思想、とくにかれの政治思想はおびただしい数の研究対象にされてきた。そしてそれらの研究は文献学的にいっそう厳密になり、歴史学的により豊かになり、理論的にもますます洗練されたものとなった。しかし、マームズベリの賢者〔ホッブズ〕がそのきわめて長い生涯のなかで容赦なく踏破した知識の広大な領域のすべてを探索しおえたとはまだ言えない。学者たちがホッブズの以下のような重要な諸テーマに焦点を当ててきたことは当然のことだった。すなわち、自由と必然性、自由と権力、自然状態と市民社会、自然法と市民法、社会契約と政治的義務、臣下と主権者とのあいだの関係、教会と国家の関係などである。しかし、ホッブズの政治学書、とくに『リヴァイアサン』は、国家の組織と諸機能にかんするきわめて詳細な省察をふくんでいるが、学者たちはまだこれらを十分には研究していないのである。これらの省察は、無尽蔵の鉱床、あるいは少なくともまだ採掘され尽くしてはいない鉱床であり、さらに採掘され明らかにされるべき貴重な諸金属を豊富にもっているのである。これらのうちで、わたくしは、もっぱら部分社会について論じている『リヴァイアサン』[☆1]の第二二章が傑出した位置を占めるものと考える。この章については、たとえ『ドイツ団体法論』の偉大な比類なき歴史家であるオットー・フォン・ギールケに注意を払っていたとしても、わたくしがまちがっていないとすれば、いまだに当然なされるべき分析がなされていないのである。[☆2]

本章の関心は、ホッブズが当時の社会のあらゆる側面についてもっていたはばひろい知識を明らかにすること、とりわけかれが主著においてそれらの側面をえがくさいの細心の配慮を明らかにすることにある。しかしまた、ホッブズを個人と国家のあいだのあらゆる中間領域を捨象する思想家とみなす伝統的なみかたを修正することにもある。そのようにみなすことで、ホッブズは、多くの人びとが近代国家の本質と同一視してきた一元論的国家論をさきどりした思想家と考えられている。なかでもわたくしは、コミュニタリアン的な多元論者であるロバート・A・ニスベットを引用したい。かれによれば、「近代的な中央集権国家の発展にホッブズ以上の影響を与えた著作家はほとんどいない」ので、ある人が「近代国家は（……）ひとつの逆立ちしたピラミッドであって、その頂点はホッブズの一六五一年刊行のフォリオ版『リヴァイアサン』によって支えられている」ということを述べても当然だろう。そのことは、「家族や教会が、また他の権威の組織が、重要なやりかたで個人と国家の絶対権力とのあいだに介入することをホッブズが認めない」からである。言い換えれば、「ホッブズにとっては、市民社会の本質的要素はふたつしかない。すなわち個人と主権者である」[☆3]。

たしかにホッブズは、国家を諸個人間で約定されたひとつの契約の産物とみなす政治理論の始祖で

☆1　わたくしは、オークショット版と、モールズワースの編集によるラテン語版 *Thomae Hobbes Malmesburiensis Opera philosophica quae latine scripsit omnia* (London: John Bohn, 1841) 第三巻を比較している。またF・トリコーの編集によるフランス語版（Paris: Sirey, 1971）とマヌエル・サンチェ・サルトの編集によるスペイン語版（México: Fondo de cultura económica, 1980）も確認した。

☆2　団体論は法人についての学説である。オットー・フォン・ギールケ『ドイツ団体法論』第四巻、『近代の国家学と団体学 *Die Status- und Korporationslehre der Neuzeit*』(1913; reprint, Graz: Akademische Druck- u. Verlagsanstalt, 1959), pp. 355-61. ギールケについては、『ヨハネス・アルトジウス：自然法的国家論の展開および法体系学説史研究』(*Johannes Althusius und die Entwicklung der naturrechtlichen Staatstheorien,* 1800）も参照のこと。諸団体《systemata》にかんするホッブズの分析について、サンティ・ロマーノもまた言及している（Santi Romano, *L'ordinamento giuridico*, 2 ed., with additions [Firenze: Sansoni, 1945], pp. 26-27, 注の二九参照)。おそらくかれは、その分析についてギールケが言及していることに気がついたのであろう。法秩序にかんするサンティ・ロマーノの理論がギールケの団体理論から生じたという論点については、M・フックスを参照のこと（"La Genossenschaftslehre di O. von Gierke come fonte primaria della teoria generale del diritto di Santi Romano", *Materiali per una storia della cultura giuridica* 9, no. 1 [June 1979]: pp. 65-80)。フックスは、次の論文で主張されたタランティーノの命題を取りあげている（"Brevi riflessioni sui precedenti dottrinali dell'istituzionalismo di Santi Romano", *Rivista internazionale di filosofia del dirtitto*, 64 [1977]: pp. 602-4)。タランティーノの *La teoria della necessità dell'ordinamento giuridico: Interpretazione della dottrina di Santi Romano* (Milano: Giuffrè, 1980) も参照のこと。フックスの命題にかんしてタランティーノがその立場を述べているのは、"Dell'istituzionalismo: Ancora sui precedenti della dottrina di Santi Romano", in *Materilai* 11, no 1. (June 1981): 169-80. ロマーノの説がギールケの説から生まれたことについて、タランティーノはフックスほど徹底的でなく、アントニオ・ロズミーニの『法の哲学』(*Filosofia del diritto*) のような他の源泉を考慮に入れている。G・ソルジは、*Per uno studio della*

あると考えられている。政治領域のふたつの主要な主体は、一方では諸個人としての個人であり、他方では主権者である。しかし、主権者が〔活動を〕始めるところで〔諸個人の〕活動は終わり、また中間団体のための余地があるようにはみえない。ホッブズの理論は二分法的である。われわれは自然状態にあるか、そうでなければ政治社会のなかにいるのである。永遠に闘争しあうばらばらの諸個人が存在するか、そうでなければ唯一の主権者(ひとりの人間であれ、合議体であれ)が存在する。権力は、自然状態に住む諸個人と同数の単位に分解してしまうか、そうでなければ共同で参加する権力〔共通権力〕が存在するのである。

注釈者たちは、ホッブズの〔理論構築の〕手続きとルソーのそれとが似ていることにしばしば注意を向けてきた。とはいえ、ホッブズはルソーではない。ルソーはみごとに確立された共和政を堕落させるものとして部分社会を断罪するのである。ルソーはイデオローグであるが、ホッブズは現実主義的な思想家である。ホッブズの理論は単純にみえるにもかかわらず、かれの思想はきわめて複雑である。その思想は明晰にみえるが両義的であり、単線的にみえるがかなり入り組んでいる。ホッブズが部分社会、その多様性と機能(肯定的であれ、否定的であれ)に割り当てた重要性は、かれの政治的現実主義のひとつの特徴である。これにより明らかになるのは、ホッブズは、現実がどのようであるのかについての偏見なき観察者であると同時に、論証的諸科学の厳密な方法論を適用することで国家研究に没頭した合理論的哲学者だということである。部分社会――ローマ法でいう *universitates* あるいは *collegia*、ゲルマン法でいう *Genossenschaften*――の学説史は、国家の理論史とは異なる道を歩んできたし、しばしば両者とも独立した研究の対象とされてきた。それにもかかわらず、一般的な政治学論文に部分社会を独自に分析する研究が導入されたという前例がないわけではない。おそらくもっとも重要な例は、アルトゥジウスの『組織政治学 *Politica methodice digesta*』である。

二

ホッブズは、第一七章からはじまる『リヴァイアサン』の第二部を国家の分析に割り当てた（「コモン－ウェルスについて」）。第二二章までの五章のなかでホッブズは、政治哲学や国家の一般理論の伝統的な重要テーマをあつかっている。国家の諸起源（第一七章）[★1]、主権者と臣民の諸権利（第一八章と第二一章）、統治の諸形態（第一九章）、政治的権力以外の権力の諸形態、すなわち父権的権力と専制権力（第二〇章）

partecipazione: Hobbes, Locke, Tocqueville (Lecce: Milella, 1981), pp. 83-88 において、従属的諸団体（*systemata subordinata*）にかんするホッブズの学説の重要性を把握している。（本論文の発表後、P・パスクアルッチは、ホッブズにおける部分社会というテーマを、"Thomas Hobbes e Santi Romano ovvero la teoria hobbesiana dei corpi paraziali", *Quaderni fiorentini per la storia del pensiero giuridico moderno*, no. 15 [1986]: 167-306. でくわしくあつかった。この論文は、ソルジによって *Quale Hobbes*, [Milan: Franco Angeli, 1989], pp. 188-217 に再録された。）

☆3　R. A. Nisbet, *The Quest for Community*, New York, Oxford University Press, 1953, pp. 129-30.〔安江孝司ほか訳『共同体の探求――自由と秩序の行方』、梓出版社、一九八六年、一三七ページ〕。

★1　原文に第一八章とあるが、第一七章。

である。第二二章では部分社会が論じられ、ホッブズは国家の特殊理論[☆4]に属する諸テーマの分析をはじめる。第二二章は次のようにはじまる。「コモン－ウェルスの生成、形態および権限について、これまで述べてきたので、次は、その諸部分について述べる[☆5]」。ホッブズは国家のふたつの「部品」を分析しようとする。ひとつは部分社会であり、それは第二二章[★2]で論じられ、もうひとつはそれにつづく第二三章で論じられる公的代行者である。

まず注目すべき点は、ホッブズが自分の体系のなかにその両方の部品を位置づけるために有機体論的な隠喩に頼っていることである。『リヴァイアサン』の序説を有名にしたアナロジーに加えて、ホッブズは政治体の諸器官と人体の諸器官とのあいだの新しいアナロジーを考案している。ここでホッブズは、国家についての最初の略述をおこなうにさいして、自然体の諸特徴と、それに対応する人工的身体の諸特徴、すなわち「偉大なリヴァイアサン」、「コモン－ウェルスあるいは国家」、ラテン語の「キウィタス」である人工的な身体を特徴づけるものとの詳細なアナロジーを駆使している。ホッブズは部分社会の有機体論的解釈についてふたつの言及をおこなっている。

ア　第二二章の終わりには、部分社会は、合法的なものは筋肉に、非合法的なものは悪い体液の異常な合流によって生じた、こぶや胆汁や膿腫にたとえることができると書かれている。

イ　公的代行者が論じられる第二三章の冒頭では、「前章において、わたくしは、コモン－ウェルスのなかで相似た諸部分について述べた。本章では器官的諸部分つまり公的代行者たちについて述べよう[☆6]」と書かれている。

国家をはじめて人工的身体として記述したところでは、部分社会には言及されなかった。そこでは行政官がとくに関節に（ラテン語では*artus*として）たとえられている。その一方で、筋肉とのアナロジーがはじめてでてくるのは第二二章であり、これらはいずれもいくぶん大雑把なアナロジーであり、これでは高度で厳密な分析をすることはできない。部分社会と筋肉とのアナロジーは、ホッブズが理解した政治体全体のなかで、部分社会がきわめて重要であることを確認できるにすぎない。

ホッブズの立場の第二の特徴がただちに明らかになる。まさに章の冒頭から、ホッブズは分析をおこなおうとしている部分社会を国家の「諸部分」とよぶ。これは、ホッブズが部分社会をそれ自身として考察するのではなくて、国家との関係において考察していること、すなわちホッブズの考えによれば、全体なしでは存在しえないような部分へと分割されている国家との関係において、部分社会を考察することを意味しているのである。政治思想史において、国家の内部における部分社会の位置づけにかんしてはふたつの対立概念が交互にあらわれている。ひとつは、一元論的概念であり、アリストテレスからはじまる。アリストテレスによれば、唯一の完全な社会、政治社会がある。それはポリ

☆4　一般論にたいして。英訳者注。
☆5　『リヴァイアサン』第二二章、一四六ページ。
★2　原文に第二〇章とあるが、第二二章。
☆6　『リヴァイアサン』第二三章、一五六ページ。器官と組織との区別はアリストテレスからのものである。『動物部分論』646a および『動物誌』491a の両方においてアリストテレスは、もっぱらこの区別にもとづいて動物のさまざまな部分を記述している。前者は、異質部分（器官）（anomeomerous）とよばれ、目や耳などのように外的なものと、脳や腎臓などのように内的なものとに区別される。後者は血液や筋肉などであり、等質部分（組織）（omeomerous）とよばれる。アリストテレスによれば、まさに筋肉は等質部分とみなされる。

スである。[7] ポリスのなかでは、家族、村落、特定の目的をもった集まりなどのような、より小さな諸社会が存在している。これらの社会は不完全社会であり、全体の一部分である。全体は、古代人たちが主として主張したように、国家の有機体論的概念において諸部分に優越する。他方でもうひとつの概念は多元論的概念である。一元論的概念と多元論的概念の対照をくわしく論じたギールケによれば、多元論的概念は諸団体（*Genossenchaften*）というドイツの伝統から生じたようである。この伝統のなかでは、共同諸団体が始原的団体として表象され、加盟者個人の人格とは区別される人格をもつものとして認識されていたのである。[9]

法の一般理論がふたつの学派に分裂した今世紀〔二十世紀〕はじめにふたたび一元論的概念と二元論的概念との対立が強まった。一方の学派は、国家が法の唯一の源泉であると主張し、他方の学派は法的諸制度の多元論を主張した。[10] ホッブズは部分社会を国家の「諸部品」として定義するので、一元論者とみなされるべきである。いずれにせよ『リヴァイアサン』の著者ほど国家の統一にかんする整合的で矛盾のない理論家（そしてイデオローグ）に、これ以外の立場を期待することはできないだろう。

三

すでに述べたように、部分社会を分析するまえに、ホッブズはある章で、アリストテレスにまでさかのぼる伝統に従いつつ、家族の父権的支配と専制的支配を論じている。すぐあとでみるように、家族は部分社会の範疇に属し、したがって第二二章にふくまれる。しかし、ホッブズが従っている伝統によれば、父権的支配と専制的支配にかんしてなされる特別の説明は、部分社会の分析においては、

☆7　少々強引な解釈ではあるが、これはこんにちの国家と同じである。

☆8　アリストテレスは愛を論じる『ニコマコス倫理学』第八巻において特定の目的をもつ諸社会を分析する。これらの共同体は「国家という共同体の一部分」であり、したがって「国というそれの下位にあるものでしかないと思われる。けだし、国という共同体は目前の功益をではなくして、われわれの生活全体に即してのそれを希求している。」(高田三郎訳『ニコマコス倫理学』(下)岩波文庫、九一―九二ページ、一九七三年、1160a)

☆9　ギールケは全体と諸部分との関係性にかんするローマ法的概念とゲルマン法的概念との対照を次のように要約している。「諸団体にかんするローマ法的諸概念とゲルマン法的諸概念のあいだには特徴的な対照がある。ローマ人たちには、市町村や団体は国家構造のコピー(Abbild)にみえた。それに対して、ゲルマン人にとり国家は同業団体的な性格の組織や支配的な性格の組織(*genossenschaftliche und herrschaftliche Verbanden*)のなかにすでにある諸要素の統一と成長に思われる。」(*Das Genossenschaftsrecht*, vol. III, p. 69, n. 125) ギールケによれば、ローマ法の学説において、諸団体は公法の部分に属する。すなわち、諸団体が「特別に存在することはあらゆる公的諸権利の始原的で主権者的な唯一の主体に由来し、したがって「諸団体は国家という全体性の一部であり、どの部分をとってもそれ自体で国家の似姿として形成されているように思われる」(*Ibid.*, p. 69)。

☆10　近年このテーマは、イタリアとドイツの両国で、新たに精力的に研究されるようになった。イタリアにおいて、法的諸制度の多元論的学説は、とくにサンティ・ロマーノの仕事をつうじて大きな成功をおさめた。ドイツでも、この新しい関心は、二十世紀はじめに国家の一元論的概念を危機に陥れた「多元論」とよばれる現象の悪化によって刺激されてきた。

〔父権的に支配される〕家族と〔専制的に支配される〕世帯の説明と重ならない。なぜならアリストテレス以降、家族—世帯は諸社会の現象学においてではなく、むしろ政治権力とは区別されるべき多様な権力諸形態の現象学において考察されてきたからである。

ホッブズが『リヴァイアサン』において部分社会について特別におこなった説明がわれわれの関心をひく理由がもうひとつある。その説明は、ホッブズが『リヴァイアサン』以前の著作においてこのテーマについて割り振ったものが少なかったにせよ、その提示したものは革新的なものであったことをあらわしている。その説明は『法の原理』の第一九章第九節、『市民論』では第五章第一〇節にみられる。その両方において、ホッブズは統一の信約をえがき、政治体あるいは政治社会を定義したのちに部分社会の議論にたどりつく。かれは、同一の共同体の全構成員に共通する権力とならんで、その共同体の少数の構成員たちのあいだに部分社会が存在しうるということを述べようとしている。『法の原理』では、それらは諸団体とよばれ、『市民論』では政治的人格とよばれる。

ホッブズが定義する組合〔団体〕とは従属的な集団であり、その目的は「なんらかの共通の利益あるいは〔都市国家〕全体の利益のためのある共通の活動」である。政治的人格は、ホッブズの定義によればさらに簡潔で、「あることをなすために」集まってきた人びとの集まりである。さらに、両方の著作に共通なのは、商人たちの諸集団の例であり、その一例は、ここでわたくしが分析している『リヴァイアサン』からひかれた章のなかでもみつけることができる。政治的統一にかんして『法の原理』でホッブズが書いたところでは、「部分社会が構成員諸個人にたいしてもつ権力は、その部分社会の属する国家がそれらにもつことを認めるのと同じくらいの権力である」。『市民論』ではかれは、都市国家の許しによってという定式を用いる。いずれにせよ、わたしたちがあつかっているのは、みればわかるとおり、重要ではあるが素描的で表面的な示唆なのである。

四

ここまで部分社会について述べてきたのは包括的で容易に理解できる用語を用いたかったからである。しかし、ホッブズは少しばかり注釈する必要のある別の用語を用いている。ここで分析する第二二章の章題は、「政治的および私的な臣民の諸団体について」(ラテン語版では、*De systematibus civium*) である。しばらくのあいだ、「臣民の」という修飾的語句は考えないでおこう。その修飾語はホッブズの関心が、主権者権力に臣従する、あるいは従属するものとしての部分社会に向けられていることを示すものであるからである。ホッブズがこの諸集合体を示すために用いた用語は、諸団体である。それは、法学者たちの公用語では《universitates》、《corpora》、《collegia》とよばれて、中世ラテン語では《corporationes》とよばれているのである。この意味において、少なくとも辞典のたぐいからいうことができるかぎりでは、systems という用語を諸団体という意味で使う用例は、英語では先例がない。いくつかの辞典が、集合という意味での「団体 (*system*)」の項目のなかで示すのはホッブズの用法だけである。また、わたしの知るかぎりでは、先行する政治的著作者たちのいかなる用例もない[☆11]。ところで、ホッブズ自身は、『リヴァイアサン』以前に書かれた政治的著作ではこの用語を用いなかった。

ホッブズの団体（system）の定義はやや性急ではある（その用語が指示する現象の多様性、範囲、複合性をホッブズの定義では正確に評価できないからである）がきわめて明晰である。「団体とは」とかれは書いている、「ある利害とか仕事とかによって結合した人びとの集まりをいう」[☆12]。ホッブズが「諸団体」およびその同義語の《universitates》の範疇にふくめたのは、たとえば属州、地方行政体のような公的諸機関であり、また宗教的共同体、会社、職業組合などの私的諸機関である。それゆえホッブズは、「利害」という用語によって公的諸機関の目的に言及しようとしており、「仕事」という用語によって私的な集まりの目的に言及しようとしていると主張できよう。しかしいずれにせよ、その定義は貧弱すぎるので、ホッブズは複雑な現実を記述できない。この定義は、ホッブズが団体の類型学を分析するときに明らかとなる。第二二章の大半を使って論じられているその団体の類型学はよく構成されており、明瞭に論じられているのである。

なぜ「団体」なのであろうか。ホッブズが古典ギリシア語につうじているということを忘れてはならない。かれは学者としての経歴をツキディデスの歴史学書の翻訳からはじめ、ホメロスの詩篇の翻訳をもって学者生活を終えた。古典ギリシア語では、諸団体《systema》は無生物からなる全体だけでなく、人びとの集団にも言及するものであった。したがって、それは、会、集会、会合、議会等々を意味し、また諸共同体の集合、現代のことばでいう連合あるいは同盟を意味する。このような意味をもつ団体は、アリストテレス、ポリビオス、プルタルコス、そしてついには専門用語としてそれを使う法律用語のなかにまでみいだすことができる。『市民法大全』において、ラテン語とギリシア語

☆11 《systema》ということばはグロティウスがすでに使っていたが、それは都市国家の連合という、より狭い意味においてである。「また若干の国家が、非常に親密なる同盟条約《フォエッス》によって結合せられ、ストラボ〔ン〕が一再ならず述べてゐるように、ある「組織《スズテーマ》」(sustema)を形成するが、個々のものは完全なる国家《スタッス》の状態を失わないという場合が起こりうる」(『戦争と平和の法』第一巻第三章第七節、(一又正雄訳)『戦争と平和の法』第一巻、酒井書店・育英堂、一九八九年(復刻版)、一四四ページ)。『戦争と平和の法』のフランス語版で、訳者のジャン・バルベイラックは、《systema》を《système ou corps composé》(体系あるいは合成された体)と訳し、ある注のなかで、団体(system)という用語がグロティウスの了解した意味で使われているストラボ〔ン〕からのふたつの章句を引用した。これらのふたつの章句のうち最初のものは、隣保同盟(Strabonis Rerum Geographicarum Libri XVII,『ギリシア・ローマ世界地誌』第九巻第七章C四二〇)、ふたつ目はリュキア同盟(第一四巻第三章C六六四)である。よく知られているとおり、プーフェンドルフはグロティウスと同様に、統治の諸形態という古典的テーマを論じる『自然法と万民法について *De iure naturae et gentium*』の第七巻第五章のさまざまな節において諸国家の諸団体(*systemata civitatum*)について述べている。プーフェンドルフが『自然法と万民法について』にさきだつ著作のなかで同様のテーマを扱い、同じ用語を使っていたことをわたくしがしったのは、多くの情報をふくみよく資料にあたった著作『ザムエル・プーフェンドルフのラテン語著作集一六六三―一七〇〇にかんする一八世紀論争 *Discussioni seicentesche su Samuel Pufendorf. Scritti latini: 1663-1700*』(Bologna; Il Mulino, 1978)の著者であるフィアンメッタ・パッラディーニ博士に負っている。そのひとつは、「諸国家の諸団体にかんする議論 *Dissertatio de systematibus civitatum*」で、おそらく一六六四年から一六四七年のあいだに書かれ、『学的議論選集 *Dissertationes academicae selectiores*』(一六七五年)と『ゲルマン帝国の状態について *De statu Imperii Germanici*』(一六六七年)におさめられている。よく知られているとおり、ホッブズはプーフェンドルフの思想上の主要な源泉のひとつであった。《systema》の用語を使う場合にも、『リヴァイアサン』の著者へいちど言及している。プーフェンドルフはグロティウスに従いつつ、諸国家の諸団体《systemata civitatum》を定義し、「それぞれの

の両方で引用句が語られる場合、《sýstema》は《collegium》に対応する。イングランドで幅広く用いられ、自分自身がそれ以前の著作で用いていたラテン語の用語をホッブズは自由に使うことができるのに、明らかにギリシア語の表現である諸団体《sýstema》という用語をラテン語版においてホッブズが使った理由は、いまでもなお問われるべきである。ホッブズ思想のある研究者が、ラテン語版『リヴァイアサン』は、英語版のあとに出版されたのではあるが、書かれたのは英語版よりも早いという仮説を提出している。しかし、ホッブズが《sýstema》という言葉を用いているので、この仮説を却下することができるだろう。[13]

五

すでに述べたように、第二二章でホッブズは、国家に従属する（英語の subject、ラテン語の *subordinata*）諸団体を分析する。ホッブズは、「団体」という用語を、それに対応する伝統的な用語、たとえばギリシア語の共同体（koinoni+'a）やラテン語の社会（societas）などと同様に、あらゆる種類の集まりを包含する一般的な意味で用いている。またそれは、政治的集合、アリストテレスの国家的共同体（koinoni+'a politikė）や、アリストテレスの足跡に従って少なくともカントにいたるまでの中世および近世の政治学的著作家たちの「政治社会（societas civilis）」をふくむ。[14] したがって、ホッブズが、一般的な範疇体系のなかで、「絶対的で独立の諸団体」と「非独立の諸団体」とをはじめて区別したことは国家が自分自身のうちに最高権威を保持するが、ひとつの団体を構成するようにみえるほど特別な強い結びつきによって互いに結びつけられたいくつかの諸国家」と述べる。そして「もし、都市国家の諸部分が人体の筋肉と比較される『リヴァイアサン』の第二二章においてホッブズがなしたように、国家がいくつかの従属的諸団体から構成されるとすれば、国家をひとつの《system》とみなすことは適切ではない」とつけくわえた（『自然法と万民法について』第七章第五節一六）。パッラディーニ博士の示唆によれば、ここでプーフェンドルフは、ホッブズが団体《systema》という用語を用いて従属的な諸団体から構成される諸国家を同定しようとしたことを批判しているそうである。プーフェンドルフによれば、それぞれの団体は内的に分節されているとしても、「団体」という用語は真の諸国家の連合体を意味している。これは、フランス語版の翻訳者のジャン・バルベイラックが次のように翻訳していることによって確認される。「すなわち、ホッブズがしたように、複数の従属的団体をただふくんでいるだけのものを構成された国家とくらべてはならないということはこの定義から明らかである（“Il paroit par cette définition qu'on ne dois pas, comme fait Hobbes, mettre au rang des Etas composés ceux qui renferment simplement plusieurs corps subordonnez.”）」。実際は、ホッブズはより小さい社会的政治的諸団体から構成される諸国家だけを諸団体とよんだのではない。かれはそのことばをより広い意味で用いており、ホッブズが第二二章の冒頭で与えた諸団体の定義を考慮すれば、複合的国家も単純国家もふくめて、あらゆる政治体あるいはあらゆる社会体を示そうとしている。プーフェンドルフが利用できたラテン語版では、その定義は次のとおりである。「団体とはある利害によって結合した人びとの集まりをいう」。しかし、プーフェンドルフは、ホッブズのことばづかいのなかでの団体（systema）という用語の使いかたを厳格に解釈している。それは、先に引用したプーフェンドルフの「諸国家の諸団体にかんする議論」の似たような文章によってたしかめられるように思われる。「したがって、真の国家は、ホッブズが『リヴァイアサン』第二二章で諸団体（systemata）および人体の筋肉にたとえた複数の従属的団体から構成されるのだから、ひとつの団体ではないことは明らかである」（第八節）。ふたたびパッラディーニ博士に従えば、少なくとも一箇所でプーフェンドルフは、団体《systema》という用語を体（corpus）という包括的な意味におい

必然的である。部分社会は従属的な諸団体である。独立的な諸団体は自分自身の代表以外のなにものにも臣従しない。これはひとつの要素しかもたない集合である。ホッブズにとっては、国家のみがその集合に属する。☆15

ホッブズは独立的な諸団体をふたつの修飾語でもって修飾する。それは絶対的なと、独立的なであり、互いに意味を確定しあい強めあってもいる。最初の、絶対的なという修飾語は、主権者の諸臣民にたいする権力にかかわり、主権者は自分の諸臣民の行動を規制している法律に縛られないということを意味する。第二の、独立的なという修飾語は、他の主権者たちにたいする主権者の権力にかかわり、すべての主権者は相互的な独立状態たる自然状態において諸個人が享受するのと同じ地位（*status*）を享受するということを意味する。逆に言えば、それ以外はすべて従属的団体である。諸国家をのぞいて他のすべての諸団体は、「主権――各人は、その代表者もそうであるように主権に臣従しているが――に従属している」からである。☆16 この文脈において決定的な用語は「代表（*representative*）」であるが、それについてはのちに述べよう。ある団体を正真正銘の団体とよべるのは、その団体を構成する諸個人がひとりの自然人あるいは合議体を自分たち自身の代表者と承認した場合だけであると述べれば、いまのところは十分だろう。ホッブズはこれらの諸団体を「正規の」諸団体とよび、非正規の諸団体から区別する（これについては以下の記述を参照のこと）。この決定的な資格要件によれば、諸国家は諸団体である。すなわち、諸国家は集合した諸個人からなる諸集団であり、唯一の代表（主権者）をもっている。他方で、部分社会（正確を期すれば、正規の部分社会）は諸個人からなる諸集団であり、その代表が一般的団体の代表に依存しているような諸団体である。言い換えれば、国家の臣民としての個人は主権者以外に代表をもたない。家族の一員としての個人は家長を自分の代表として認知する。家長は家長に優越する主権者を自分の代表として認知するのである。

この区別は新しいものではない。それは、ホッブズが一貫して執拗に支持している権力の一元論的概念を忠実に反映している。それは、中世の法学者たちにはよく知られた古い区別、すなわち上位者をもつ社会（*civitas superiorem recognoscens*）と上位者を知らない社会（*civitas superiorem non recognoscens*）との古い区別の再定式化である。

て用いている。その箇所では、精神的実体（*entia moralia*）について論じながら、諸団体を「精神的諸人格であり、ある精神的紐帯を通じてひとつの団体において統一されたばらばらの諸個人あるいは人類である」とよんでいる。（『自然法と万民法について』第一巻第一章第一二節）

☆12　『リヴァイアサン』第二二章、一四六ページ。

☆13　これは、F・C・フッドの仮説である。F. C. Hood, *The Divine Politcs of Th. Hobbes: An Interpretation of Leviathan* (Oxford: Clarendon Press, 1964), pp. 54ff.

☆14　政治社会という用語の歴史については、わたしが『政治学事典 *Dizinario di politica*』（Torino, Utet, 1976）と『エイナウディ百科事典 Enciclopedia Einaudi』（Torino, Einaudi, 1981）によせたふたつの「市民社会（società civile）」の項目を参照のこと。

☆15　それは、ホッブズにとってだけである。というのも、たいていは、ホッブズが批判する政治的理論家たちは教会もまた独立した団体であると考えているからである。

☆16　『リヴァイアサン』第二二章、一四六ページ。

六

ホッブズが第二二章の主題の範囲を確定することに寄与した☆17この第一の一般的な区別ののちに、多少の注釈を要する部分社会の類型学がつづく。

部分社会の類型学は、たとえ統治諸形態の類型学ほど厳密に体系化されてこなかったにしても、長いあいだ、団体の一般的学説の一部分であった。これは、アリストテレスの『政治学』の定式のなかで数世紀にもわたりうけつがれてきた。団体の学説は、厳密な法的目的をともないつつ法学者たちによって、精緻化された。これらは、ある団体の構成員と全体としてのその団体との諸関係や、ある団体との諸関係を結び得るほかの法人とその団体との諸関係についてのさまざまな規定である。したがって、分類基準はつねに法的なものにかぎられていた。その分類基準は法律の主体としての団体にかかわるものであり、団体はどのような意味において、またどのような限界において、諸権利の主体とみなされることができ、またどのような権利の主体であるのかということにかかわっていた。このような注意が必要であるのは、わたしたちになじみ深い社会的諸団体の類型学をねりあげてきた社会学者や人類学者は法律学とは異なる補足的基準を用いるからである。この類型学はさまざまな社会集団の多様な構造あるいはさまざまな機能を重要視する。わかりやすい例として、テニエスとデュルケームの二大区分、すなわち社会と共同体、機械的連帯と有機的連帯を考えてみよう。あるいは、『経済と社会』の冒頭でヴェーバーがおこなったよりいっそう分節化された分類を考えてみよう。

法律学の伝統における部分社会の分類は、私的機関と公的機関、法人格をもつ機関ともたない機関、ギールケの用語法に従えば団体統合の原理が内部から生じる機関（*Körperschaften*）と、団体統合の原理が外部から押しつけられる機関（*Anstalten*）とに区別される。アルトゥジウスが、社会的諸団体（*consociationes*）の一般理論とみなされうる重要な政治学的著作のなかで提起した分類を検討してみよう。かれは私的なものと公的なものとを区別して、法律の世界における二大区分から始める。ここから下位区分が枝分れし、最終的には、社会的諸団体という普遍的範疇に包含できるすべての機関の完全で徹底的な地図が与えられる。

この観点からみれば、ホッブズの類型学は少しも革新的ではない。というのも、ホッブズはもっぱら法的基準にもとづいて自分の類型学をねりあげたからである。たとえホッブズの法学理解の源泉にかんする研究が現在にいたるまで満足できるものからほど遠いものだとしても、ホッブズが法的思考における相当な専門家であるということはこれまでしばしば指摘されてきたことなのである。

従属的諸団体の類型学を構築するためにホッブズが用いるすべての下位区分は明らかに法学的である。最初の下位区分は古典的なものであり、私的諸団体と公的諸団体とを区別する（ホッブズは、後者を「政治的」とよぶ）。二番目の下位区分は私的諸団体のみに関連するものであり、それもまた古典的なものである。すなわち、私的諸団体は合法的であるか、あるいは非合法的である。公的諸団体

☆17　ホッブズ自身、自分がそれに先立つ五つの章において絶対的で独立した諸団体を分析したことに読者の注意をうながしている。

はその本性上つねに合法的である。それらは主権者権力によってのみ設立され、それらが存在するのはもっぱら主権者の権威のおかげである。私的諸団体は合法的であるかあるいは非合法的である。なぜなら、それらは、諸臣民自身によってか、あるいは自国においては公的権威であるが他国においては一私人にすぎない外国の主権者によって、設立されるからである。合法的な私的諸団体は、主権者が認可する団体であり、非合法的な諸団体は主権者が禁止する団体である。外国の権力によって設立される私的諸団体がつねに非合法的であるかどうかについては、ホッブズは明言していない。しかしながら、かれが示す合法的な私的諸団体の例は家族のような諸臣民間で設立されるものであり、非合法の例は、乞食、盗賊、ジプシーの集団などである。他方、外国の権力によって設立される私的な諸団体の例では、ホッブズは非合法的諸団体の例しかあげていないのである。ひとつの例は、他国の領土においてその正当な権力を破壊する目的をもってある国家によって設立された集団である(現代の読者ならば、かつてのソヴィエト連邦と緊密に連携していた共産党の設立を禁じるためにいくつかの国家が与えた公式的説明をすぐに思いつく)。また他国の領土内である国家によって設立される団体の例として大使館をあげることができよう。それは、その他国から承認されているから合法的であり、大使館は公的団体である。

合法的私的諸団体と非合法的私的諸団体を区別することで、その本性上合法的である公的諸団体あるいは政治的諸団体と合法的私的諸団体とのちがいを明確化できよう。公的諸団体は主権者権力によって設立される。合法的私的諸団体は個別的団体の構成員自身によって設立される。主権者権力はその私的諸団体をたんに承認するか容認するにすぎず、もっと単純に言えば、禁止しないにとどまるのである。第二二章のはじめにおいて、これらの私的諸団体は主権者権力によって「承認される」とホッブズは簡潔に述べている。そのあとで、ホッブズは「正規の合法的な私的団体とは、他のすべての臣民にも共通な法を別とすれば、証書その他の文書による権威づけなしに構成されるものである」と確定する、と述べている。[☆18] ホッブズが非合法的団体を諸個人が「まったくなんの公的権威ももたずに」集合するものと定義しなかったならば、したがってまた合法的私的団体を定義するために用いた言いまわし（証書その他の文書による権威づけなしに）と同じ言いまわしを用いなかったならば、この定義は〔もっと〕明晰であったろうに。それならば両者のちがいは次の点にしかなかったであろう。合法的な諸団体は、他のすべてのものを規制するのと同じ法律によって規制されるのにたいして、非合法的諸団体はそれらの法律をのがれるか破るのである、と。いずれにせよ、ホッブズの所見はあまりにも概略的なので、われわれはこのテーマをこれ以上深く分析することはできない。もろもろの具体例のほうが諸定義よりもよくホッブズの区別を明らかにする。

七

ホッブズがおこなった三つの区分のうちでもっとも興味深いのは、正規の諸団体と非正規の諸団体

☆18 『リヴァイアサン』第二二章、一五三ページ。

との区分である。正規の諸団体はひとりの代表者をもち、したがって道徳的人格あるいは人為的人格を構成するものである。それ以外のものが非正規の団体である。この区分は、たとえ独立的団体が正規の団体だけだとしても、非独立的団体と独立的団体との区分とは一致しない。またこの区分は、たとえホッブズが非正規の諸団体について示す例がすべて私的諸団体だとしても、公的団体と私的団体との区分とは一致しない。正規の団体も非正規の団体も合法的でありうるし、非合法でもありうるのだから、合法的団体と非合法的団体との区分とも一致しない。正規の諸団体と非正規の諸団体とを区別する基準は代表制にある。合法的団体と非合法的団体とを区別する基準は認可制にある。したがって、代表をもつ、あるいはもたない認可団体または非認可団体がありうる。言い換えると、代表をもつ認可団体、代表をもたない認可団体、代表をもつ非認可団体、代表をもたない非認可団体がある。

正規の諸団体と非正規の諸団体の区分が興味深い第一の理由は、それが代表制の原理にもとづいていることである。この点について、ホッブズは『リヴァイアサン』の第一六章で述べている。その章は緻密であり、必ずしも理解しやすいとはいえない。第一六章の中心テーマは二種類の人格、すなわち自然人と人為的人格との区別である。自然人の言葉と行動は自分自身のものだとみなされる。人為的人格の言葉と行動は、他の人（あるいは他の物）の言葉と行動を代理するものだとみなされる。人為的人格を特徴づけるのは、代理人と本人とが同一でないことである。代理人とは他者の名において、また他者のために行為する者である。本人はその本人の名において、本人のために行為する権限を代理人に与えるのである。教会、病院や橋などの事物もまた人為的人格を構成する。この場合、本人は行為する権限を与えるのだから事物ではありえず、個人または審議会にその管理をまかせるその所有者あるいは公務員である。事物は、人間とは異なり、政治権力が制定されたのちではじめて人格化されうる。さらに諸個人や諸物以外にも、本人をもたずして代表をもつことができる人びとがいる。これは理性を欠いた人びと、たとえば未成年や心神耗弱者などがあてはまる。また、古代ローマ人たちのあいだでは神官たちが代表していた偶像やにせの神々にもあてはまる（実際、偶像の神々は実在しないのだから、本人であることはできない）。さらにそのことは、自分の名においてではなく神の名においてヘブライ人を統治したモーゼによって代表される真なる神、また自分のためにではなく父の使者として教えを説くイエスによって代表される真なる神にもあてはまる。

代表制のテーマはホッブズの政治哲学の中心にある。なぜなら国家が定義上道徳的人格だからである。いまここで要約している『リヴァイアサン』の第一六章は、国家の定義で終わる『リヴァイアサン』の中心的な章のまえにある。国家の定義が第一六章でいわば予告されているのである。「群衆がひとりの人間または人格によって代表されるときに、もしそれが、その群衆のうちの各人の同意によっておこなわれるならば、その群衆はひとつの人格にされる。なぜなら、人格をひとつにするのは、代表者の統一性であって、代表されるものの統一性ではないからである。そして人格をになうのは代表者であり、しかもただひとつの人格である。このようにしてでなければ、群衆のなかに統一性を理解することはできない」〔『リヴァイアサン』第一六章、一〇七ページ〕。こうしてホッブズは国家を定義する。国家とは「ひとつの人格であって、群衆のなかの各人が相互に信約を結び、各人をことごとくその人格の行為の本人とした――そのようにしたのは、この人格が好都合であると考えたとおりに、人びとの平和と共同防衛に、全員の力と手段を利用するためなのだが――ものなのである」[☆19]。この定義は、代理人と本人という代表の関係を特徴づけるふたりの人物のあいだの区別をよく浮き彫りにしている。代表は代理人である。代表されるものの名においても行為する権限をもつ。本人は代表されるのであり、代表するものに行為する権限を授与する。

人為的人格は代表をもつので、ひとつの統一体である。しかし、これは、代表がただひとりの自然人であるべきだということを意味しない。代表は合議体でもありうる。その場合、多数決の規則が必要である。ホッブズはこの点について明確であった。しかし、かれはそれについて興味深い例を与えている。賛成意見と反対意見は互いに中和すると言っているのである。ある党派が勝つのは、賛成意見が反対意見をうわまわった場合かその逆の場合である。「少数者が（たとえば）肯定的に述べ、多数者が否定的に述べるとすれば、その場合には、否定意見は肯定意見を打ち負かしてさらにあまりがあるものであり、否定意見のなかでこの肯定意見に打ち消されない超過部分が、その代表者のもつ唯一の意見ということになる[☆20]」。

八

正規の諸団体については、まず、正規の政治的（あるいは公的）諸団体と私的諸団体とを区別しなければならない。ホッブズは第二二章のほとんどを「政治体」とよぶ正規の政治的諸団体の分析にあてている。ホッブズによれば、正規の政治的諸団体は、その設立を正当化する多様な目的と、それらが生まれたさまざまな状況のために、ほぼ無限の多様性をもっている。とくにホッブズが考察の対象としたのは、主権者がそこに定住するのではなく代理人をつうじて統治する地域として定義される属州であり、主権者が国内および国外での一定の交易の独占を保証した商人たちの団体である。これらの政治体は公的であるが主権者に従属するので、[☆21]これら政治体の権力、すなわちその代表の権力は制限されている。この権力は主権者によってその諸限界を設定されてしまうような権力なのである。ホッブズは、政治体が主権者に従属するあるいは臣従するというこの関係から、自分の基本的テーマをくりかえす機会をみいだしているのだ。すなわち「いかなるコモン-ウェルスにおいても、主権者がすべての臣民の絶対的代表なのである。したがって、かれ以外のものはだれでも、かれが許可する限度内でしか、かれらのいかなる部分についても代表たりえないのである」。[☆22]もし主権者が、ある政治体にたいして、その構成員のあらゆる目的や企図を実現するひとりの絶対的な代表者をもつ許可を与えるとするならば、それは主権者が統治を放棄し、権力が分立するということになるであろう。正規の合法的政治体の範疇の内部で、その存続期間を考慮することで、さらなる区分をおこなうことができる。すなわち永続的な政治体と一時的な政治体がある。一時的政治体の例として、ホッブズは諮問の役割をもつ政治体をあげる。主権者は諮問委員を任命し、その国の特定地域における臣民の状態と

☆19 『リヴァイアサン』第一七章、一一二ページ。
☆20 『リヴァイアサン』第一六章、一〇八ページ。
☆21 独立していないので、または主権者ではないので。
☆22 『リヴァイアサン』第二二章、一四六―七ページ。

要求にかんする情報を入手しようとするのである。そしてそのつとめが果たされると、諮問委員を解任する。

ホッブズは公開証書や特別の文書による権威づけなくして設立される正規の合法的諸団体を私的とみなす。なぜなら、それらはコモン・ローによって規制されるからである。ホッブズはこの種の正規の団体についてはひとつの例しか示していない。それは父によってひとつの団体として代表される家族である。家族はまさしく代表をもつ団体なので、正規の団体の範疇に属する。

すでに指摘したとおり、正規ではあるが非合法的な諸団体がある。犯罪集団（あるいはジプシーの集団）、あるいはまたある外国人の権威によってある国の中で形成された団体である。よりたやすく自分たちの教義を宣伝し、あるいは主権者の合法的権力に対抗する党派を形成することを目的にして、人びとが外国人による団体に結集する。これらのふたつの例が興味深いのは、正規性と合法性は一致する必要がないということを、ほかのいかなる分析よりも明確に示しているからである。犯罪集団と、他国で活動する外国の政治党派は代表をもっている、すなわちその構成員の名においてその構成員にかわって行為する人格をもっている。しかし、これらの集団は主権者によって承認もされず、認可もされないので、非合法である。

非正規の諸団体の類型学はそれほど一般的ではないので、より興味深い。非正規の諸団体も合法と非合法に区分される。しかし、ホッブズは正規の諸団体をほとんど合法的団体でもって説明する一方で、非正規の諸団体にかんしては、とくに非合法の例を強調している。それはふたつの亜種すなわち同盟と人民の集まりに区分できる。ホッブズは、「同盟」という言葉によって、防衛のような共通の目的を達成するために、明文化した合意にもとづく諸個人の集まりを意味する。しかし、だれにたいする防衛であるのか。それが国家権力にたいする防衛であるならば、ホッブズは躊躇なく、ふつうはそのような同盟は必要ではなく、したがって、そのような同盟を形成することはまったくさけたほうがよいという。さらに、それらの目的が犯罪的である場合、そうした同盟はしばしば非合法である。諸国家間の同盟だけが必要であり、合法的である。諸国に服従を求めうるような、より上位の権力はないのだから、諸国家の統一が相互の防衛にそなえるために各国がもつ唯一の手段である。しかし、これは一国の諸臣民には当てはまらない。臣民の保護は、国家権力それ自身に委託されてきたからである。

ホッブズほどの確信をもち首尾一貫した国家の統一性にかんする理論家は、党派や派閥の形成を良くは思わない（ホッブズは、ふつうにはそれらを党争や陰謀とよんでいる）。ホッブズは、諸党派の形成が国家にたいしてなす害悪を『市民論』の二つの章句ですでに強調していた。ひとつは『市民論』第一二章でホッブズは国家の分裂の諸原因を分析している。これらの諸原因のなかで、煽動的な教義の宣伝普及のほかに、それらの教義にもとづいて行動することを目的とするグループの形成を重要視した。かれは、このようなグループを、自分たちの年老いた父を若返らせるために切り刻み料理した（とはいえ、若返らせるどころか父を殺した）メディアの姉妹と比較している。もうひとつの章句は次の第一三章にあり、主権者たちの諸義務を探求している。主権者たちの諸義務のなかにホッブズは諸党派を解体する義務を入れている。諸党派は国家のなかの国家とみなされているのである。かれは党派や派閥を「自分たちのあいだの相互的な諸契約によって、あるいは誰かの権力によって、最高の規則を生みだす権威をもたずに集められた臣民たちからなる群衆である」[☆23]と定義する。

ホッブズは「派閥」[☆24]という種類の非正規で非合法的な諸団体のなかに他の諸グループを入れる。派閥というこれらのグループは集合体のなかでその集合体そのものを乗っ取ろうとする目的をもって形成される。それをホッブズは「秘密の徒党」とよぶ。あるいは、武装した者たちからなる護衛隊を自衛のためにそなえる私的支配者と。[☆25]あるいはまた、語の厳密な意味において党派とよべるのは、宗教的領域における教皇派のように、また政治的領域における古代ローマ時代の貴族派や平民派のように、権力を掌握するために形成されたものである。これら三種類の集まりはすべて非合法である。「徒党」が非合法であるのは、あるグループの利益を一般的利益よりも優先させるためである。武装護衛が非合法であるのは、防衛の役割は国家だけに属しているから、いやそれどころか、建国の主要な理由でもあるからである。諸党派が非合法であるのは「人民の平和と安全に反し、主権者の手から剣をうばうことになるから」である。[☆26]

九

基本原理から演繹することで国家の理論を打ち立てた合理論者としてのホッブズという伝統的イメージとは対照的に、『リヴァイアサン』の著者は本当は現実の鋭敏な観察者なのである。たとえば、非正規の団体のふたつ目の亜種、すなわち「人びとの集まり」を論じるところで、いくつかの興味深いコメントがみられる。近代的用語を用いるならば、ホッブズが同盟やそのさまざまな形式を論じた部分は、こんにちなら公法の諸著作における結社の権利に属するものに相当する。他方では、人びとの集まりにかんする部分は集会の権利に言及する公法の部分に対応する。ホッブズは、結社の権利にたいするのと同じくらいきびしい態度を、集会の権利にたいしてとる。近代公法において、結社の権利と集会の権利が原則であり、結社や集会の禁止は例外である。これに反してホッブズは、このテーマを論じるにさいして分析する非正規の団体のなかに、合法的でも非合法的でもありうる結社や集会をふくめる。それゆえホッブズは原則と例外の関係を逆転させる。ホッブズの体系において合法的な結社と合法的な集会のための余地はほとんどない。

ホッブズにとっては、人びとの集まりが合法的か否かをきめるのは、人びとが集まった理由と、その集まりへの参加者数である。人びとが宗教行事に参加するために教会に集まることや芝居をみるために劇場に集まることは合法的である。しかし、「数が異常に多ければ[☆27]」、そしてそのけたはずれの参加者数の理由が明白でない、すなわち正当化できないならば、その集まりは疑わしいものとなり、したがって非合法的となる。その集まりが非合法と宣告されたので、主権者はその集まりを解散させる

☆23　『市民論』第一三章、二〇一ページ。
☆24　「人民のあつまり」とは別である。
☆25　マンゾーニの小説『いいなづけ』にでてくるよた者のように。
☆26　『リヴァイアサン』第二二章、一五八ページ。
☆27　『リヴァイアサン』第二二章、一五五ページ。

権利をもち、またその場合は、その集会の参加者全員ではないにせよ少なくともその発起人を処罰する権利をもつ。その権利が憲法によって保障されている近代民主制国家における集会の権利の許容範囲と、ホッブズが制限したその権利の限界とのあいだの対照を、もっともよく示す例がある。それは次のような例である。多数の人びとが為政者に請願書を提出するために集まることは許される。しかし、この請願書の賛成者全員によって提出されることは許されない。というのも少数の人だけで、それを提出する仕事は十分おこなうことができるからである。ホッブズは次のように論じて、この制限を正当化する。こんにちなら、公共の安全という理由づけがなされるだろう。「その集会が非合法だときめる基準は、ある決まった人数ではなくて、その場にいる役人たちが抑圧し処罰できないような人数かどうかによるのである」[☆28]。ある集まりは、必要以上の参加者がある場合は暴動となる。自分の立場を支持するために、ホッブズは使徒行伝の一節を引用する。人びとの群衆が聖パウロの仲間のふたりを告訴したときに、長官はそれを「騒乱」と言った。なぜならそのような大きな人びとの集まりを正当化するうまい理由がなかったからである[☆29]。

一〇

これまでみてきたことは、ホッブズによる部分社会の類型学がいかに明瞭で、複合的かつ綿密であるかを示している。互いに重なり合うことなく展開される一連のホッブズの区分と下位区分をやや整理してみよう。このために、次の点を確認することは有益であろう。

ア 「従属的」とホッブズがよぶ部分社会の範疇は、独立の団体と非独立の団体とのあいだの第一の、そしてもっとも包括的な区分に由来する（独立の団体にかんしてホッブズが示す唯一の例は国家である）。

イ 「非独立の」諸団体の集合のなかで最初になされる区分は公的諸団体と私的諸団体の区分である。

ウ 私的諸団体は正規でもありうるし、非正規でもありうる。

エ 正規の諸団体も非正規の諸団体も合法的でありうるし、非合法的でありうる。

このことからえられる結論は、独立の団体と公的な非独立の団体はつねに正規で合法的であり、他方で「私的諸団体」という種のなかには四つの亜種があるということである。すなわち、（ア）合法的で正規の諸団体、（イ）非合法的で正規の諸団体、（ウ）合法的で非正規の諸団体、（エ）非合法的で非正規の諸団体。言い換えると、公的ということ、またさらに独立的であるということは正規性や合法性とつねに重なり合い、その一方で、非正規性と非合法性によって私的諸団体をさらに区分することができる。

『市民論』でホッブズが従属的団体としてあげたのは、政治的諸人格だけである。それとは対照的に、『リヴァイアサン』の文章はより複雑であり、革新的である。というのもそこでホッブズは「非

☆28 前掲書。
☆29 『使徒行伝』第一九章、第四〇節。

正規の諸団体」という種を導入しているのである。この非正規の諸団体は代表をもたず、そのため政治的人格と厳密にはよばれえない。代表をもたず、したがって政治的人格ではない「非正規の諸団体」という種は、ホッブズの国家の一般理論の視点から検討するに値いする。なぜならば、集団のこの分類のおかげで、コモン・ローによって規制され、国家の直接的権力をのがれる私的圏域をホッブズの体系においても確認できるからである。この私的圏域の存在は、もしまだそのことを指摘する必要があるならば、ホッブズ的な権威主義的国家と近代の全体主義国家とのちがいをよりいっそう示している。この分類のおかげで、ホッブズ的な国家を、自由の諸権利の承認をつうじて私的圏域が法的に保護されている自由主義国家とまちがえなくさせるであろう。自由主義国家は法の支配にもとづく国家であるが、ホッブズ的な国家はそれにもとづいていない。なぜなら、ホッブズの国家においては、国家からの自由は事実上の自由だからである。ホッブズにおいては、〔諸個人が〕結社し集会する能力は自由主義的な成文憲法とともに発生するような国家によって承認される権利ではない。それはたんに、主権者の側での自由裁量による公認の結果にすぎない。

同様に、ホッブズが国家の内部に公的団体と私的団体を認めたことは、節度のある君主制、制限君主制、穏健な君主制の支持者たち、あるいはクロード・ド・セセルの用語を採用すれば、拘束された君主制（monarichie réglée）の支持者たちが唱える中間団体の学説となんの関係もない。言うまでもなく、ホッブズの国家は〔法により〕制限される国家ではない。主権者権力は絶対的であり、そうでなければ主権者ではないからである。すべての政治体は、公的なものも私的なものも、「従属的諸団体」というきわめて広範な範疇に属する。すなわち、従属的諸団体は、独立の唯一の政治体である国家に従属するのである。その諸団体が国家によって設立されるか、公認されるか、許可される（あるいは、適切な範囲で黙認される）から、その諸団体は法人格をもつという事実によって、その諸団体の従属は明らかになる。それらのうちのどの団体も国家権力を制限できない。また、どの団体も主権者権力にたいする対抗力を供給する機能を果たせない。そのような機能は、制限国家の学説において中間団体に固有の機能なのである。

二

部分社会にかんするホッブズの分類学はきわめて明瞭に表現され、みごとに構築されている。この分類学が考察に値いする理由は、それ自体が団体理論の学説史における新しい一章をなしているからというよりも、むしろ本章冒頭で述べたように、ホッブズの国家学説が注釈者たちのこれまでの主張よりもずっと複雑であるということにきづかせてくれるからである。

ホッブズの団体論の歴史的重要性は、すでにギールケがすぐれた洞察力と団体史にかんするきわめて該博な知識でもって、強調している。ギールケによれば、ホッブズは共同諸団体の伝統的有機体的概念を自覚的に放棄した最初の自然法理論家である。したがってかれがはじめて国家だけでなく国家の内部で形成される部分社会をもまた、それらに生命を与える諸個人の合意をつうじて設立されるものとみなしたのである。そしてかれが初めてそれら部分社会を人為的人格（諸機械が人為的であるのと同様に）として表象したのである。☆30 共同諸団体を個人主義的に構成することをもっともよく証拠だてているのはホッブズの代表制の学説である。すでにみたとおり、政治的団体あるいは私的団体になった群衆の代表はひとりの個人であるかひとつの合議体である（統治の諸形態における学説においてこれに対応するのは、君主制と貴族制あるいは民主制との区別である）。個人の行動であれ、代表する合議体の行動であれ、その行動の責任が共同団体を構成する諸個人の総体に帰属すべきであるとされるのは、受け取った委任の制限内でその行動がなされる場合だけである。なぜならば、代表する個人は「かれが団体の人格においておこなうことはなんであれ、かれの証書によってもまた法によっても許可されていないならば、かれ自身の行為であって、団体の行為ではなく、また、かれ以外のいかなる成員の行為でもない」からである。☆31 もし代表権を有する合議体が開封勅許状か諸法に認められない決定をくだすとすれば、その決定はその決定をした人たちのみにかかわるものである。その決定に反対投票をした人たち、投票時に欠席した人たち、つまり実質の投票をしなかった人たちにかかわることはいっさいないのである。「合議体は、かれらの勅許状が公認していない案件については、なんの代表権も有しないし、したがってかれらの投票結果にかかわることもないのである」☆32。代表制の関係は、すでに述べたとおり、本人と代理人との関係である。本人が与えたかあるいは譲渡した権威の限界を超えて代理人が行為するならば、代表はありえない。ホッブズには代表制についての有機体的概念の痕跡がないということはよく知られている。しかしそのことを、ホッブズの部分社会にかんする説明、とくに、国家に従属するにせよ、すくなくとも国家と同じくらい人為的人格である正規の諸社会にかんするホッブズの説明から引きだすことができるということ、このことはあまり知られてはいない。

ホッブズが主権の絶対性を認める国家の第一級の理論家とみなされてきたことに根拠がないわけではない。したがって、たとえ逆説的にみえようとも、近代民主制は代表制の有機的観念からではなく、むしろ代表制の個人主義的で原子論的な観念からうまれたのである。

☆30 Gierke, Das Genossenschaftsrecht, vol. IV, p. 360.

☆31 『リヴァイアサン』第二二章、一四七ページ。

☆32 前掲書、第二二章、一四八ページ。

第七章　終りにあたって

一九八八年四月五日はトマス・ホッブズ生誕四〇〇年だった。かれをテーマとする研究会議がイタリアをふくむ多くの国ぐにでおこなわれている。それらのうちのひとつがミラノで、もうひとつはナポリで開かれ、今夏以降、第三の会議がシエナで、第四の会議が再度ナポリで予定されている。もちろん、開かれる研究会議の数の多さにもとづいて、哲学者の重要性を判断することはできまい。研究会議を開催することは、以前にもまして、その会議を主催する側にとっては観光業の発展を目的とし、それに参加する側にとっては気ばらしを目的とするようになっている。しかし、ホッブズ哲学の生命力についてはだれもが同意している。かれの諸著作はこんにちにおいてもいまなおおいに関連性をもつ諸テーマを考察するさいの無尽蔵の宝庫である。ホッブズが円熟期に入って何度も立ち戻った根本問題は戦争と平和の問題であるということを指摘すれば十分だろう。

　ホッブズの政治学体系はきわめて簡潔で明快な二大区分にもとづいている。すなわち、互いを尊重しあうように強制する実定法が存在しないままに人類が生存している自然状態。そして人間の意志にさからってまで平和共存に必要な法律を尊重するように強制する共通権力が存在する政治社会の二大区分である。前者は恒常的な戦争をつねとする状態である。後者は恒久的な平和状態である。ホッブズの理論構築全体の出発点は、人類が一般に戦争よりも平和を好むということであり、それゆえ人類は自然状態に生きるよりも文明状態に生きるほうを好むということである。

一方の状態から他方の状態へと移行するにはふたつのしかたがある。ひとつは、最強者がみずからの意志を他の者たちに押しつける国家の獲得によって。もうひとつは、当事者全員が力の個人的使用を放棄し、共通権力の創設に合意する国家設立の契約によってである。前者の解決策は現実主義的な政治観に典型的にみられるものであり、この政治観は、外的権力によって抑制される必要のある諸情念が社会のなかで働いているという観点から社会をみている。後者の解決策は合理主義的な政治観に固有のものである。この政治観によれば、政治は対立しあう諸利害が衝突する場であるが、これらの諸利害は合理的計算に重要な役割をもたせるような手続きによって調停可能である。以上のふたつの政治観の例をあげれば、マキァヴェリの理論とロックの理論となる。

ホッブズの哲学は両方の解釈に与する。あるときは一方の政治観が優勢となり、またあるときは他方の政治観が優勢となる。近年では両方の政治観がともに再評価されている。このことが、こんにちの論争における『リヴァイアサン』の発案者のきわめて強い存在感の理由を説明している。現実主義的な政治観は、すくなくともイタリアにおいては、カール・シュミットの思想が広く普及したことによって強い影響力をもってきた。合理主義的な政治観も社会契約論の再評価によって、そして政治をふくむ実践的な事柄における計算的理性の役割について同時並行的に生じた論争によって、高い評価を取り戻している（ホッブズにとって推論とはまさに計算である）。

ホッブズにとって平和は根本問題であった。かれが生きたのは残忍で内乱が長くつづいた時代であり、そのことがほかならぬ「万人の万人にたいする戦い」という考えを生みだしたような戦争であった（数年まえからレバノン共和国で起こっている事態を想起されたい）。戦争は、あれこれの国民をではなく、人類全体を先例のない破壊の危険にさらしている兵器の破壊力の増大の結果として、平和は現代のわれわれにとっての根本問題のひとつである。しかし、われわれにとっての問題は、一国内部の諸個人や諸集団間の戦争の問題というよりも、むしろ諸国家間の戦争の問題である。とはいえ、解決策は変わらない。ホッブズ・モデルは無傷のままに生きている。国際平和も、最強の実力をそなえた一権力が他のすべての者たちにみずからの意志を押しつけることによってか、そうでなければ共通権力を生みだすという目的についての諸国家間の合意によってでなければ達成されえない。古典的な用語を使うならば、世界帝国か諸国家同盟かという選択である。

社会契約論によって提示されるモデルは〔諸国家の〕同盟モデルであって、帝国モデルではない。しかしホッブズは、諸個人、諸集団、諸国民が共通の目標をもって集まるだけではその参加者のあいだでの永続的な平和を確立できないということをよく知っていた。それは共通の目的だけでなく、共通権力も必要とされるのだ。共通権力は、たとえば国際体制における国家間同盟のような、たんなる連合や相互救援の協定によって形成されるのではない。共通権力は、すべてのものたちが自発的にひとつの人格の権力に従うことをきめるような統一的信約によってのみ形成される。そのさいに、この人格は君主国家のように自然人であることもできるし、民主国家のように合議体であることもできる。

カントは、永久平和の小冊子を執筆する数年まえに、新世界において設立された世界初の連邦国家

〔アメリカ〕についての情報を知っていたけれども、その永久平和の提起においては、こんにちなら連邦とよばれるであろう連合協定について考察するにとどまった。ホッブズは、国際平和にかんすることについては、まさに連合協定以前にとどまっている。実際かれは、国際体制は一種の自然状態、すなわち永続的な戦争の状況にとどまることをさだめられていると考えていた。かれが統一の信約を国内体制から国際体制へ発展させるという課題を提起したことはいちどもない。なぜか？

それはまず第一に、すでにわたくしが述べたように、かれの全生涯にわたってついてまわった問題、かれの政治学的著作が生まれることをうながした問題は内乱の問題であったからである。第二に、信約の統一にかかわる唯一の選択肢である均衡の体制は、当時の国ぐにのようにアクター〔行為者〕が少数の場合には可能であっても、自然状態における諸個人のように、アクター〔行為者〕が何千、あるいは何万、いや何百万という人数になる場合には、不可能とはいわないまでも、より困難となるからである。第三に、諸国家は国際体制においては、みずからを他の諸国家から防衛する可能性を自然状態における諸個人よりも多くもっているからである。

こうした議論はかつてホッブズの時代にもっていた妥当性をこんにちにおいてももっているだろうか。こんにちでは兵器の性能が向上しているだけではなく、国家の数も格段に増えた。するとどうなるか。諸国家の数の増大は、現在の均衡をますます不安定なものにする。兵器の性能の向上は、均衡の破綻の可能性をより恐ろしいものにする。

三世紀以前にホッブズが国内平和にかんして提起した問題はこんにちでも同じように重要な国際平

和にかんする問題として提示されている。解決案も同じである。国際連盟はみじめな破産をとげたが、諸国家同盟の最初の試みだった。国際連合は国際的な軍事力の創設によって共通権力設立に向けての一歩前進をなそうと試みた。しかしながら、この一歩前進の試みはよき意図をはかるという以上のことは実現しなかった。それ以降に生じたことは均衡体制への回帰である。しかし、この変化は事実上の一歩後退である。確認しておくべきは、均衡の体制はつねに、ふたつの戦争にはさまれた休戦〔状態〕だったということである。現在はもうそうではないと言い切れる根拠はない。たとえホッブズの同時代人たち、そしてホッブズ自身も希望を託した恐怖にもとづく均衡よりも、こんにちにおける軍事力にもとづく均衡のほうが、さらに安定的であるとしても。

統一の信約は理想的で非現実主義的なモデルであるけれども、その問題解明の力を失っていない。すなわち、国内体制と国際体制にちがいが存在するのはなぜかを理解させてくれる説明能力を失っていない。そしてまた、平和はこんにちにおいて、以前にもまして共通善であると考える人びとの努力が、どの方向へむけてなされるべきかについて教えてくれる能力は失ってはいないのである。

補論　『ある博学なひとへの手紙という形をとって本人が書いた、マームズベリのトマス・ホッブズの評判、忠誠心、行状、宗教にかんする考察』★1

ことしはホッブズの主著『リヴァイアサン』が出版（ロンドン、一六五一年）されてから三〇〇周年である。『リヴァイアサン』は、かれが最初に登場して以来、しんらつな反対、熱のこもった議論、怒りに満ちた反発を引き起こしてきた。多くの人びとがこのスキャンダルを告発し、ホッブズの政治学体系が道徳の面でも（唯物論、功利主義という非難）、宗教の面でも（無神論という非難）怪物的なものである、と宣告するためのペンをとった。そうしたはげしい批判者のひとりに、サー・ヘンリー・サヴィルによってオクスフォード大学に創設された講座の教授で数学者のジョン・ウォリス〔一六一六―一七〇三〕がいた。ホッブズの『物体論』が刊行されたとき（一六五五年）、ウォリスはホッブズと科学上のはげしい論争をはじめた。かれは『ホッブズ幾何学への論駁 *Elenchus Geometriae Hobbianae*』を書いて、ホッブズの誤謬と愚かな自慢話を告発する無慈悲な批判をあびせた。その後はホッブズがおこなう新たな反論のたびに、ますますきびしさをますコメントによって、その批判を継続した。[☆1] ウォリスは、ホッブズが論争の過程でチャールズ一世のものとされた暗号文の存在をほのめかしたことで、ひどく威信を傷つけられた。[☆2] ジョン・ウォリスは、議会派のためにこれらの暗号文書を解読し、その後一六四九年にオクスフォード大学でおこなわれた就任記念講演において、そのことを自慢していた。いまやホッブズとウォリスとのあいだの論争は個人攻撃の域にまで入り込んでいたので、ウォリスはホッブズにたいして新たな、そしていっぷう変わった非難を浴びせた。とりわけ『リヴァイアサン』にたいして、この本が、王党派ホッブズによって書かれたとき、すでにイングラ

★1 *Considerations upon the Reputation, Loyalty, Manners and Religion of Thomas Hobbes of Malmesbury, written by himself by way of letter to a learned person.* 邦訳ホッブズ（水田洋編訳）『ホッブズの弁明／異端』未來社、二〇一一年。

ンドの君主政体の命運は決せられており、だからこそホッブズは、クロムウェルの庇護のもとに、一二年におよぶ亡命生活ののち、みずからの国にもどる許可をえることができたのだ、と非難した。この非難を定式化したウォリスのパンフレットは『みずからを罰する者・ホッブズ *Hobbius Heautontimoroumenos*』と題され、一六六二年に刊行された。[☆3] ウォリスはそのなかで、ウォリスが議会に味方して国王を裏切ったとするホッブズの非難にたいして、ホッブズこそクロムウェルのために国王を裏切ったとやり返した。ときは王政復古による君主政体の時代になっていたから、両者の非難のどちらがより卑劣であったのかを述べるのは困難である(一六六二年は恩赦の年である)。両者ともいまや君主の愛顧を受けた著名な市民であるということが、事態をいっそう悪化させたのである。

このように迅速かつ大胆な反撃に直面したホッブズは沈黙を守ることができなかった。かれは同じ一六六二年にパンフレットを書いてこれに反論する。それが今回イタリアの読者にはじめて翻訳で紹介される『ある博学な人への手紙という形をとって本人が書いたマームズベリのトマス・ホッブズの評判、忠誠心、行状、宗教にかんする諸考察』である。ホッブズにたいしてなされた非難の性格のために、かれはみずからの政治的利害関係、亡命時代、そしてイングランドへの帰国について回顧せざるをえなくなった。簡潔にではあるが、かれは自分の生涯を語らなければならず、そのためにこのエッセイは伝記的な関心をそそるものとなっている。さらにかれは、(けっして新しくはない論点によってではあるけれども)不信心と無神論という非難に応答しなければならなかったから、一定の学説的な性質をもった諸問題についても考慮することをしいられた。それゆえ、言及され引用されること

は多くとも読者にとって手に入れることがむずかしいこのパンフレットは、哲学的観点から言っても

☆1 ホッブズはウォリスの『論駁 *Elenchus*』にたいして冗長な著作を書いて反論した。『数学教授たちへの六つのレッスン、高貴で博学なサー・ヘンリー・サヴィルによってオクスフォード大学に設けられた講座の幾何学教授〔ウォリス〕と天文学教授〔ウォード〕へ』（一六五六年刊行、『英語版著作集』第七巻、一八一―三五六ページ）である。ウォリスはこれにたいして『ホッブズ氏のためのしかるべき添削、あるいはかれのレッスンを正しいと言わないための学業特訓』を書いて返答した。これにはホッブズの攻撃的なパンフレット『無幾何学、粗野、反国家論、無知蒙昧の採点、あるいはジョン・ウォリスのまちがいだらけの幾何学、粗野な言語、スコットランド式の教会統治、野蛮思想についての採点』（一六五七年刊行、『英語版著作集』第七巻、三五七―四二八ページ）が続いた。論敵ウォリスは『ホッブズの恥さらしの再検討 *Hobbiani Puncti Dispunctio*』を書いて再度反論した。同じ一六五七年には、ウォリスの主著『普遍的知識 *Mathesis Universalis*』が刊行された。一六六〇年にホッブズは、次の本でこれを徹底的に批判した。『ジョン・ウォリスの著作において説明されたものとしての現代数学の検討と改良 *Examinatio et Emendatio Mathematicae hodiernae, qualis explicatur in libris Johannis Wallisii*』（『ラテン語版哲学著作集』第四巻、一―二三ページ）。ホッブズは、この時期にロバート・ボイルとの論争も次の著作で開始する。『自然学対話、あるいは空気の本性について *Dialogus Physicus sive de Natura Aeris*』（一六六二年刊行、『ラテン語版哲学著作集』第四巻、二三三―九六ページ）。ボイルはこれにたいして『ホッブズ氏の対話の検証』を書いて返答し、同じ議論を一二年後、『ホッブズ氏に反論する真空論』においてとりあげた。本論文でも述べたように、ウォリスが国王チャールズ一世〔一六〇〇―四九〕の暗号による秘密文書の判読作業をおこなったことを、ホッブズは『対話』における論争のなかでそれとなく言及しているが、これにたいしてウォリスは短文を書いて応答し、さらにホッブズが本章で紹介する『諸考察』を書いて反論した。

☆2 ホッブズが大化学者ロバート・ボイルに反論するために一六六二年に書いた『自然学対話、あるいは空気の本性について *Dialogus Physicus sive de Natura Aeris*』においてである。

また興味深いものである。かれは、みずからの著作によってクロムウェルの権力を正当化したという非難にたいして、きっぱりとした調子をもったその特徴的な、反論の余地なき議論によって、服従にかんする持論を再度提示してこたえた。こうしてかれは主権についてのみずからの考えのもっとも内奥にある諸根拠を明らかにしたのである。

　ウォリスの非難が十分な根拠をもっていたのかどうか、それゆえにホッブズの自己弁護が正当であるとみなしうるかどうかという問題は、この場で十分に論じることができない。しかしながら、ホッブズの思想を突き動かしていたのが、君主政体の復活よりもむしろ平和の再確立であったことは疑いがない。それゆえ、安定した方法で権力を獲得し、また平和の維持を保証しうるものであれば、たとえそれがだれであれ、その者への服従を確固たるものにすることがかれの目的であった。ホッブズが亡命時代にイングランド皇太子〔のちのチャールズ二世〕の家庭教師をつとめたことはよく知られている（一六四六年十月）。にもかかわらず、万一、反王党派が勝利をおさめて平和が回復した場合には自分が祖国へ帰還する可能性を、完全にそこなうような行動をとることはけっしてしなかった。数学上のかれの論敵にたいする最初の批判的応答のさいに[☆4]ホッブズが次のように自慢するのをおさえられなかったのも、また事実である。しかしかれはこれをわずか数年後には喜んで撤回することになる。「わたくしは、それ〔『リヴァイアサン』〕が多くの紳士たちの気持ちを、当時の政府〔クロムウェル〕への心からの服従へと向けさせたということ、そしてそうでなければあの時点で政府は傾いてしまったであろうということを信じていた[☆5]」。いくつかの一般的な結論をふくむ『リヴァイアサン』の最後の数ページにおいて、ホッブズがクロムウェルへの服従を弁明し正当化しようとしていたこと、これもまたかれがパンフレット『トマス・ホッブズの評判、忠誠心、行状、宗教にかんする諸考察』のなかで公然と認めているとおり、事実である。その数ページにおいてホッブズは、いったん他の主権者による征服がなった以上、君主政体に忠誠を示していた臣下たちはその契約から解放されたとみなしているのである。

しかしながら、これらの議論のうちのどれも決定的なものとは思えない。われわれにとって『リヴァイアサン』は、ホッブズが欲したとおりのものでありつづけている。すなわち〔ホッブズの議論は〕、服従についての学説にとって、基礎のしっかりした不動の記念碑なのだ。ホッブズがその書物を書いたとき、服従についての学説は、権力をうばわれた君主よりも権力の征服者につごうのよいものにみえたかもしれない。それにたいして『リヴァイアサン』に先行する著作『市民論』（一六四二年）は、明らかに君主にむけて書かれていた。それでもやはりホッブズは、みずからの学説を新しい状況に適合

☆3　この著作の完全な題名は、次のとおりである。『みずからを罰する者・ホッブズ、あるいはロバート・ボイル先生に宛てた書簡体の論文におけるホッブズ氏の対話についての一考察 *Hobbius Heautontimoroumenos or A Consideration of Mr. Hobbes his Dialogues in an Epistolary Discourse addressed to the Honourable Robert Boyle*』、オクスフォード大学幾何学教授、神学博士ジョン・ウォリス著、オクスフォード、サミュエル・トムソンのためにA&L・リッチフィールドによって、聖ポール・チャーチヤードのBishopsheadにおける印刷。このことは現在イングランドに滞在しているエルネスト・デ・マルキ博士からわたくしが伝えていただいたものであり、本誌に発表されるイタリア語訳の綿密な点検もかれに負うものである。

☆4　『数学教授たちへの六つのレッスン』参照。この著作はクロムウェルが権力についているときに書かれた。

☆5　『英語版著作集』第七巻、三三六ページ。

させるために修正することはしなかった(その調子をやわらげることさえしなかった)。またかれは、『リヴァイアサン』全体をとおして、みずからを確立しつつあった新しい権力にたいして[☆6]いかなる譲歩もしなかった。さらに、これがもっとも重要なことであるが、かれはイングランドの君主政体に敬意を払うことをやめなかったし、統治の一人支配的形態を賛美することもやめなかった。かれは全生涯をつうじて君主政体による統治に忠誠でありつづけたし、もし本当にかれが共和主義的な一政体の好意を引きだす目的で一冊の本を書こうと思えば、そうした忠誠心をかくすことはかれにとっては容易なことであったであろう。『リヴァイアサン』を読んだ者ならだれしも、そこに将来の護国卿へのお世辞のことばなどなにひとつとしてみいだせないことをよく知っているし、一人支配的諸制度とその代表者たちへの敬意を表明する機会をホッブズがみのがしていなかったことをよく知っているのである。

☆6　たとえ直接的ではない表現であろうとも。

ホッブズ研究小史☆1

一　ホッブズについての批判的研究史の起源と初期の頃の研究の発展

ホッブズはほとんど二世紀にわたって「呪われた」著述家とみなされ、哲学者としてはイングランドの経験論学派のひとりの小粒な思想家にすぎず、偉大なフランシス・ベイコンの弟子以上でも以下でもないとみなされていた。テヌマンは、グロティウスとチャーベリーのハーバート（一五八三―一六四八）にはさまれた、たいくつなわずか数ページをホッブズにあてていたにすぎない。ヘーゲルは、ホッブズの政治的リアリズムのたくましさに魅了されてはいたけれども、「その思想には本来の哲学的思索はみられない」という理由でかれをあっさりと片づけている（長谷川宏訳、『哲学史講義』下巻、第二篇第一章B、三「トマス・ホッブズ」、河出書房新社、一九九三年、二九九ページ）。クーノ・フィッシャーは、ヴェルラム男爵（フランシス・ベイコン）についての著作（一八五六年）のなかで、これと言ってとりえのないベイコン派というホッブズのイメージを追認している。そのあいだに一八二九年から四五年にかけて、ホッブ

☆1　このブック・レヴューは最初に発表された一九七四年までに刊行された諸著作しかとりあげていない。

ズの英語版著作集とラテン語版著作集が出版された（『トマス・ホッブズ英語版著作集』全一一巻、ロンドン、ジョン・ボーン出版、一八二九—四五年。『マームズベリのトマス・ホッブズのラテン語版哲学著作集』全五巻、ロンドン、ジョン・ボーン出版、一八二九—四五年）。これはこんにちでも基準となる〔全集〕版であり、ジェームズ・ミルとジョージ・グロートの友人だった急進派の著述家サー・ウィリアム・モールズワースの編集によるもので、かれらのサークルにおいてホッブズは最初の賞賛者をえたのである。

ホッブズにおけるベイコンの影響については、簡潔ではあるけれども公正に評価した最初の研究書は、フィラデルフィアのJ・B・リピンコット出版の『英語読者のための哲学古典』叢書のために一八八六年ジョージ・クルーム・ロバートスンによって執筆された。その後、アルカン出版から刊行された『現代哲学叢書』の一冊としてジョルジュ・リヨンの著作が登場した（一八九三年）。この本は、冒頭からホッブズとベイコンの類似性よりもむしろ差異を強調している。同じ頃、フェルディナント・テニエスは、みずからが認めているように、ホッブズから刺激をうけ、著作を「根気よく」研究して、その「国家構成の精力と首尾一貫性」に驚嘆していた（イタリア語訳『ゲマインシャフトとゲゼルシャフト』、コムニタ出版、ミラノ、一九六三年刊、二二ページ〔杉之原寿一訳、岩波文庫、上巻、一九五七年、一五ページ〕）。テニエスはこの本のなかで自然社会（ゲマインシャフト）と人工的社会（ゲゼルシャフト）というホッブズの二大区分を抽象の天空から歴史学と社会学による検証という地上へとひきおろした。かれの研究書（『トマス・ホッブズ　生涯と学説』）は、初版が一八九六年に刊行され（フリードリッヒ・フロマン出版、シュトゥットガルト）、最後の第三版が一九二五年にでており、マームズベリの哲学者〔ホッブズ〕についての批判的研究の歴史の起点とみなすことができる。この研究によって、思想家としては小粒で哲学者としては経験論者という二面性をもつホッブズのイメージは、決定的にほうむり去られた。それ以降、『物体論』、『人間論』、『市民論』の三部作の著者は、ますますわれわれにとって近世の大思想家たちのひとりとしての姿をあらわすようになった。かれについてのより適切な歴史的理解を可能にするような対比の相手は、あるときは、ホッブズが賞賛もし論駁もしたデカルトであり、またあるときは、『物体論』の献呈の辞において比類のない賛歌をささげたガリレオである。

その後の時代のホッブズ研究の歴史は、ホッブズの数学的で機械論的な世界観と近代科学の生誕、成長、勝利とのあいだのますます緊密になる結びつきを発見していく。W・ディルタイ（『汎神論の発展史』、『Archiv für Geschichte der Philosophie〔哲学史記録誌〕』誌、XIII号（一九〇〇年）、三〇七―六〇ページ、四四五―八二ページ）から、E・カッシーラー（『近世哲学と科学の認識問題』、B・カッシーラー出版、ベルリン、一九〇七年。イタリア語訳『近世哲学史』、エイナウディ出版、トリノ、一九五五年、第II巻、六六ページ以下、『認識問題』第二巻第一分冊、須田朗・宮武昭・村岡晋一訳、みすず書房）まで、そしてF・ブラント（『トマス・ホッブズの機械論的自然観』、ロンドン、一九二八年。ただしデンマーク語による初版は一九二一年）から、J・W・N・ワトキンス（『ホッブズ　その思想体系』、ハチンソン大学叢書、ロンドン、一九六五年、『ホッブズ　その思想体系』田中浩・高野清弘訳、未來社、一九八八年）まで、――ここではホッブズ体系のたんなる政治学的な解釈だけではなく、哲学的な解釈におけるいくつかの主要な発展段階だけを引用するにとどめる。こうした文献の蓄積は、多くの包括的な研究によって徐々に豊富になり、これは現代哲学が『リヴァイアサン』の創設者にたいしていだいたますます増大する関心をもっともはっきりと示している。L・スティーブン（一九〇四年）、A・E・テイラー（一九〇八年）、G・E・キャトリン（一九二二年）、アドルフォ・レーヴィ（一九二九年）、B・ランドリー（一九三〇年）、

J・レアード（一九三四年）、G・B・グーチ（一九三九年）などである。

ホッブズ研究はとりわけこの一五年間で盛んになった。分析的にますます厳密で繊細な探究へとはいりこんだ近年の諸研究が、とりわけウォーリンダーの著作によってなされた研究方向の転換（これについては後述）ののちに、続々とあらわれている。すでにあげたワトキンスのもの以外にも、R・ポラン『トマス・ホッブズにおける政治学と哲学』（パリ、PUF、一九五三年）、R・ピーターズ『ホッブズ』（ロンドン、ペリカン・ブックス、一九五六年）、F・C・フッド『トマス・ホッブズの政治神学』（オクスフォード、クラレンドン出版、一九六四年）、N・M・ゴールドスミス『ホッブズの政治学』（ニューヨーク&ロンドン、コロンビア大学出版、一九六六年）、F・S・マックネイリー『リヴァイアサンの解剖学』（ロンドン、マクミラン出版、一九六八年）、D・P・ゴーティエ『リヴァイアサンの論理学』（オクスフォード、クラレンドン出版、一九六五年）。さらにつけ加えるべきなのが、それまでに発表されたさまざまな論文を収録した貴重な論集K・C・ブラウン編『ホッブズ研究 *Hobbes Studies*』（ブラックウェル、オクスフォード、一九六五年）、そして多方面にわたるテーマを網羅した『ホッブズ研究 *Hobbes-Forschungen*』（ドゥンカー&フンブロート出版、ベルリン、一九六九年）は、一九六七年にボッフムで開かれたホッブズ研究会議の成果をおさめたものである。近年、テニエス版から百年近くを経て、ふたたびホッブズの未刊行の著作、あるいは散逸した著作が調査され、出版されはじめた。F・アレッシオ編『光学理論 Tractatus opticus』、『Rivista critica di storia della filosofia〔哲学史批評雑誌〕』第一八号（一九六三年）、一四七―二二八ページ。次にF・O・ヴォルフ編『随想集』（シュトゥットガルト、フロマン出版、一九六九年）。これは一六二〇年に『自由時間について Horae subsecivae』という題名をつけて無署名で刊行されたものである。

イタリアにおいてもホッブズ研究の伝統は、ロドルフォ・モンドルフォの研究『功利主義倫理学史論集』の第一巻『トマス・ホッブズの倫理学』（ヴェローナ、ドリュッカー出版、一九〇三年）から、すでに言及したアドルフォ・レーヴィの研究書にいたるまで、活発に続行されている。そして近年では、若い世代の研究者たちによってホッブズの政治哲学への関心が再燃し、活発でみのりあるものとなった。のちに言及するM・N・カッターネオの諸研究や、すでにあげた『光学理論』の刊行以外にも、A・パッキの研究書『トマス・ホッブズの自然哲学の形成における協定の仮説』（フィレンツェ、ラ・ヌオーヴァ・イタリア出版社、一九六五年）は特筆に値いする。また、本論文を補完してくれる有益な文献目録「ホッブズ研究の五〇年」『Rivista di filosofia〔哲学雑誌〕』第LVII号（一九六六年、三〇六―三三五ページ）、そしてラテルツァ出版社の『哲学者叢書』シリーズに収録されており詳細な文献目録のついた『ホッブズ入門』もかれの手になるものである。一九六二年には『哲学史批評雑誌』が一号全体をホッブズ特集にあて、この号にはウォーリンダーやポランのような外国の著名な研究者以外にもF・アレッシオ、N・ボッビオ、M・A・カッターネオ、M・ダル・プラ、E・ガレン、C・A・ヴィアーノが寄稿した。一九七一年には、A・G・ガルニャーニの著作『ホッブズと科学』（エイナウディ出版社、トリノ）が刊行された。この本はホッブズを、科学革命によって生みだされた新しい唯物論的、機械論的な世界観のもっとも自覚的で一貫性のある解釈者のひとりとみなすことによって、二十世紀哲学の歴史においてホッブズ思想が体現している重要性が増大していることのなによりの証明となっている。

二　この三〇年間におけるホッブズをめぐる論争の諸テーマ

テニエスの著作（一八九六年）からレアードの著作（一九三四年）にいたるまでのホッブズ研究史上の〔ホッブズ研究の〕ルネサンスの最初の数十年間、解釈者たちの主要な課題は二つあった。第一の課題は、ホッブズの時代の哲学的、科学的運動とかれの思想を結びつけることを可能とした糸をみいだすことであった。第二は、かれの思想の統一的な像を再構成することであった。とりわけかれの全哲学体系を参照することによってかれの政治学上の諸概念を説明することがめざされた。ある者はかれの方法の統一性を強調し[☆2]、またある者はかれの世界観、知識観に固有のいくつかの特徴をきわだたせている。かれの学問体系を分割する三つの分野、すなわち物理学、人間学、政治学を関連づけるのに役立っているのが機械論、唯物論、唯名論である。一九三八年はカール・シュミットの著作『トマス・ホッブズの国家学におけるリヴァイアサン』（ハンザ同盟出版、ハンブルク、一九三八年。『リヴァイアサン』長尾龍一訳、福村出版、一九七二年）が刊行され、こうした解釈傾向をその極端な帰結にまでもっていく。大機械、機械のなかでもっとも精巧な機械であるリヴァイアサンは、機械論的な用語によってなされた国家解釈にほかならず、そこでは近代的官僚制国家に特有の、国家装置の漸進的な専門技術化が反映しているとされた。

こうした解釈傾向は同じ頃に登場した次の諸研究によっていきなりさえぎられ、逆転された。Ｌ・

シュトラウス『ホッブズの政治学　その基礎と生成』（クラレンドン出版、オクスフォード、一九三六年、第二版、シカゴ大学出版、一九五二年、『ホッブズの政治学』添谷育志・谷喬夫・飯島昇藏訳、みすず書房、一九九〇年）とA・E・テイラーの「ホッブズの倫理学説」（『フィロソフィー』誌、第XIII号、一九三八年、四〇六―二四ページ）。シュトラウスにとってもテイラーにとってもホッブズの倫理学（と政治学）は、かれの〔機械論的〕哲学から完全に独立しており、倫理学と政治学をあつかうさいに依拠した、とかれが信じていた自称科学的方法から完全に独立しているのである。シュトラウスは、ホッブズの政治思想が青年期に古典的諸著作にふれることで形成されたのであり、それはユークリッド幾何学と、より一般的に言えばガリレオによる科学革命に熱中する以前のことだったと主張する。ホッブズは、自分が政治についての科学者であると自負していたが、実際にはそうでなかった。かれはみずからの人間学的ペシミズムと人間の諸情念についての省察を、もっぱら外見上合理主義的にすぎない枠組みのなかに位置づけたモラリストである。テイラーは通常、政治についての科学理論の基礎として受け入れられてきたホッブズの利己主義の心理学を、その心理学を生みだした倫理学から完全に区別し、その心理学から派生する義務論をかれの心理学から区別した。テイラーによれば、ホッブズの政治学は、人間本性についての観察にもとづくのではなく、市民の義務を主権者と神の意志の双方が基礎づけているのである。その結果、自然法は、合理的計算にもとづく慎慮の忠告だからではなく、その究極の源泉が神の意志である命令だか[☆3]

☆2　ホッブズのもっともすぐれた方法は幾何学的方法であり、そこからその方法を政治の研究に適用するという前例のないかれの試みが生じる。
☆3　ホッブズの最初の仕事は、よく知られている通り、トゥキュディデスの翻訳だった。

ら守られるべきものとなる。一九三九年にはグーチが、当時定着していた判断を再度くりかえした。それによれば、ホッブズは「たとえ正統派のキリスト教徒であることを自認していたとしても、宗教心をまったく欠いた人物だった」(グーチ『ホッブズ』二〇ページ)とされた。

それ以降、論争はとりわけ次の二つのテーマをめぐって展開した。(a)ホッブズの政治哲学はかれの哲学体系に従属しているのか、それとも独立しているのか。(b)ホッブズの倫理学は合理論的倫理学なのか、それとも最終的には神学的なものなのか。第一のテーマは、ホッブズの政治学が科学的、証明的な価値をもっているという主張を再検討するものであり、第二のテーマは、ホッブズにおいて政治的義務の究極の基礎は何かという問いを提起するものである。もっとも最近のあらゆる分析と論争の中心にあるのがH・ウォーリンダーの著作『ホッブズの政治哲学——かれの義務論』(クラレンドン出版、オクスフォード、一九五七年)である。この本によれば、ホッブズは、反論の余地のない長い伝統によって定義されてきたような、法実証主義の先駆者ではない。政治的な義務もふくめてさまざまな義務の基礎は主権者の命令に求められるべきではなく、自然状態において生じる自然法(それゆえ自然状態は義務の存在しない状態ではない、ということになる)に、そして永遠の破滅かそれとも永遠の救済かというおどしをつうじて承認される神の命令から結局は生じる自然法に求められるべきなのである。次に、ホッブズを宗教的でキリスト教徒の著述家であるとするテーゼは、W・B・グラバー『神とトマス・ホッブズ』(一九六〇年、現在は前掲書『ホッブズ研究 *Hobbes Studies*』(一四一—六八ページ)によって確認され、F・C・フッドの前掲書『トマス・ホッブズの政治神学』によって、その究極の帰結にまで発展させられた。しかし、もし本当にその本によってえがかれたようなホッブズの肖像が正しいとするならば、かれはなんの独創性もない一思想家であることになろうし、なぜ何世紀ものあいだはげしい批判がかれにより引き起こされたのかを理解できなくなるだろう。

テイラーからウォーリンダーにいたる解釈の系列については、強力でかつ正当な反論を引き起こさないではおかなかった。そうした反論のうちで言及する価値があるのは、J・プラムナッツ「ウォーリンダー氏のホッブズ」（一九五七年、現在は前掲書『ホッブズ研究 *Hobbes Studies*』、七三―八七ページ）と、S・M・ブラウン・ジュニア「テイラー・テーゼ、いくつかの異論」（一九五七年、これも現在は前掲書『ホッブズ研究 *Hobbes Studies*』、五七―七一ページ）である。ホッブズの著作についてのよりバランスがとれていて、それゆえ推奨するにふさわしい解釈への復帰は、すでに言及したJ・W・N・ワトキンスの研究書『ホッブズ　その思想体系』である。この本ではホッブズの政治哲学と哲学体系全般とのあいだには緊密なつながりがあるというテーゼが再提起されている。「ホッブズの自然観、人間観そして政治社会《シヴィル》観は、相互に関連しあいながらひとつの体系をかたちづくっている。この体系において支配的な位置を占めているものは一連の純粋に哲学的な観念である。さらに（……）かれの政治理論の多くは、この哲学的諸観念全体のなかにふくまれているのであって、それは、ピューリタンの反乱がかれに課したさまざまな政治問題にかんするドラスティックな解決策を提示しているのである」（『ホッブズ』二五ページ）。ワトキンスはテイラーとウォーリンダーに反対して、ホッブズのいう自然法とは慎慮の規則なのであって、倫理的命令ではないことを確認している。『リヴァイアサン』の重要な解説論文の著者のM・オークショットは、ソロモンのように公平な判断によって次のように主張する。あるときは無神論者、またあるときは有神論者という循環するふたとおりのホッブズ解釈は、かれの政治学的著作のなかに、信者のための秘教的な学説と、一般人のための通俗的学説の両方が存在していると考えることによってのみ説明可能である。（「トマス・ホッブズの著作における道徳的生」〔一九六〇年〕、のちに『政治における合理主義』〔メシューエン出版、ロンドン、一九六二年〕二四八―三〇〇ページ、『増補版 政治における合理主義』島津格・森村進ほか訳、勁草書房、二〇一三年）前者の学説はかれの哲学体系と一致しており、後者の学説は、一般に受け入れられてきた神の命令としての自然法という考えにもとづいている。

少なくともあと二つのテーマ、つまりその解釈が相互に激しく分かれているテーマがある。一方では、ホッブズは数世紀ものあいだ圧制者たちの助言者とみなされ、一九三〇年代頃には全体主義国家の先駆者として非難されてきた。すでに言及したカール・シュミットの著作とグーチの評価以外にも参照すべきものは、J・ヴィアラトゥーの著作『ホッブズの全体主義国家』（クロニック・ソシアル出版社、リヨン、一九三六年、第二版一九五二年）、そしてもっとも最近のものとしては、H・R・トレヴァー・ローパーの鋭い記述があり、かれはホッブズの著作の意義をこんなことばでまとめている。「公理〔的出発点〕は恐怖。方法は論理学。結論は専制政治」（「トマス・ホッブズ」『歴史的エッセイ集』所収、マクミラン出版社、ロンドン、一九五七年、二三四ページ）。

ワトキンスの著作の結論部分における慎重な判断保留は言うまでもない。それによれば、ホッブズがただひとつの災厄である内乱しか経験しなかったのにたいして、こんにちのわれわれは災厄をふたつ経験している。すなわち内乱と全体主義である（前掲邦訳書二八八ページ）。ところがついにホッブズの国家観に着想を与えている自由主義の精神に光をあてる傾向が登場した。それは、（a）とりわけ私法における適法性の原則を尊重するものである（M・A・カッターネオ「ホッブズにおける刑罰の理論」（『ユス』誌、第XI号、一九六〇年、四七八―九八ページ)。同「ホッブズとイングランド革命とフランス革命における民主主義思想」(『哲学史批評誌』、一九六二年、四八七―五一四ページ)。(b)ホッブズの抵抗権論の存在をまったく否定していないものもある(P・C・マイヤー＝タッシュ『ホッブズと抵抗権』(モール出版社、チュービンゲン、一九六五年、〔三吉敏博・初宿正典訳『ホッブズと抵抗権』、木鐸社、一九七六年〕)。第二に、伝統主義者、保守主義者ホッブズというやや型にはまったイメージ、没落する古い封建階級と結びついた貴族的な生活観の所有者というイメージに向けて、それとはちがうイメージがはじめて対置されたのがシュトラウス(前掲書『ホッブズの政治学』、一一四ページ以下)によってであり、そしてついにはC・B・マクファースン『所有的個人主義の政治理論』(クラレンドン出版、オクスフォード、一九六二年〔藤野渉・将積茂・瀬沼長一郎訳『所有的個人主義の政治理論』、合同出版、一九八〇年〕)によって、興隆するブルジョアジーの諸権利の擁護者にして資本主義の最初のイデオローグというホッブズのイメージがたてられた。しかしながら、このテーゼにかんして、すぐれた論点をつかって包括的な判断をくだしたのは、K・トーマス「ホッブズ政治思想の社会的起源」であった(前掲書『ホッブズ研究 *Hobbes Studies*』、一八五―二三六ページ)。

ホッブズについての三冊の本

カール・シュミット『トマス・ホッブズの国家学におけるリヴァイアサン』ハンザ同盟出版、ハンブルク、一九三八年、全一三二ページリヴァイアサンは、マキァヴェリの君主と同じように、よく知られた政治理論のたんなるレッテルであるだけではなく、その内容を考えるならば、戦いの開始を告げる鬨《とき》の声でもあった。こうして〔リヴァイアサンの〕歴史上の過程をみれば、批判的な研究の対象となるよりも、熱狂と怨恨の対象とされてきた。近年マキァヴェリにかんして生じているような冷静で先入観を排し、愛や憎しみからは当然のように距離をとった歴史的批判が、ホッブズの著作にかんしても生じ、いまやその歴史的本質的な価値をこんにちの時代に引き戻すことがめざされている。現代ドイツで活躍しているもっとも学識に富み独創的な法学者のひとりによるホッブズについてのこの新しい研究書こそ、近代国家の形成において機能してきたさまざまな動機を示すことによって、リヴァイアサンの神話についての包括的な考察を加えるために、その古くからの神秘的な神話にアプローチする知的な試みとみなすことができる。

シュミットの試みの斬新さは、歴史上リヴァイアサンの預言者としてとおってきた人物の国家学説において、リヴァイアサンのシンボルがもつ意義を、キリスト教とユダヤ教の象徴学の研究とホッブズの著作の原典に即した分析をつうじて発見しようとつとめたところにある。まずなによりも、リヴァイアサンは「可死の神」であり、この史上初のことばの意味するところは、神を口にする教皇、改革長老派教会の聖職者たち、そしてピューリタンたちの要求に対抗して国家を擁護する者〔ホッブズ〕にとって、本質的な論争上の価値がある。しかし国家は、自然状態における契約を人工的につくりだすことによって生じる代議制的「人格」でもある。そしてついには、人間の生産物としての国家、すなわち人間の知性と活動としての国家から、歴史上もっとも重要な国家観、「メカニズム」としての国家という第三の意味が生じるのである。国家＝人格という概念は、国家＝機械という概念にその地位をゆずる。こうして国家は、まさに技術の時代とのちによばれることになるあの近代の、最初の人工的生産物としてえがかれることができる。このように国家を機械としてえがくことから、あの国家の技術化の過程がはじまったことは疑いなく、この過程をつうじて国家は、いかなる政治的内容からも、いかなる宗教的信念からも独立して、中性国家に、命令のメカニズムとしての国家になるのである。

ここにはじめてわれわれは近代国家に直面する。これが法実証主義の国家であり、国内秩序の面でも国際関係の面でも、中世の国家とは大きなちがいがある。リヴァイアサンは、その十全な実現を主権の絶対性による君主たちの国家においてみいだすが、同時にその宿命をも成就した。すなわち、リヴァイアサンにとっての宿命とは、私的信仰と公的信条の区別である。この区別はホッブズ自身がすでに予見させているし、その後、自由主義国家の歴史的前提となる。ひとたび良心という内面の領域が受け入れられ是認されるや、「可死の神」としてのリヴァイアサンの神話は崩壊する。このように、リヴァイアサンはもうひとつの方向性、すなわち法の支配にほかならない法にもとづく国家の先駆者となる。しかしここでもリヴァイアサンは、政治的支配の外側にある間接的な諸権力が政党として国家の内部で組織され、国家の解体作業をはじめるという事実によってみずからの没落の原則をみいだすことになる。

しかし、もしホッブズのこうした政治学的構築物がこんにちにも妥当する意味をまだもっているとしたら、それはまさにリヴァイアサンがあらゆる種類の間接的な諸権力との闘いを導いたという事実にこそある。しかしながら、この深い意味は、近代政治学の歴史過程においてつねに承認されていたわけではない。ホッブズの考えが実現されずあるいは発展もみいだされなかった国がもしあるとしたら、それはまさにかれの生まれた国、イングランドにほかならないということは、まぎれもない事実である。一般的に言ってホッブズの著作は、その表象としてかれがえらんだ〔怪物の〕シンボルのために誤解され、ゆがめられてしまったと言ってもよい。著作による直接の影響が消えてしまうや、シンボルが引き起こす恐怖だけが残った。その後このシンボルはあらゆる力を失い、それゆえみずからを優越させるすべての機会をも失ったのである。しかしながら——とシュミットは結論する——、ホッブズの驚くべき熟考のすべてが失われてしまったとは言えない。永遠にホッブズは、比較できないほどに偉大な政治学の巨匠であり、ひとつの巨大な政治経験を積んだもっとも真正な巨匠なのである。

ジョン・ボール『ホッブズとその批判者たち　十八世紀立憲主義の一研究』、ジョナサン・ケープ出版社、ロンドン、全二一五ページ

一六四〇年からロックにいたるイングランドにおけるきわめて実り豊かな時期に生じた政治と立憲主義をめぐる議論の——わが国においても、V・ガブリエーリのレヴェラーズについての論文(『Rivista storica italiana イタリア史学雑誌』、一九四九年、一九六—二三五ページ)や、E・デ・マルキのトワイズデンについての論文(『オッチデンテ』誌、一九五二年、三六—四三ページ)が示しているように、この論文にかんす

るより正確な関心が示されはじめている――豊穣さと達成度の高さについて知りたい者に、本書を読むことをすすめたい。この本は読むのに骨が折れるようなことはまったくなく、しかもイタリアにおいては読むことのできないような、いくにんかの著述家たちについての、一次資料にもとづく情報を多くふくんでいる。これらの著作家たちは、十七世紀イングランドの思想や運動の代表者として、そして志向やスタイルの多様性を代表するものとして、個別に考察されるよりも、かれら全体が考察される場合に重要となる。イングランドの文化的、政治的伝統においては、歓迎されない客とみなされてきたホッブズを攻撃したかれらは、かの国における公共的議論に固有のいくつかの特徴を理解するための、生き生きとしたきわめて有効な枠組みを与えてくれる。

『パトリアーカ〔父権論〕』の著者として知られるロバート・フィルマーとアレクサンダー・ロスのふたりは怒れる伝統主義者である。とくに後者は、ホッブズが(マニ教的な)異端思想家であるという糾弾をくりかえす。エクセターとソールズベリーの主教セス・ウォードは、思想の自由を擁護してホッブズの大学批判に反論する。セントデーヴィッドの主教ウィリアム・ルーシーも伝統主義者であり、道徳主義を口やかましく強調することで知られている。『神聖政治学と市民政治学 *Politica Sacra et Civilis*』の著者ジョージ・ロースンは、それとは逆に、ピューリタン、自由主義者であり、ロックの先駆者という立場を代表する。政治思想も宗教もふくむ広範で激しい批判をおこなうのは、デリーの主教ジョン・ブラムホールである。かれはすでに自由意志の問題をめぐってホッブズと論争していた(かれはホッブズを無神論者と非難しただけにせよ、ホッブズに反論した唯一の人物である)。ケンブリジ大学教授であり、ピラトゥスとテモテのふたつの対話篇で知られるジョン・イーチャードは、皮肉や戯画的な表現も使う、もっとも才気にあふれたすぐれた批評家である。一連の批判者をしめくくるのが、クラレンドン伯爵のエドワード・ハイドとジョン・ホワイトホールである。両者とも公務を専門とする法律家であり、イデオロギー的には保守的であった。かれらのホッブズ批判は、その教養を感じさせる賢明さと慎重な行政的センスによって特徴づけられている。最初のホッブズ攻撃のパンフレットは一六五二年に刊行され、最後のものは一六七九年にでる。

注意すべきことは、保守主義者も自由主義者も、伝統主義者も革新派も、きびしい戒律を課すイングランド国教会もピューリタンも、いくつかの基本的な点ではみんな一致しているということである。第一に、かれらは自然法の宗教的価値と、それゆえに統治者が神的強制を加えることを擁護し、ホッブズの唯物論と無神論を非難する。第二に、立憲主義の考えを擁護し、あるいは政治権力は自然法やイングランドのコモン・ローによって制限されるという考えを擁護して、ホッブズの政治理論のいきつくさきである絶対主義を拒否する。ホッブズは、イングランドの伝統から完全に断絶した著作家であるのにたいして、逆にその批判者たちは、多かれ少なかれ自覚的に伝統がもつ力に言及している。ホッブズが空論家、抽象的理論の構築者、政治の幾何学的測定者であるのにたいして、とりわけブラムホール、クラレンドン、ホワイトホールのような批判者たちは、かれの考案したものを「非現実的」であると言って非難する。ホッブズが聖書への回帰を可能なかぎりしりぞけようとした合理論者であるのにたいして、その批判者たちの著作は聖書への言及に満ちている。良識を欠き危険なほどに革新的な結論に達しているホッブズの厳密な推論による醜事に対抗して、良識と伝統志向が同盟をしている。ホッブズが教会権力を世俗権力に従属させるさいにみせる無遠慮な冷笑的態度や、悪意をもった人間を生みだし恐怖から国家を創りだすあの恐るべき悲観主義にたいして、神への静穏な畏怖の念と人間本性についての慎重な楽観主義で対抗しようとする。神聖さをはぎとるこの人物〔ホッブズ〕は、国家の領土の所有者だけが主権者であると主張したさいに、所有権さえも否定し、所有権が市民の無条件の権利であると主張することは、扇動的な理論だとさえ述べた。

こうして、一方では市民の自然的諸権利とともに権力者の特権をも否定するこの公平無私な演繹的推論を織りあげたひと〔ホッブズ〕(ホッブズは『リヴァイアサン』を書いてクロムウェルの愛顧を獲得しようとのぞんだのだと言ってかれを叱責することで、ホッブズの公平無私な態度に疑義をとなえる者たちもいたけれども)を相手にして闘うことになる。また他方では、理念上の動機、たとえば自由に生きることへの愛着や、私的生活の尊重や、異なる意見への寛容さといったものが、暴力と恐怖の状態において取り決められる法外な契約のうえに創設された主権者権力の、強靭で非人間的な論理によって圧倒されることを拒否することになる。またホッブズは、こうした伝統主義者たちや、自由主義者たち双方の実践的利害にかかずらうには、あまりにも一貫性のある理論の構築に没頭しすぎていた。しかし同時に、かれは理想の国家を夢みる者たちによって心を動かされるには、あまりにも眼力のある人間本性の研究者であった。一方では、フィルマーのような反動派や、クラレンドンのような保守派が、権力は人民の合意に由来するのではなく、直接にせよ間接にせよ、神の意志に起源をもつのだと言って、社会契約論的な国家の創出に抗議する。他方では、ピューリタンで自由主義者のロースンも、国家は突然にではなく、人間集団の漸進的な完成への動きによって徐々に生じるものだと言って、社会契約論を受け入れず、ユートピア的な空論として攻撃する。よく考えてみれば、そうなるしかなかった。ホッブズのように理性の権威以外に権威など認めない者は、伝統的宗教の権威であろうと、歴史の権威であろうと、権威を擁護する者たちとは衝突するべくさだめられていたのである。

これらホッブズの批判者たちをまえにした政治学説史の研究者が直面した問題は、これらの批判のひとつひとつをとりあげれば、妥当で有効であるようにみえるが、にもかかわらずホッブズの建てた記念碑は、こんにちですらりっぱに建っているのはなぜか、ということである。ホッブズの批判者たちは、多少の差はあれ、正しく、きわめて神聖なことを述べている。しかし、偉大な政治学の著作家と認められ、深い影響を残しているのはホッブズのほうなのである。おそらくブラムホールやロースンをのぞけば、かれの批判者たちは、図書館にうもれたかれらの本をひとつひとつ検討してほこりをはらうことによって掘り起こすほかない程度の二級の著作家である。もしもボールが(これら批判者たちにつづいて)考えているように、ホッブズは政治学者というよりもじつは哲学者であり、「政治家となる資質をもった著作家」(四六ページ)というよりも鋭い透察力をもつ異端者たちの君主であったとすれば、どうしてかれの学説が残りつづけ、こんにちにおいても政治思想史の主要な柱のひとつとみなされるのか(これらの主要な柱を全部まとめてみても一ダースを超えることはないだろう)がわからなくなるであろう。ホッブズの学説全体の関連性をさぐる場合、いま在りとされる理性的な論者たちはじつはなく、なしとされてきた一論者がいま顔をだしてくるのかはなぜか。ホッブズはその理由をふたつの視点から考えさせてくれるのである。

(一)ホッブズの政治理論は、国家と市民の諸問題についての最初の合理論的体系化であり、それゆえ、方法の観点からすると、最初の近代的国家理論なのである。(一二) ボールによっても引用されているメーンが強調しているように(五六ページ)、ホッブズの政治学体系は、かれの時代の主要な現象についての最初のまた十全な自覚すなわち中央集権国家の誕生、あるいはわたくしに言わせるならば、国家権力による法律の独占、国家以外に法的秩序は存在せず、法律以外に法の源泉は存在しないという原則である。第一の点にかんして、ホッブズの批判者たちは時代錯誤的である。なぜなら、かれらは近代科学の興隆の時代になってもいまだに漠然とした宗教的テーマに固執し、法律と権力の神的な起源にかんしては伝統的ではあるが科学的にはいわれのない諸観念にしがみついていたからである。第二の点にかんしても、批判者たちは、ホッブズ理論が現代の全体主義国家にまで不可避的にいきつく危険性を正しく見抜いている、しかしながら、かれらが提案する解決策は不十分であり、あるいは少なくとも、まさにホッブズ哲学が力強く先取りしているような世俗的な世界像によってすでにのりこえられていたのである。

サムエル・I・ミンツ『リヴァイアサン狩り』、ケンブリジ大学出版、ケンブリジ、一九六二年、全一八九ページ

ホッブズにはその存命中、数多くの敵がいた。しかしそれは公的な敵〔C・シュミットのいう私的な敵ではなく〕だけであった。十七世紀後半のイングランドにおけるホッブズにかんする文献はきわめて多岐にわたり、そのほとんどが論争的だった。ホッブズ思想の影響を受け、そこからみずからの著作のた

めの刺激をうけた者たちは（ロックの初期論文においてもまさにそうであったように）、ホッブズに言及したがらなかった。もしホッブズを名ざしにするならば、それはかれを論難し、論駁し、拒絶し、嫌悪感をあらわすためだった。

つい最近、『リヴァイアサン』の著者の政治的対抗者たちについて研究したジョン・ボールの著作が刊行された。『ホッブズとその批判者たち』（ロンドン、ジョナサン・ケープ出版社、一九五一年）である。ここで紹介する新刊書はその前作を補完するものである。本書にでてくるホッブズ批判者たちのうちの何人かは、ブラムホール主教のように、ボールの本の登場人物と重なっているけれども、本書はホッブズの形而上学と倫理学の批判者たちをとりわけ言及の対象にしている。

この不信仰の神官長とも言うべきホッブズは、その時代のきらわれ者だった。かれの批判者たちのうちのいくにんか——国教会のごく少数のおえらい神学者たち、ケンブリッジ大学の唯心論者たち、学究的な哲学者たち、公職についている法学者たち——が、ホッブズを倒し孤立化させようとして採用した主要な非難は、ホッブズが無神論者だというものだった（しかしながら、本書の筆者は、ホッブズが有神論者であり、さらには善意の人であったと考えている）。無神論は、ホッブズが形而上学において主張した唯物論的な観念の論理必然的な帰結だったし、この形而上学と緊密につながっているのが決定論的な倫理観であり、自由意志の根本的な否定だった。無神論、唯物論、決定論、これらがとりわけ著者ミンツがこだわったテーマであり、かれは十七世紀後半におけるホッブズ批判のうちもっとも興味深い文献のいくつかを、長談義にはまり込むことなくきわめて注意深く収集している。

それらの文献のうちでもっとも重要なものは、ケンブリッジ大学のプラトン主義者ヘンリー・モアとラルフ・カドワースの著述である。しかしミンツは、もっと小粒の著述家たちも無視してはいない。エドワード・スティリンフリート（かれの著作もロックの思想形成に影響を与えた）や、『ホッブズ氏の信仰の審問』（一六七〇年）の著者トマス・テニスン、そしてホッブズが呪術的で迷信じみた諸行為を遠慮なく批判したのにたいして、魔女が存在することを主張したあのジョセフ・グランヴィルなどである（『魔女と幽霊の存在を擁護するための哲学的試み』、一六六六年）。ホッブズの興味深い文通相手であるフィリップ・タンニーについても、ホッブズとブラムホールとのあいだでなされた自由意志にかんする論争にあてられた章のなかで論じられている。タンニーは、自由の問題にたいして与えられた解決策にかんする疑義をある手紙のなかで表明していた。また、ホッブズの著作『自由と必然性について』の再刊のさいにコメントを書いたベンジャミン・レイニー主教もとりあげられている。

王政復古後、ホッブズ狩りはより通俗的で中傷的な別の形態をとった。ホッブズ主義は放蕩生活、すなわち不道徳精神と背徳的行為の同義語となった。劇中の詩や喜劇作品のなかで、またその品行をあてこすった文章のなかで、ホッブズ的人間は暴君として、マキァヴェリ的人物として、自然状態において道徳的ためらいなどもたずにみずからが有利になることだけをめざす利己主義者としてえがかれている。

ホッブズの特異な運命は、かれが生きている時代には孤立し弟子をもてないことにあったが、――著者が正しくも述べているように――かれの対抗者たちにもかくれた影響を与えていたことにあった。かれらは、聖書に依拠した議論をしりぞけるホッブズの推論の仕方および議論の方法を取り入れたのである。かれらは、ホッブズの挑戦にこたえるために、事実による否認や推論による反証にもとづく論争の大地へと降りていかなければならなかった。かれらの批判のはばひろさ、持続性、そしてその主張の辛らつさは、ホッブズの挑戦がうけとめられたというなによりの証拠である。反マキァヴェリズムの運命もこれとちがわなかった。反マキァヴェリズムの変遷と反ホッブズ主義の変遷を比較することは、著者にとってもかなり有益な対比となったことだろう。

こうしたはげしい論争の年月のあと、ホッブズの著作はほとんど忘れ去られてしまった。一世紀半ののち、ホッブズの著作は、ベンサムの功利主義とオースティンの法実証主義によってふたたび世にだされた。十九世紀前半にサー・ウィリアム・モールズワースがこんにちまで権威をもつ全集の編集をおこなった。近年ほどホッブズの思想がかくも多くの分析的研究や再評価の対象になったことはかつてなかった。そうした再評価によれば、ホッブズの政治的保守主義の傾向がうすめられたり（自由主義者ホッブズ、あるいは自由主義の先駆者ホッブズということか）、自然法の流れをホッブズから引きだしたり（これはウォーリンダーのテーゼであるが、ミンツは、わたくしの意見では正しくも、これを否定している）するまでになった。こんにちにおいても、ときどきではあるが、古き時代の憤激を想いだすように、おそまきながらの怒りの爆発がみられる。ミンツは、そのなかでもわが国の作家ジョヴァンニ・パピーニ〔一八八一―一九五六〕の『悪魔』〔一九五三年〕に言及している。パピーニの判断は、ザームエル・シュトリメジウスが一六六六年〔サムエル・ミンツの本（一五五頁）では一六七七年となっている。Samuel Strimesius, *Praxiologia Apodictica Seu Philosophia Moralis Demonstrativa Pythanologiae Hobbesianae Opposita* (Frankfurti ad Oderam, 1677).〕にマームズベリ〔ホッブズ〕の論文に烙印をおすさいに使った「この世に受肉化した悪魔 Diabolus Incarnatus」という罵倒の表現をふたたびもちだしたのであった。

解説　ボッビオのホッブズ論――翻訳に解説は必要か

田中　浩

一

確たる日時は定かではないが、戦後民主主義の可否を問いかけた、ヨーロッパ（パリのカルチェ・ラタン）にはじまる世界的な大学闘争が日本でも起こっていた頃である。畏友藤田省三氏（法政大学教授、日本政治思想）と翻訳に解説をつけるのは「是か非か」について論じたことがある。大学卒業後すぐの頃から、月に一回くらいの割合でかれの江古田の家で現代政治の「研究会」をしていた。一九五三年（昭和二八年）頃から三年間くらいつづいたと思うが、そこには、石田雄《たけし》さん（東京大学教授、日本政治思想）、阿利莫二《ばくじ》さん（法政大学教授、総長、行政学）、福島新吾さん（専修大学教授、平和学）、増島宏さん（法政大学教授、イギリス政治史）など、政治学の先輩たちがおられた。みな東京大学の助手（文部教官）・特別研究生クラスで若かった。藤田氏は、かの有名な『天皇制国家の支配原理』（未來社、一九六六年）を執筆中でメンバーたちの注目を浴びていた。それから一五年ほど経った大学闘争末期に、わたくしがシュミットの『政治的なものの概念』（一九七〇年、未來社）の訳書を藤田氏に送ったときに「翻訳解説論議」が起こった。

かれは、翻訳には訳者の解説をつけるべきではない。翻訳の内容についてどう考えるかは読者に任せるべきである。訳者の意見を押しつけてはならない、というのがその趣旨であった。わたくしは、シュミットのようなファシズムを擁護した「危険な思想家」の思想を翻訳するさいには、訳者は、かれの著作を翻訳する意義を明らかにする責任がある、と反論したのを覚えている。それには理由がある。日本の学生運動のリーダーたちが、シュミットの「敵・味方論」や「例外（危機）状態論」などの華麗なタームを用いて、われわれ「戦後世代」（敗戦時二〇歳前後で、戦後民主主義を確立するために奮闘したと自負していた若手教授世代）にたいして、「日常性に埋没し」、「危機状況に目をおおい」、「敵を明らかにして」闘うことを放棄していると批判してきたことによる。

当時日本は、高度成長期に入り、戦後民主主義期（一九四五年～五一年頃）や第一次安保闘争期（一九五九～六〇年）のような政治闘争の情熱がおさまりつつあったから、学生諸君の批判にも一理《いちり》はあると思った。かといって戦前ナチのイデオローグであったシュミットの政治思想（シュミットは、はじめはドイツの保守支配層のイデオローグであったが、ナチが政権を掌握していくなかでナチ党のイデオローグとなった。これらについては拙著『カール・シュミット――魔性の政治学』、未來社、一九九二年、を参照されたい）をそのまま用いてよいかと思い、それまでは手にするのもけがらわしいと考えていた（当時の若手研究者たちはみなそう思っていたので、シュミット研究はタブー視されていた）シュミットの全思想を分析する必要があると思い、かれの全著作に目を通すことにした［シュミットの著作は昭和ファシズム期（一九三九年頃から敗戦まで）に、「全体主義」や「軍国主義」を支持するために、『政治の概念』、『現代議会政治の精神的地位』、『国家・民族・国民』などの二、三作が翻訳されていた］。そこでわかったことは、シュミットは第一次世界大戦後に、敗戦国として悲惨な地位に転落した祖国ドイツの現状を回復するためには強力な政治指導が必要であり、そのさいには、ソ連型の「共産党（一党）独裁制」ではなく「新しいタイプの独裁制」を構築すべきであると考えていた、ということであった。（シュミットの「敵・味方論」は、マルクスの「資本家階級とプロレタリアートの対立」を、「例外状態論」は「革命」理論を変形したものであることに注意せよ）。シュミットが独裁制を志向していたことは、早くも一九一九年の『政治的ロマン主義』にみられる［本書の結論部分でシュミットはドイツ・ブルジョアジーのひ弱な考え方（共産党や左派社会党のような敵の参加を許容する「議会制民主主義論」ではソ連独裁制には対抗できないので新しい独裁制が必要であると述べている点、つまり反（ソ連）共産主義、非（英・米・仏）資本主義の立場であることに注意せよ］。では、「新しい独裁制」とはどういうものか。シュミットは『ヴァイマル憲法』における大統領の「非常大権」［第四九条、例外（危機）状態において危機を回避するために大統領が議会と相談することなく発することのできる命令］を巧みに用いて「新しい独裁制の道」を切り開いていった。シュミットの『独裁』（一九二一年）、『政治神学』（一九二二年）、『現代議会政治の精神的地位』（一九二三年）、『大統領の独裁』（一九二五年）、『政治的なものの概念』（一九二七年）、『憲法の番人』（一九二八年）、『合法性と正当性』（一九三〇年）、『国家・民族・国民』（一九三三年）などの全著作では、「大統領の独裁」を着々と正当化しつつ、「ヒトラーの独裁」を合法化していったものであることがよくわかる［これらについては拙著『カール・シュミット──魔性の政治学』を参照されたい］。ではそもそも、ドイツ社会民主党が主導して制定した二十世紀の代表的民主憲法といわれる『ヴァイマル憲法』においてなぜ「第四九条」が規定されたのか。「第四九条」を規定することには社会民主党左派やドイツ共産党は独裁の危険性があると反対していたし、一九二四年の「ドイツ国法学会」でラートブルフ（一八七八―一九四九）やケルゼン（一八八一―一九七三）などのドイツ社会民主党系の法学者たちも反対を表明していた。いっぽうマックス・ヴェーバー（一八六四―一九二〇）は、もともとは、戦後ドイツの政治はイギリス型議会制民主主義をモデルにと考えていたが、ドイツはいまだ民主主義がおくれており、議会と内閣の意見が一致せず政治危機を招いたときにはそれを調停する国王がいないので、新しく設けられた大統領に「非常大権」を与えて政治的危機を回避すべきであると強く主張していた。ヴェーバーといえどもイギリス型の権力制限的思考による民主政治の長い伝統を真に理解できていなかったようである。

それはともかく、ここで言いたかったことは、シュミットのような思想家の翻訳については、十分な解説が必要であること、また「ホッブズの研究者がシュミットのようなファシスト思想家を翻訳するとはなにごとか」という、ある高名な経済史家の批判にたいしては、ナチズムを知るためにはヒトラーの研究が必要であること、そのさいには十分な解説が必要であることを付け加えておけばよかろう。

二

以上長々と「翻訳に解説をつけるのは是か非か」という論議について述べてきたが、わたくしは基本的には、訳者はなぜある思想家の思想を訳したのかについての責任を明確にするために解説をつけるべきであると思う。とくにシュミットやヒトラーのような反民主主義的思想家や政治指導者の思想を翻訳するさいには、解説を付けることが絶対に必要であると考える。しかし今回のボッビオの著作のような内容がきわめて正しくすぐれている場合には、藤田氏のいうように翻訳に解説をつける必要はなく、読者の判断にまかせることもありうるのではないかと思う。

世界の大思想家であるホッブズについては当然なことながら、きわめて多種多様な研究や解釈がありうる。そしてそうしたさまざまなホッブズの研究書を読むときに、ホッブズが近代民主主義思想の創始者であるという点では、その評価はほぼ一致しているといってもよいであろう。しかし不思議なことに、戦後七〇年近く経っても、いまだに日本の中学・高校の社会科の教科書のなかには、ホッブズは「社会契約説」を唱えた点では民主主義者であるが、「主権の絶対性」を唱えているから、結果的には絶対君主の擁護者であったというようなマイナス評価を与えているものがある。これはなぜなのか。それはホッブズの「主権の絶対性」という意味を「絶対王政論」と同一視しているためである。

ホッブズ研究の第一人者であるテニエス（一八五五—一九三六）、グーチ（一八七三—一九六八）、タック（一九四〇—）『トマス・ホッブズ』田中浩・重森臣広訳、未來社、一九九五年）たちは、ホッブズを絶対君主の擁護者であるなどとは捉えていない。また『ホッブズ著作集』（英語版一一巻、ラテン語版五巻、一八三九—四五年）の編集者で、ベンサム急進主義者のひとりであったモールズワース（一八一〇—五五）もホッブズを一九世紀中葉の新しい民主主義（中産市民層中心）の先駆者と捉えている。アメリカ独立戦争やフランス革命を支持したトマス・ペイン（一七三七—一八〇九）やベンサム（一七四八—一八三二）、フランスのルソー（一七一二—七八）も、ロック的なイギリス議会制は上層ブルジョワジーの利益を代弁していると批判し、ホッブズ的な全人民的な「社会契約説」を再興しようとしていた。戦後、ホッブズの思想をいち早くとりあげたのは［明治一五年の自由民権運動を押さえるために当時の文部省が、ホッブズの「主権の絶対性理論」を用いて明治政権（実際には薩長政権）を正当化（『主権論　完II　明治一六年』）していたが」、太田可夫《よしお》、水田洋、福田歓一教授たちであったが、いずれもホッブズ政治思想の民主主義的性格を明らかにしたものであった。また、近代議会制民主主義の父として称賛されるロックは、みずからの政治理論をドイツのプーフェンドルフ（一六三二―九四）から影響を受けたものと述べているが、プーフェンドルフの政治思想はじつはホッブズの政治思想の影響をうけていたのだから、ロックもホッブズの子であったといってよいであろう。かれがホッブズの名前をあげるのを避けたのは、おそらく当時のイギリスではホッブズの名前をあげるのはまだまだ危険であったからではないかと思われる。

ではボッビオはホッブズの政治思想をどのように捉えているか。かれの著作の副題は、「自然法の伝統」となっている。これを訳書では「自己保存」と「平和主義」といいかえたのには理由がある。ボッビオは、ホッブズの思想の本質を、人間尊重第一主義（自己保存）とそれを保障するための「平和の確立」として捉えているからである。そしてホッブズは「自己保存」と「平和主義」を確立する手段と方法については、人間が国家や政府を知らなかった「自然状態」においては「生きる権利」（自然権）を守るためには、「自分で自分を守ること」しかなく、これでは生命の危険がなくならない（万人の万人にたいする闘争状態）から、「理性の法」＝「自然法」（ホッブズは、人間は自然状態においても安全に生きることを求める理性をもっていると考えており、そこからホッブズは平和を確保するための「基本的自然法」をふくむ一九の自然法を「理性の法」としてあげている）の教えにしたがって代表を選出（多数決）し、代表［代表はひとりでも少数の集団でもよい。これは国王か、（クロムウエルのような）個人、あるいは議会と読みかえることができるであろう」の定める法（市民法、実定法）に従って平和に安全に生きる〔契約〕を結ぶこと（社会契約、全人民の「力の合成」、したがって「主権の絶対性」とは「人民主権」のことである）を主張しているのである。このことによってホッブズは、「自然状態」、「自然権」、「自然法」、「社会契約」、「国家」（ホッブズの国家とは巨大な権力や武器をもつ現代国家とは異なる共通の利益をはかる「コモンウエルス」であることに注意）の設立という論法を用いて、「人間の生命と自由」を尊重できる「法の支配」（この考えには「実定法」の背後にあって、その是非を判断する「自然法」が存在することを規定している。したがって、戦前の日本でみられたような法であれば悪法でも従うべしとする悪しき「法実証主義」とは異なる）による近代国家の原理を構築したのである。

ホッブズの政治思想は、人間（個人）を政治の中心におき、「自己保存」と「平和」を確立しようとしたこと（ホッブズの自然法は「人間の本性」から導出したものである点に注意せよ）によって、古代、中世の政治思想とはまったく異なる新しい政治原理を提起したものであった。このことによってホッブズは、国王派、議会派、ローマ教会派、改革教会派などの個別利害にもとづく政治原理を否定できたのであった。ホッブズがすべての党派から危険視され排除されたのはこのためである。ホッブズの政治思想が評価されるようになったのは、「アメリカの独立」、「フランス革命の成功」、「労働者階級の台頭」によって民主主義運動が高揚した時期以降になってからである。『ホッブズ著作集』が十九世紀中葉に刊行されたことがそのことをあらわしている。

ボッビオのホッブズ論は、ホッブズ政治理論の基本的原理——「自己保存」と「平和主義」——をみごとに捉えているし、その研究は、きわめて包括的（ホッブズの全著作を検討し、またさまざまなホッブズ研究を読みこなし、比較考察している）であり、それゆえにそのホッブズ論はきわめて的確である。以上の点からして、ホッブズ研究をはじめるさいにはだれもがまず本書を読まれることをすすめるものである。

三

ここでホッブズ研究にかんして無視できない二つの重要な点について述べておく。

第一点は、他のホッブズ研究ではほとんど指摘されていないが、ボッビオは議会側のイデオロギーであった「制限・混合王政観」について言及していることである。この「制限・混合王政観」は、ホッブズの「主権の絶対性」理論を理解するうえで是非とも研究しなければならないイギリスの伝統的政治思想である。「制限・混合王政観」とは、「マグナ・カルタ」（一二一五年）以来、議会側が国王の権限拡大を制限するために用いてきた政治論で「国王は、法（コモン・ローと議会制定法）によって、また制度（議会）によって二重に制限される」という理論で、国王もこれを認めていたものである。内乱（ピューリタン革命）は、国王側が「国王大権」の拡大化をはかり、この理論を破ったことによって起こったのである。しかしホッブズは、この伝統的な「制限・混合王政論」がつづくかぎり、国王側も議会側も自己の権力拡大を主張するために利用できるので「国王と議会」の対立は解決せず、「内乱」の危険性があると考えていた。かれは、『リヴァイアサン』の冒頭で、一方では国王側が、あまりにも大きい権力（議会と相談することなく、国王が決定できる権限＝「国王大権」）を主張し、他方で議会側があまりにも大きな自由（「議会特権」、これにより、十六世紀末までに議会は立法権や課税権をもつようになった）していることが内乱の原因であると捉え、「個人と個人のあいだ」の契約によって代表を選んでコモンウエルス（国家）を設立し、代表の定める法律に従う契約を結ぶこと（社会契約）をすすめているのである。そのさいかれは、契約を守るためには代表＝主権者に「強い力」（実際には個人と個人の契約によって作った総合力で、「主権の絶対性」の理論がでてくる）を与えよと述べていた。したがって、この「主権の絶対性」という考えは、フィルマー（一五八九―一六五三）の言うような「王権神授説」とはまったく異なるのである。この「制限・混合王政観」についてはM・A・ジャドスンの『体制（憲法）の危機』（M. A. Judson: *The Crisis of the Constitution*, Rutgers, 1949）というすぐれた研究書があるが、日本では、これまた畏友のひとりである松下圭一氏（法政大学教授）が、そのロック研究の名著『市民政治理論の形成』（岩波書店、一九五九年）で言及している。［なおイギリスの法・政治制度についてはホールズワースの『イギリス法の歴史』（全一七巻）、ダイシー（一八三五―一九二二）の『イギリス憲法論』（一八八五年）を参照のこと］。そしてボッビオも一九五〇年に早くもホッブズの『哲学者と法学徒との対話』を翻訳し、ホッブズ理論を理解するためには『制限・混合王政観』を研究する必要があることを指摘しているのである。

第二点。ボッビオは、ホッブズが「自己保存」と「平和主義」を基本とする近代国家（コモンウエルス）論を確立するうえで「近代自然法」と「社会契約論」を接合して論じているが、この「近代自然法」と「社会契約論」をどのようにして導出したかについては述べていない。しかしこの考え方は、じつはギリシア末期の哲学者エピクロス（前三四一［四二］―二七一［七〇］）が唱えたものである。この点についてはツェラー（一八九一―一九三三）、ディルタイ（一八三三―一九一一）、カッシラー（一八七四―一九四五）などのドイツの哲学者たちが指摘しているし、日本では太田可夫教授が述べておられるが、エピクロスとホッブズ政治論の関係についての具体的内容についてはだれも述べていない。わたくしは太田先生のアドヴァイスによって一九五一年に『ホッブズ自然法論のエピクロス的性格――国家と個人』という学部卒業論文を書いたがそのさいには C. Bailey の *Epikurs*, 1926 と A. Haaß の *Über den Einfluss den epicureischen Staats und Rechtphilosophie auf die Philosophie des 16 und 17 Jahrhundert*, 1896 を参照した［マルクスが「デモクリトスとエピクロスの差異について」という博士論文において、エピクロスを高く評価していることは興味深い］。ベイリやハースの研究を読めば、ホッブズの「人間論」（人間を運動論で捉えることによって人間にとっての最高の価値は生命の尊重「自己保存」にあることを述べたもの）、「自然状態論」、「自然法」、「社会契約」、「代表（主権者）の選出」などの考え方は、エピクロスの政治思想のキー概念であることがわかる。ホッブズがエピクロスをどのようにして学んだかはわからないが、かれがフランスの哲学者ガッサンディ（一五九二―一六五五）と親友であり、ガッサンディは中世の哲学者ルクレティウス（前九四頃―五五）の『事物の自然について』（エピクロスの哲学を忠実に韻文で書いたもの）の研究者であるから、おそらくホッブズは、ガッサンディから学んだのではないかと思われる。イギリスの伝統的な政治思想＝「制限・混合王政観」（「社会契約説」に対抗して生まれたとされる「王権神授説」は、十六世紀に、教皇と各国の絶対君主との対立が激化したときにヨーロッパの国王たちが法皇側に対抗する理論として、また国王が人民を支配するさいに用いたもので、イングランドでは十七世紀に入って国王と議会の対立が激化したときにジェイムズ一世やフィルマーが用いた新しい政治理論であった）では、「国王大権の拡大化」（絶対君主論）と議会特権の主張が対立し、それでは内乱を防ぐことはできないと考えたホッブズが、エピクロスの政治思想にヒントをえて、「人間中心」、「個人中心」の政治学を提起したのではないかと思われる。したがって、ホッブズ政治論の出発点は「人間論」であり、この「人間論」は、かれの最初の政治学書『法の原理』（一六四〇年、田中浩・重森臣広・新井明訳、岩波書店、二〇一六年）の冒頭部分で述べられており『市民論』（一六四二年）にはこの部分はない」、またかれの主著『リヴァイアサン』は、それぞれほぼ同じ分量の四部作からなる［第一部「人間について」、第二部「主権について」、第三部・第四部は「国家と教会について」（主としてローマ教会を批判した部分）」が、『人間論』が冒頭の部分におかれていることをみれば、かれがいかにエピクロスの政治思想を重視していたかがわかろうというものである（河合栄治郎東大教授のいうとおり、イギリス哲学の体系は、「人間論」から始まり、「道徳哲学」、「社会哲学」、「政治哲学」へと組み立てられているが、このモデルを最初に作ったのはホッブズ哲学ではないかと思われる）。

四

ボッビオの「ホッブズ研究」について思うところを述べてきたが、そのなかで研究者の道を志した頃からこんにちまでの約七〇年間のことどもを懐かしく思いだす。

敗戦時、職業軍人の卵であった陸軍経理学校（帝国陸軍の参謀として作戦指導をするエリート養成校）を中退し、旧制佐賀高等学校分科乙類（戦前の官僚、実業界のエリート養成校）に入学するまでの約半年間、わたくしは母方の伯父の誘いで石原莞爾陸軍中将の率いる「東亜連盟」運動［伯父は満州国の治安部（日本の内務省）次官（大臣はすべて満州国人、石原が対米戦に備えるために「対支和平交渉」をすすめ東條英機首相と対立し予備役にさせられたときに伯父も次官を辞任し、敗戦直前の五月に九州佐賀に帰国してきた］に参加して全国を飛び回っていた。ところが翌一九四六年一月四日、マッカーサー総司令部（GHQ）が「東亜連盟」をいちじるしく国家主義的な団体のひとつであると指定して「解散」を命じた。しかし「連盟」の思想と運動は、来たるべき「第三次世界大戦」は「原爆戦争」による「世界最終戦争」となり、人類破滅の危険があるのでそれを阻止しようというものであった。したがって、この運動は必ずしも超国家主義的団体ではなかったが、当時世界で唯一原子爆弾を保有し、それによって「世界支配」をはかろうとしていたアメリカにとっては、「原爆反対運動」を唱える「東亜連盟」はきわめて危険な「反米ナショナリズム運動」にみえたので解散を命じたのではないかと思われる。

こうして、わたくしは旧制高校を受験し再出発することになる。しかし、そのときにはまだ今後のような道を選択するかについては皆目わからなかった。その頃すでに旧制高校、大学予科に転入学していた陸経時代の親友であった小島晋治君（東京大学教授、旧制水戸高等学校文科乙類、東京大学文学部東洋史学科、「太平天国研究」の権威）や浅野栄一君（中央大学教授、東京商科大学［現一橋大学］、ケインズ、ハロッド研究の権威、杉本栄一教授、都留重人教授のゼミナール）からは、戦後日本の再建のために、「中国革命」や「マルクス主義」などを研究する必要のあることが生々と伝えられてきていたが、その頃のわたくしはいまだに民主主義や社会主義の意味や社会科学についての知識はまったくなく、「天皇制思想」にとりつかれていた。

この思想を脱却しわたくしに「民主主義」へと転向させた事件が起こった。それは一月末頃であっただろうか。佐賀市の大坪書店で旧制佐賀中学時代の同級生であった田中義行君（海軍兵学校）と出会った。かれは河合栄治郎東大教授の『自由主義の擁護』という本を指さして、「この本いいよ」と述べた。わらにもすがる思いでその本を購入し徹夜して一気に読み切った。それほどにこの本の与えた衝撃が強かったからである。この本によれば、人間にとってもっとも重要なことは「自由」であること、また「自由」とは「社会正義の実現のために闘う精神である」ということであった。わたくしは一夜にして「軍国少年」から「自由主義者」、「民主主義者」に転向したのである。高校入学後は河合教授の諸著作とくに『トマス・ヒル・グリーン（一八三六―八二、オクスフォード大学哲学教授）の思想体系』を読み、「社会改革」を目指すためには「社会科学」を学ぶ必要があるが、そのさいには、まず哲学から研究すべきであると思った。わたくしが旧制高校文科生の大半が進む帝国大学の法学部や経済学部ではなく、文学部の哲学科を選んだのはこの理由による。こうして、わたくしは当時の日本最高の哲学教授で戦時中細々ながら自由主義の灯を守ったといわれる務台理作・下村寅太郎教授を擁する東京文理科大学（のち東京教育大学、現筑波大学）の哲学科に進学することにした。しかし入学してみると、戦後になっても日本の哲学科は依然としてドイツ哲学が主流であり、イギリス哲学はマイナーであることがわかったし、当時社会哲学としてもっとも優位を占めていたのはマルクス、エンゲルス、レーニンなどの社会主義で、わたくしが最初に買った原書はマルクスの『経済学・哲学手稿』であった。わたくし自身もマルクス関係の『共産党宣言』やエンゲルスの『空想より科学へ』、レーニンの『人民の友』などをもっぱら読んでいたが「マルクス主義」を研究するためには十七世紀の近代国家、近代社会成立期から研究する必要があるのではないか、なぜならマルクス自身がそうであったように、マルクス主義を理解するためには近代の始めから研究しなければならないのではないかと思ったからである。

いろいろ思い悩んでいた大学一年の秋、『歴史学研究』（一三八号、一四一号）の水田洋教授の「ホッブズかいしゃくの一系列」という論文を読み、近代の出発点である「ピューリタン革命」期の思想家トマス・ホッブズから研究すべきであると思った。「革命と知識人」というテーマはなんという魅力的なテーマではないか。こうしてわたくしは水田教授に教えを乞い、ホッブズ研究を卒論テーマにしたのである［近代政治・経済・社会思想は「ピューリタン革命」期からはじめるべきであることは当時「歴史学研究会」の理論的指導者であった鈴木正四先生（中京大学教授、西洋史学）からも教わった。鈴木先生はわたくしが上京するさいに佐高時代の恩師西海太郎先生（中央大学教授、フランス政治史）から紹介されたのだが、西海先生は七ヵ国語を駆使され、「イギリス革命」のときは英語、「フランス革命」のときはフランス語、「ドイツ革命」のときはドイツ語、「ロシア革命」のときはロシア語のガリ版を配布しベラベラと読まれ、われわれ田舎高校生は度肝を抜かれた。またマックス・ヴェーバーの『プロテスタンティズムの倫理と資本主義の精神』、大塚久雄先生（東京大学教授）の『近代資本主義の系譜』などの講義は、「皇国史観」しかしらなかったわれわれに大きな衝撃を与えた。西海先生にはそのほかに東大時代の同級生として井上清先生（京都大学教授、『日本女性史』）、遠山茂樹先生［（横浜市大教授、明治維新研究の権威）、小此木真三郎先生（静岡大学教授、ファシズム研究の権威）も紹介していただいた。遠山先生の中村橋の自宅では月に一回くらい、網野善彦氏（名古屋大学教授）、板垣雄三氏（東京大学教授、中近東史の権威）などの歴研の仲間たちと現代史の研究をおこなった。

太田可夫先生には近代思想の二大潮流であるイギリス思想とドイツ思想の比較研究が重要であること、福田歓一さん（旧制高校は全国三三校あり、出身校の違いを越えて先輩・後輩の関係にあり、先輩にはさんづけで呼んでいた）にはギリシア思想から近代思想へいたる長い長い歴史のなかでイギリス思想とドイツ思想を捉える方法を学んだ。また学部卒後文部教官（国立大学助手）となったわたくしの政治学の指導教授（本来は丸山真男先生に付くはずであったが、先生が長期入院されることになり急遽岡先生に変更された）であった岡義武先生（先生の『欧州政治史』、『近代日本の形成』は、全国の旧制高校生のバイブルであった）は、お会いしたさい開口一番「日本はいつでも研究できるからまず西欧思想を研究しなさい」といわれたのを鮮明に覚えている。以上、ボッビオのホッブズ論を翻訳している過程で、わたくし自身のホッブズ研究のプロセスを思いだしたが、同時に政治思想研究にさいして、ホッブズからはじめたこと、またそれによっていかに多くの先生方や先輩から有益な御指導を受け、また同輩たちや後輩たちと切磋琢磨できたかをしみじみと感謝する次第である。

ボッビオはホッブズ哲学の最高目的が「生命の尊重」（自己保存）とそのためには「平和主義」が必要であることを正しく位置づけている。戦前にドイツとともに同盟国として第二次世界大戦を闘ったイタリアが、戦後いちはやく民主主義の原理としてホッブズの思想を高く評価しているのはきわめて意義深い。戦後日本でも、「平和と民主主義」が若者たちの合い言葉となったが、そのさい、「民主主義」は良いが「平和」を唱える者は、共産主義者、ソ連・中国の回し者であるとして危険視され忌み嫌われた時代が長らくつづいた。資本主義（アメリカ）と社会主義（ソ連）の対立という緊張が緩和されたのは、東西対決の代理戦争といわれた「ヴェトナム戦争」が終結した一九六五年以後のことであり、それによって「平和共存」という言葉がようやく公認されるようになった。そしてこの方向は一九八九年に「冷戦終結宣言」がなされたのちいよいよ確実なものになったように思えた。しかし、どうであろうか。この数年間、世界の強大国において独裁的傾向が強まり、「原・水爆戦争」の危険性が一段と高まってきている。そしてこの人類の危機を回避する道は「力の強制」によるのではなく、ねばり強い「対話」によって解決されなければなるまい。われわれは、かつて一九六〇年の「第一次安保闘争」に反対する集会において、丸山真男先生が「民主主義の原点」にかえれと述べられ、また丸山先生がもっとも尊敬されていた大正デモクラシー期のオピニオン・リーダー長谷川如是閑が「冷戦対決」時に、ある座談会で、「資本主義対社会主義の対立」というかたちではなく、民主主義の「根本の問題」を考えるべきであると述べていた言葉を思い返すべきであろう。このお二人の述べられた意味はなにか。それは近代史のなかで「リベラル・デモクラシー」から「ソーシャル・デモクラシー」へと進んだ「歴史と思想」との過程を接合して考えようということではないか（これらの点については拙著『長谷川如是閑研究序説――社会派ジャーナリストの誕生』未來社、一九八九年、『国家と個人――市民革命から現代まで』岩波書店、一九九〇年、『日本リベラリズムの系譜――福沢諭吉・長谷川如是閑・丸山真男』朝日新聞社、二〇〇〇年、『ホッブズ――リヴァイアサンの哲学者』、岩波新書、二〇一五年、に詳しい）。そのさいわれわれは、いまから約三八〇年ほどまえに「リベラル・デモクラシー」の思想原理の重要性を唱えたホッブズの思想を、ボッビオとともにかみしめてみる必要があろう。

訳者あとがき

田中　浩

いまから三〇年ほどまえのことか。当時わたくしは一橋大学定年後、大東文化大学法学部に政治学科と大学院博士課程を創設するために同大学に勤めていたが、同時に中央大学法学部大学院の兼任講師もしていた。そのときのゼミ生が中村勝己君で、ゼミ生はかれ一人であったので、ゼミは新宿駅東口近辺にあった「滝沢」という喫茶店の特別室でおこなっていた。「市民革命」から「現代」までの西欧政治思想史の話をしていたように思う。そのとき、かれからイタリア共産党の指導者で、著名な思想家でもあったアントニオ・グラムシ（一八九一―一九三七）の思想的後継者ともいわれるノルベルト・ボッビオ（一九〇九―二〇〇四）という哲学者がホッブズについての著書を出版している（一九八九年）と聞いて興味をもった。一九六五年に「ヴェトナム戦争」が終結し、第二次世界大戦後つづいた「東西冷戦」もようやくおさまり、フランスやイタリアなどでは、ソ連型共産主義体制ではない、ヨーロッパ型（リベラル・デモクラシーとソーシャル・デモクラシーを接合した社会主義・共産主義）の「ユーロ・コミュニズム」が広まり、そのような考え方にグラムシが影響を与えていると言われていたから、グラムシを尊敬しているボッビオの「ホッブズ論」とはどのようなものかと思ったからである。またホッブズ研究については、かれの生地イギリスに次いで日本が二番目、ドイツが三番目の

「ホッブズ研究大国」と思っていたので、かつての同盟国イタリアのホッブズ研究とはどのようなものかという関心もあった。

そして一九九三年にボッビオの『ホッブズ』の英訳が出版されたことを聞き、読んでみて驚いた。わたくしは世界の数多くの「ホッブズ」研究は読んでいたが、これほどに明快なホッブズ研究——ホッブズの思想を「自己保存」と「平和主義」というかたちで明快に捉えた——に接したのははじめてであったので、さすがギリシア思想をローマ共和国に伝えたキケローやセネカを、またルネサンス期にマキャヴェリを生んだ国イタリアであると思った。しかし日本ではイギリス、アメリカ、フランス、ドイツの研究は盛んであるが、イタリア研究は弱体である。もっとイタリア思想史の研究を広めるべきであると考え、ボッビオの翻訳を企画したが、二人とも忙しくなかなか成果をあげるまでにはいたらなかった。

作業は中村君がまず訳し、それをわたくしが検討して直すというかたちで十数回やりとりをするという方法をとったため、遅々としてすすまなかった。翻訳の最終部分で千葉伸明君にも協力していただき、ようやく今回完了した。

ボッビオの略歴・業績については、イタリア思想史の権威である上村忠男東京外国語大学名誉教授の『イタリア・イデオロギー』(馬場康雄・押場靖志訳、一九九三年、未來社)の解説を参照させていただいた。それによると、ボッビオは、一九三五年から七九年にかけてカメリーノ大学、シエーナ大学、パードヴァ大学、トリーノ大学で法哲学や政治哲学の教授を歴任しており、『法の一般理論にかんする研究』(一九五五年)、『法体系の理論』(一九六〇年)、『自然法思想と法実証主義』(一九六五年)、その他多数の法哲学関係の著作を発表している。また、『ホッブズからマルクスへ』（一九六五年）、『ヘーゲル研究――法、市民社会、国家』、『トマス・ホッブズ』（一九八九年）などの数多くの思想史研究がある。

そのほか『どんな社会主義か?』（一九七七年）、『戦争問題と平和の道』（一九七九年）、『民主主義の収束』（一九八四年）、『不在の第三者――平和と戦争にかんする論争と講演』（一九八九年）、『権利の時代』（一九九〇年）など「社会主義と民主主義」、「戦争と平和」、「人権」など、第二次世界戦争後の東西イデオロギー対決のなかで、ホッブズ、ロック、ルソーなどの「リベラル・デモクラシー」とマルクス・エンゲルスなどの「ソーシャル・デモクラシー」の継承関係を研究し社会（共産）主義を考えるさいにはヨーロッパ民主主義の源流を研究することが重要であることを論じているのである。この意味でボッビオの「ホッブズ論」（「自己保存」と「平和主義」）は二十一世紀の新しい民主主義を考えるうえできわめて重要であるといえよう。

最後に決して容易ではなかったボッビオの翻訳にさいしての中村勝己君と千葉伸明君の協力にもう一度深く感謝し、出版事情のきびしいなかで本書を出版していただいた未來社社長西谷能英氏にお礼を申し上げる。また本訳書の最終段階でいつもながらワープロを打って手伝ってくれた妻秀子に感謝する。

二〇〇八年四月五日　　ホッブズ生誕四二〇年の日に

著者略歴

ノルベルト・ボッビオ（Norberto Bobbio 1909-2004）
イタリアの思想家、法哲学者、政治思想史家。トリノ大学講師のあと、カメリノ大学、シエナ大学、パドヴァ大学教授を歴任。「イタリアの丸山眞男」とも言われるほど大きな影響力をもつ。主著に本書のほか、『イタリア・イデオロギー』『グラムシ思想の再検討』などがある。

訳者略歴

田中浩（たなか・ひろし）
1926年生まれ。一橋大学名誉教授。法学博士、政治学・政治思想史。『田中浩集』（全十巻、未來社）をはじめ著書多数。シュミット、ミルトンほか訳書も多数。

中村勝己（なかむら・かつみ）
1963年生まれ。イタリア政治思想史。訳書にアガンベン『例外状態』（共訳、未來社）、ネグリ『戦略の工場』（共訳、作品社）、ボッビオ『光はトリノより』（青土社）など。

千葉伸明（ちば・のぶあき）
1970年生まれ。高崎経済大学大学院地域政策研究科博士前期課程修了。社会思想史。訳書にネグリ『戦略の工場』（共訳、作品社）など。

ホッブズの哲学体系――「生命の安全」と「平和主義」

発行――二〇一八年四月二十五日　初版第一刷発行

定価――本体四二〇〇円＋税

著　者――ノルベルト・ボッビオ

訳　者――田中浩・中村勝己・千葉伸明

発行者――西谷能英

発行所――株式会社　未來社

東京都文京区小石川三―七―二
電話　〇三―三八一四―五五二一
http://www.miraisha.co.jp/
email:info@miraisha.co.jp
振替〇〇一七〇―三―八七三八五

印刷・製本――萩原印刷

ISBN978-4-624-01198-7 C0010

（消費税別）

ノルベルト・ボッビオ著／馬場康雄・押場靖志訳
イタリア・イデオロギー
クローチェからグラムシまで、二十世紀イタリア思想のイデオロギー的奔流を、ヨーロッパ思想史の巨匠がその政治的動向や歴史的顛末とともにダイナミックに解析する古典的名著。三八〇〇円

トマス・ホッブズ著／水田洋編訳
ホッブズの弁明／異端
巧妙に自身の主張を擁護する「ホッブズの弁明」、論争の余地を封じた「異端についての歴史的説明と、それについての処罰」。主著『リヴァイアサン』の核心が凝縮された一冊。二二〇〇円

J・W・N・ワトキンス著／田中浩・高野清弘訳
ホッブズ　その思想体系
『リヴァイアサン』の思想家ホッブズは、著者によればイギリスの生んだ唯一の第一級の政治思想家である。本書はそのホッブズの厄介な著作を初めて体系化する。三八〇〇円

リチャード・タック著／田中浩・重森臣広訳
トマス・ホッブズ
英語によって哲学を論じた最初の人、近代思想の始祖のひとりホッブズの思想の全体像を、その生涯・著作およびホッブズ解釈の洗い直しをつうじて明らかにする定評ある入門書。二五〇〇円

田中浩集1　トマス・ホッブズI
著者の原点とも言えるホッブズ研究より、一九五〇年代から八〇年代までに発表された先駆的論考を収録。徹底的比較研究により、ホッブズの政治思想に新たな光を当てる。五八〇〇円

田中浩集2　トマス・ホッブズII
著者のホッブズ研究より、一九九〇年代以降に発表された論考を集成。シュミット、如是閑および現代福祉国家の研究成果を背景として新たな視座よりホッブズ再読がなされる。五八〇〇円